Hat es die mysteriösen Illuminaten wirklich gegeben? Welche Geheimnisse hüten die Freimaurer? Warum fasziniert uns die Vorstellung von machtvollen verborgenen Gemeinschaften? Diesen und weiteren Fragen rund um Verschwörungen und ihre Theorien geht Thomas Grüter auf den Grund. Nach der Lektüre dieses Buches werden Sie wissen, warum sich manche Verschwörungstheorien hartnäckig halten, welche Rolle Vorurteile spielen und wie sie gezielt für bestimmte Zwecke ausgenutzt werden. Darüber hinaus werden die Tricks von Autoren wie Dan Brown oder Erich von Däniken enthüllt, und es wird Ihnen gezeigt, wie Sie selbst eine erfolgreiche Verschwörungstheorie schreiben können.

Ein spannend und lebendig geschriebenes Buch mit einer Fülle von Informationen für all diejenigen, die solche Theorien durchschauen wollen.

Thomas Grüter wurde im Jahre 1957 in Münster geboren. Nach seinem Medizinstudium arbeitete er fünf Jahre lang in Osnabrück, Paderborn und Münster als Arzt, bevor er ein eigenes Softwareunternehmen gründete. Seit einigen Jahren schreibt er populärwissenschaftliche Artikel, die inzwischen in sechs Sprachen übersetzt sind. Er lebt und arbeitet in Münster.

Unsere Adresse im Internet: www.fischerverlage.de

Thomas Grüter

Freimaurer, Illuminaten und andere Verschwörer

Wie Verschwörungstheorien funktionieren

Fischer Taschenbuch Verlag

2. Auflage: März 2010

Veröffentlicht im Fischer Taschenbuch Verlag,
einem Unternehmen der S. Fischer Verlag GmbH,
Frankfurt am Main, August 2008

© S. Fischer Verlag GmbH, Frankfurt am Main 2006
Druck und Bindung: Druckerei C. H. Beck, Nördlingen
Printed in Germany
ISBN 978-3-596-17040-1

Inhalt

Vorwort 7
1: Echte Verschwörungen und ihre Probleme 11
2: Die Systematik des Verschwörungsdenkens 41
3: Wahrheit und Legende 53
4: Zeichendeuter und Hexenjäger 75
5: Der Glaube an das Böse hinter der Welt 95
6: Wahn und Wirklichkeit 115
7: Der heimliche Kampf um die Macht 131
8: Wir bauen eine Verschwörungstheorie 157
9: Die Protokolle der Weisen von Zion 179
10: Unter Generalverdacht: Juden, Freimaurer und Jesuiten 203
11: Verschwörer und Dämonen der modernen Welt 231
Statt eines Epilogs 257

Anhang:
Die Bedeutung der Worte Schwören und Verschwören ... 269
Literaturhinweise 289
Register 315

Vorwort

»Vertraue keinem Bruder, kenne keinen Freund. Schaffe dir keinen Vertrauten – das führt zu nichts ... Der meine Speisen gegessen hatte, zog Truppen zusammen und dem ich geholfen hatte, der nutzte das zum Aufstand... Es war am Abend, nach dem Nachtmahl. Mein Herz begann, dem Schlaf nachzugeben. Da wurden die Waffen, die mich schützen sollten, gegen mich geschwungen ...«

Am 1. Februar 1962 v. Chr., also vor fast viertausend Jahren, starb der ägyptische Pharao Amenemhet I., der Begründer der zwölften Dynastie des mittleren Reiches und Errichter des glanzvollen Amun-Tempels von Karnak. Eine Verschwörung von Höflingen machte seinem Leben ein Ende – die früheste in ihren Einzelheiten überlieferte Verschwörung der Welt. Das Zitat stammt aus einem Unterweisungsbuch, das der Weise Cheti aus der Sicht des ermordeten Pharao für Amenemhets Sohn und Thronfolger Sesostris geschrieben hat.

Wir dürfen annehmen, dass Menschen sich verschworen haben, seit sie das Mittel der Sprache hinreichend beherrschen, um gemeinsam Pläne zu schmieden. Clanchefs, Stammesfürsten, Dorfälteste, Häuptlinge und Könige starben zu allen Zeiten durch den hinterrücks geführten Dolch heimlich verbündeter Mörder.

Doch auch wenn nichts geschah, wenn alles ruhig schien, machten sich die Menschen ihre Gedanken und mutmaßten, wer sich zu einem heimlichen Bund zusammengeschlossen haben könnte. Gerüchte kochten hoch, Verdächtigungen machten die Runde. Namen wurden geflüstert, Absichten unterstellt, Anzeichen beobachtet, Orakel befragt, Omen erkannt. Die Gerüchte begannen sich zu verdichten, ein Umsturz schien unmittelbar bevorzustehen, unabwendbar die Entladung von Gewalt… oder gab es keine Verschwörung und alle Gerüchte waren nur das Abbild der Angst vor einer unsichtbaren Gefahr?

Zwei Arten von heimlichen Bünden lassen sich unterscheiden: Solche, die vom Herrscher ausgehen, um seine Macht auszuweiten, und solche, die gegen ihn, also gegen seine Herrschaft oder sein Leben gerichtet sind. Kaum ein bedeutender Herrscher, der nicht Mordanschläge überstehen musste. Sein Leben hing daran, dass er Verschwörungen rechtzeitig erkannte und zerschlug. Die Untertanen wiederum misstrauten ihren Herrschern, sahen sich von Steuern und Pflichten erdrückt und unterstellten dem Herrscher, unter falschen Vorwänden den Druck zu erhöhen, zu seinen Gunsten zu wirtschaften und das Volk in die Abhängigkeit zu zwingen. Und nicht zuletzt misstraut das Volk anderen Völkern und anderen Herrschern. Am schlimmsten traf es immer die Völker ohne Heimat oder solche außerhalb der Heimat wie Juden, Roma, Vaganten, Auslandschinesen oder afrikanische Inder.

Diese Art des Denkens, das ich Verschwörungsdenken nenne, hat Millionen von Menschen das Leben gekostet. Das Verschwörungsdenken hat sich von seinem ursprünglichen Zweck, dem lebenswichtigen Aufdecken realer Geheimbünde, gelöst und eine eigene Dynamik entwickelt.

Mit den Ursachen, Folgen und Auswüchsen dieser Entwicklung wird dieses Buch sich beschäftigen. Es wird die Formen des Verschwörungsdenkens diskutieren und ihre Herkunft untersuchen, die Abhängigkeit von wirklichen Ereignissen analysieren und den Zusammenhang mit wahnhaften Vorstellungen beleuchten. Schließlich wird es die Frage beantworten, wer solches Denken fördert und wer davon profitiert.

Sie sehen: das Phänomen der Verschwörungstheorien ist geradezu verwirrend vielschichtig. Selbst die Definition in verschiedenen Lexika ist widersprüchlich. In diesem Buch möchte ich versuchen, dem Phänomen *Verschwörungstheorie* etwas näher zu kommen, ja es überhaupt einmal sinnvoll zu definieren.

Wenn Sie dies alles gelesen haben, werden Sie mir sicherlich gerne auf dem Weg zu einer eigenen Verschwörungstheorie folgen. Ich empfehle Ihnen, sie mir nicht zu glauben, denn sie ist nichts weiter als ein Beispiel, mit dem ich Ihnen den Aufbau von Verschwörungstheorien erklären möchte.

1: Echte Verschwörungen und ihre Probleme

Caesar, Guy Fawkes, die Illuminaten und was Machiavelli dazu schreibt

Eine Verschwörung kann auf ein einzelnes Ziel ausgerichtet sein wie zum Beispiel die Ermordung eines Prominenten, oder sie verfolgt ein allgemeines, andauerndes Ziel wie den illegalen Gelderwerb oder den Ausbau der eigenen Macht. Beispiele für die zweite Art von Verschwörungen sind Verbrecherorganisationen wie die Mafia, die chinesischen Triaden oder die japanischen Yakuza. Auch die politischen Geheimgesellschaften wie die »Schwarze Hand« in Serbien Anfang des zwanzigsten Jahrhunderts oder die undurchsichtigen Terrorgruppen im Irak der Gegenwart zählen zu dieser Art der Verschwörung.

Ideale Verschwörungen erreichen ihre Ziele, ohne dass die Verschwörer hervortreten. Die handelnden Personen bleiben im Verborgenen, sie ziehen unsichtbar die Fäden des sichtbaren Schauspiels, treten aber niemals selber auf. Überspitzt formuliert nehmen wir eine erfolgreiche Verschwörung niemals als solche wahr, denn das Drama auf der Bühne nimmt einen scheinbar folgerichtigen Verlauf, während in Wirklichkeit die Akteure an den unsichtbaren Fäden mächtiger Puppenspieler hängen.

Wirkliche Verschwörungen aber leiden unter den Zerwürfnissen der Verschwörer, unter den Fehlern ihrer Pläne, unter den menschlichen Unzulänglichkeiten der Beteiligten und unter zufällig auftretenden Widrigkeiten. Kaum ein Komplott läuft so ab, wie es die Beteiligten geplant haben. Können Verschwörer sich vielleicht dadurch absichern, dass sie aus den vielen Verschwörungen, Attentaten und Putschversuchen der Geschichte einen typischen Verlauf rekonstruieren und danach handeln? Die Antwort ist nein, es gibt ebenso wenig einen typischen Ablauf von Verschwörungsplänen, wie es den typischen Verlauf eines Schachspiels gibt. Keine zwei

Schachspiele sind gleich, trotz immer gleicher Ausgangsstellung. Komplotte aber entstehen aus vollkommen verschiedenen, miteinander nicht vergleichbaren Situationen. Allgemeine Ratschläge für Verschwörer lassen sich jedoch durchaus ableiten (ebenso wie allgemeine Richtlinien für gutes Schachspielen). Niccolò Machiavelli, berühmter Theoretiker der Macht und des Machterhalts, hat auch das Thema der Verschwörungen ausführlich behandelt.

Ich werde noch auf ihn zurückkommen.

Caesars Ermordung oder die planlose Verschwörung

Die wohl berühmteste Verschwörung der Weltgeschichte führte am 15. März 44 v. Chr. zur Ermordung Julius Caesars. Sie zeigt beispielhaft das Scheitern eines Rechtsbruchs, der aus moralischer Verblendung heraus unternommen wurde. Nicht zuletzt das fatale Auseinanderklaffen von moralischem Anspruch und profaner Wirklichkeit wurde den Verschwörern zum Verhängnis. Obwohl die dramatischen Vorgänge am Ende der römischen Republik bereits mehr als 2000 Jahre zurückliegen, sind sie doch in fast allen Einzelheiten bekannt. Die Geschichtsschreibung kennt zwanzig der etwa sechzig Beteiligten mit Namen und weiß von den Wichtigsten auch die Lebensdaten. So lassen sich Motive, Ablauf und Folgen des Komplotts rekonstruieren.

Julius Caesar wurde vermutlich im Jahre 100 v. Chr. (oder nach römischer Zeitrechnung im Jahre 653 nach Gründung Roms) geboren. Er entstammte einer ehrwürdigen, aber einflusslosen und verarmten Adelsfamilie. Er schlug die Ämterlaufbahn ein, wie man es von ehrgeizigen römischen Adeligen damals erwartete. Sie bestand aus einer vorgeschriebenen Abfolge von Ämtern und führte mit Glück und Geschick bis an die Spitze des Staates. Caesars Karriere verlief dank großzügiger Volksbelustigungen und freigebiger Bestechungen fast reibungslos, lediglich seine Schulden wuchsen ihm langsam über den Kopf. Im Jahre 61 v. Chr. wollte er eine Statthalterschaft in Spanien antreten. Aber er konnte Rom zunächst nicht verlassen, da seine Gläubiger erst ihr Geld sehen wollten. Nur eine Bürgschaft von Crassus, dem reichsten Mann Roms, erlaubte Caesar die Überfahrt nach Spanien. Dort trieb er so viel Geld ein, dass er schuldenfrei nach Rom zurückkehrte und sich nun um das höchste Staatsamt bewerben konnte: das Konsulat.

Caesar hatte sich in seiner Laufbahn in Rom viele Feinde geschaffen, die ihm den Weg zum Amt des Konsuls gerne verstellt hätten. Er schaffte den Sprung an die Spitze des Staates letztlich nur durch ein Bündnis mit Pompeius, dem mächtigsten Militärbefehlshaber, und mit Crassus, dem reichsten Mann Roms. Die beiden verband eine innige Feindschaft, und es ist wohl Caesars besonderem Charisma und ihrem gemeinsamen Willen zur Macht zu verdanken, dass die drei sich verbündeten. Caesar sollte, so die Absprache, als Konsul nicht nur seine eigenen, sondern auch die Interessen des Pompeius und des Crassus durchsetzen. Diese Verschwörung ist als das erste Triumvirat in die Geschichte eingegangen.

Rom war zu dieser Zeit eine Republik, aber keine Demokratie. Die hohen Staatsämter verteilte der Stadtadel (die Patrizier) unter sich. Ebenso stand der Senat als oberstes Entscheidungsgremium nur dem Adel und dem Ritterstand offen. Den Volkstribunen, den Vertretern des nicht adeligen Volkes, stand es nicht zu, im Senat mitzusprechen. Sie durften die Curia, den Senatssaal, nicht betreten und hörten den Beratungen von ihrem Platz vor der Tür zu. Sie konnten lediglich ihren Einspruch (»Veto!«) gegen Beschlüsse des Senats in den Saal rufen. Das letzte Wort zu allen Gesetzen hatten die Volksversammlungen, die Komitien. Sie konnten Senatsgesetze ändern oder kassieren und natürlich auch eigene Gesetze beschließen – und sie wählten die Konsuln.

Caesars Feinde hatten seiner Beliebtheit im Volk nichts Adäquates entgegenzusetzen. Crassus' großzügige Spenden und Pompeius' Veteranen, die in den Komitien fleißig mitstimmten, taten ein

Übriges. Im Jahre 59 v. Chr. wurde Caesar also planmäßig zum Konsul (einem von zweien) gewählt. Er peitschte die Vorhaben des Triumvirates rücksichtslos und nicht immer ganz rechtmäßig durch den Senat oder, wenn der nicht mitspielte, durch die Komitien. Sein Kollege, der zweite Konsul, zog sich bald zurück; er war Caesar nicht gewachsen und begnügte sich fortan mit verbissener Obstruktion. Während Caesar im Volk je nach Stimmung unterschiedlich beliebt war, schaffte er sich im adeligen Senat konsequent immer mehr Feinde.

Das Amt des Konsuls endete nach einem Jahr, und Caesars Situation begann kritisch zu werden. Bis zum Ablauf seiner Amtszeit genoss er Immunität gegen Strafverfolgung, aber danach würden seine Gegner alles versuchen, um ihn für seine zahlreichen Rechtsverstöße zur Rechenschaft zu ziehen. Außerdem hatte er bereits wieder Schulden in erstaunlicher Höhe angesammelt und brauchte eine sichere Einnahmequelle für die Zeit nach seinem Konsulat.

Normalerweise wurde ein Konsul nach Ablauf seiner Amtszeit mit der Statthalterschaft einer lukrativen Provinz betraut und verließ damit den Machtbereich der römischen Justiz.

Aber die Senatoren hatten noch vor Caesars Amtsantritt beschlossen, dass er sich nach seinem Konsulat um die Vermessung eines Waldstücks in Italien zu kümmern hätte. Mit dieser lächerlichen Aufgabe wollten sie Caesar ihre Verachtung zeigen, zugleich aber hielten sie ihn damit im Bereich der römischen Justiz.

Caesar konnte diesen Beschluss also unmöglich akzeptieren, wenn er sich nicht nach Ende seiner Amtszeit in einem römischen Kerker (oder bettelarm im Exil) wiederfinden wollte. Nach einigen Intrigen gelang es ihm schließlich, sich das Imperium (den Oberbefehl) über die Provinzen Gallia cisalpina, Gallia narbonnensis und Illyrica für fünf Jahre übertragen zu lassen. Das brachte ihn aus der Reichweite seiner Verfolger, lag aber so nahe bei Rom, dass er seine ehrgeizigen Pläne weiter verfolgen konnte.

Während seiner Zeit in Gallien zeigte sich Caesars wahres Talent: Er erwies sich als überragender Heerführer. Er organisierte kampfstarke Legionen und blieb stets bei seinen Männern, die ihn dafür vergötterten. Er marschierte mit ihnen, er kämpfte mit ihnen, er hungerte mit ihnen. Zehn Jahre dauerte der gallische Krieg, und Caesar gewann durch geniale Manöver selbst aussichtslos erscheinende Schlachten.

Verdüstert wird das Bild allerdings durch seine Grausamkeit: Nach seinen eigenen Angaben tötete oder versklavte er mehr als ein Viertel der keltischen Bevölkerung Galliens. Auch Frauen und Kinder schonte er nicht. Die Zahlen stammen allerdings aus Caesars Berichten an den Senat und sind deshalb vermutlich grob übertrieben. Diese »Berichte« waren Propagandaschriften, mit denen Caesar in Rom für sich warb. Je höher die Zahl der getöteten Feinde, desto größer sein Ruhm.

Am Ende seiner zehn Jahre dauernden Statthalterschaft wollten Caesars Gegner in Rom endlich mit ihm abrechnen. Pompeius, sein ehemaliger Bundesgenosse, hatte sich auf ihre Seite geschlagen. Nach den Gesetzen der Republik hätte Caesar seine treuen Legionen in der Provinz lassen müssen, denn er durfte sie nicht über den Rubikon nach Italien mitnehmen. Ohne seine Männer wäre er aber machtlos gewesen. Am 7. Januar 49 v. Chr. forderte der Senat Caesar ultimativ zur Abgabe seines Amtes und seiner Truppen auf. Daraufhin entschied sich Caesar für den Krieg: Er überschritt mit seinen Truppen den Grenzfluss Rubikon und marschierte auf Rom. In Norditalien traf er kaum auf Widerstand und nahm mit seinen Legionen bereits drei Monate später Rom ein. Damit hatte er aber keineswegs gewonnen: Seine Gegner waren nach Griechenland ausgewichen, und die Kämpfe um die Vorherrschaft über das Reich sollten erst beginnen.

Drei Jahre dauerte der Bürgerkrieg, den Caesar gegen die Senatspartei in Spanien, Italien, Griechenland und Tunesien ausfocht. Am Ende siegten Caesars kampferprobte Legionen. Nebenbei stellte er noch Ägypten unter römischen »Schutz« und heiratete die ägyptische Königin Cleopatra. Ganz im Gegensatz zu seinem grausamen Vorgehen in Gallien zeigte sich Caesar seinen Gegnern im

Bürgerkrieg als großmütiger Sieger. Er verschonte die Städte, die sich seinen Gegnern angeschlossen hatten. Selbst auf die Bestrafung der gegnerischen Senatoren und Adeligen verzichtete er. Von da an waren sie Caesar für seine Großmut verpflichtet, ihre Ehre aber hatten sie verloren. Also gaben sie sich noch hochmütiger als vorher und hassten Caesar mit der müden Kraftlosigkeit entehrter Aristokraten.

Im Jahre 45 v. Chr. kehrte Caesar nach Rom zurück. Die Jahre der Entbehrungen im Feld hatten ihre Spuren hinterlassen: Seine Büsten aus dieser Zeit zeigen ein hageres, vorzeitig gealtertes Gesicht. Er war jetzt 55 Jahre alt und seine Gesundheit war angeschlagen. Dennoch entwickelte er eine geradezu hektische Aktivität. Er reformierte den hoffnungslos verworrenen römischen Kalender und entwarf Dutzende weiterer Vorhaben. Er plante eine Rechtsreform und hatte Visionen von riesigen Bauten. So sollte auf dem Marsfeld der größte Tempel der Welt entstehen. Caesars Pläne kamen jedoch kaum voran, denn der Adel sperrte sich und seine alten Kampfgenossen wollten in erster Linie ihren Sieg genießen. Caesars Reformen waren ihnen gleichgültig, aber sie erwarteten Pfründe für ihre treuen Dienste. Um ihnen entgegenzukommen und den Widerstand des Senats niederzuzwingen, ernannte Caesar 300 seiner Günstlinge zu Senatoren. Der Senat war danach weniger handlungsfähig als je zuvor, aber Caesar regierte ohnehin mit Verfügungen, denen er die angebliche Zustimmung des Senats gleich mit auf den Weg gab. Sein Wort war Gesetz geworden.

Der Senat und das Volk von Rom überhäuften Caesar derweil mit Ehrungen. Bereits im Jahre 46 v. Chr. war er zum Diktator auf zehn Jahre ernannt worden und ab Februar 44 v. Chr führte er den Titel »Andauernder Diktator«. Erst jetzt begann eine ernsthafte Verschwörung gegen Caesars Leben. Eine heterogene Gruppe von Adeligen, von ehemaligen Gefolgsleuten Caesars, die sich bei der Ämtervergabe übergangen fühlten, und von jungen Idealisten fand sich zusammen, um den »Tyrannen« zu ermorden. Caesar lieferte ihnen Munition, indem er auch solche Ehren annahm, die ihn bei

Lebzeiten schon in die Sphäre der Götter aufrücken ließen. Gleichzeitig mehrten sich die Anzeichen, dass er die Königswürde anstrebte. Er wäre dann, nach dem Muster der orientalischen Könige, ein König und Gott mit unbegrenzter Macht geworden. Einem traditionsbewussten Römer musste diese Idee als Verrat aller römischen Tugenden erscheinen.

Die Römer hatten ihren letzten König Tarquinius Superbus (Tarquinius, der Überhebliche) mehr als 450 Jahre zuvor aus der Stadt verjagt. Seitdem war ein König für die Römer allenfalls ein Kinderschreck oder eine Witzfigur. Caesar aber verfolgte seine Herrschaftspläne weiter, so schien es seinen Gegnern jedenfalls. Ein Zwischenfall zu Beginn des Jahres 44 bestätigte ihre schlimmsten Befürchtungen. Am 15. Februar 44 v. Chr. versuchte Caesars engster Mitstreiter Marcus Antonius, Caesar das Königsdiadem aufzusetzen, das altrömische Symbol der absoluten Herrschaft. Er hatte dafür einen denkbar günstigen Zeitpunkt gewählt: Das Fest der Lupercalien, ein fröhliches, fast orgiastisches Reinigungs- und Fruchtbarkeitsfest. Caesar saß auf der Rednertribüne des Festplatzes im vollen Ornat, der die göttlichen, aber auch annähernd königlichen Ehren widerspiegelte, die der Senat ihm verliehen hatte. Während dieses Festes versuchte Marcus Antonius Caesar mit dem Königsdiadem zu krönen. Doch die fröhliche Stimmung verflog schlagartig, das Volk protestierte, und Caesar wies die Königswürde geistesgegenwärtig zurück.

In der politischen Szene Roms glaubte niemand, dass Marcus Junius Antonius ohne Caesars Wissen und Zustimmung gehandelt hatte. Von da an, so darf man aus den zeitgenössischen Quellen schließen, begannen die Verschwörer mit konkreten Vorbereitungen für den Mord. Treibende Kräfte waren zwei Günstlinge Caesars: Marcus Brutus und Gaius Cassius Longinus. Die Verschwörer sahen sich im Recht, denn ein Tyrannenmord war nach der Moral der Antike nicht strafbar, ja er war sogar ein sittliches Gebot. Darum verzichteten die Verschwörer ausdrücklich auf einen Schwur der Geheimhaltung oder des Zusammenhaltes. Nach ihrer Vorstellung unternahmen sie lediglich einen notwendigen Akt zur Rettung der Republik, begingen also kein Verbrechen.

Am 18. März 44 v. Chr. wollte Caesar zu einem Feldzug gegen die Parther aufbrechen, Roms ständige Gegner weit im Osten des Reiches. Das war nicht zwingend notwendig, aber man darf annehmen, dass der unwürdige Schacher um Ämter und Pfründe, die ständigen Anfeindungen des Senats und die Unfähigkeit seiner Untergebenen Caesars Nerven ernsthaft angegriffen hatten. Das karge Leben im Feld, umgeben von treuen Soldaten, entsprach sicherlich eher seiner Natur. Die Senatssitzung vom 15. März war also die letzte Gelegenheit für die Verschwörer, ihre Tat durchzuführen. Sie waren entschlossen, Caesar im Sitzungssaal des Senats öffentlich hinzurichten. Die Verschwörer glaubten, Caesars Tod wie ein Theaterstück inszenieren zu können, mit dem Tod des Tyrannen auf offener Bühne als Höhepunkt und einer großen Rede nach der Tat als krönendem Abschluss. Aber es sollte anders kommen.

Als Caesar am Morgen des 15. März unerwartet der Senatssitzung fernblieb, ging Decimus Brutus, Mitverschwörer und langjähriger Vertrauter Caesars, zu seinem Haus und überredete ihn, trotz einer Unpässlichkeit doch noch an der Senatssitzung teilzunehmen. Caesar ahnte nichts, denn er war einsam geworden: Obwohl Hunderte von Menschen, darunter auch viele seiner Günstlinge, über die Attentatspläne Bescheid wussten, warnte ihn niemand. Erst auf dem Weg zu der verhängnisvollen Senatssitzung steckte man ihm eine konkrete Anzeige zu. Er hatte jedoch keine Gelegenheit mehr, sie zu lesen.

Unmittelbar zu Beginn der Senatssitzung umstellten ihn rund dreißig Verschwörer und stachen sofort mit Messern und Dolchen auf ihn ein. Caesar wehrte sich entschlossen. Die Verschwörer, ungeübt im Umgang mit dem Dolch, stachen planlos auf ihn ein, wobei sie sich auch gegenseitig verletzten. Als Caesar schließlich sah, dass er gegen die Übermacht keine Chance hatte, verhüllte er sein Gesicht und zog seine Toga zurecht, um würdig zu sterben. Keiner der etwa 300 anwesenden Senatoren kam ihm zu Hilfe. Den amtierenden Konsul und Caesarvertrauten Marcus Antonius hatten die Verschwörer von der Senatssitzung ferngehalten, weil sie fürchteten, dass er Caesar verteidigen würde. Nach der blutigen Tat brach im Senat Panik aus. Niemand wusste, auf wen von ihnen es die Mörder abgesehen hatten, und so drängten alle zu den Ausgängen.

Die Verschwörer hatten ursprünglich vorgehabt, Caesars Leiche feierlich durch die Stadt zu schleifen und in den Tiber zu werfen, wie es einem Tyrannen zukam. Alle seine Handlungen, Dekrete und Erlasse sollten für nichtig erklärt werden und die Republik sozusagen in den Zustand vor Caesar zurückversetzt werden. Aber die Verschwörer ließen sich von der Panik der Senatoren anstecken und flohen mit ihnen aus dem Saal. Die große Rede zur Rechtfertigung des Tyrannenmordes fiel aus, ebenso die öffentliche Leichenschändung.

Der Ermordete blieb für einige Zeit allein in der Curia zurück, dann bargen drei Sklaven die Leiche und brachten sie in einer Sänfte in sein Haus, wo sie für ein feierliches Staatsbegräbnis vorbereitet wurde. Von gekauften Gladiatoren bewacht, verbrachten die Verschwörer eine ungemütliche Nacht auf dem Capitol. Das Volk war ihnen nicht dankbar, sondern es war entsetzt, der Senat war geflohen und Caesars Soldaten sannen auf Rache. Jetzt machte sich bemerkbar, dass die Verschwörer nicht darüber nachgedacht hatten, wie sie nach Caesars Tod ihre Macht sichern wollten. Sie hatten seine Diktatur als Ausnahmezustand betrachtet und erwartet, dass die Republik nach seiner Ermordung quasi von selbst in ihren Normalzustand zurückkehren werde. Sie hatten es nicht einmal für nötig gehalten, sich über die Stimmung im Volk zu informieren oder Szenarien für ihr weiteres Vorgehen durchzuspielen. Das wäre aber geboten gewesen, denn amtierender Konsul, und damit höchster Vertreter der erneuerten Republik, war niemand anders als Marcus Antonius, Caesars engster Verbündeter.

Er machte den Senatoren am nächsten Tag klar, dass man Caesar nicht einfach zum Tyrannen erklären konnte. Denn die damit verbundene Rücknahme aller seiner Erlasse würde unter anderem 300 der 900 Senatoren ihre Amtswürde kosten und die Landverteilung an Caesars Veteranen rückgängig machen. Letzteres musste die ohnehin prekäre Situation in Rom bis zum Bürgerkrieg eskalieren lassen. Cicero, der wohl nicht seinen besten Tag hatte, schlug einen Kompromiss vor, der den drohenden Bürgerkrieg abwendete, aber den späteren Konflikt bereits vorzeichnete: Caesar sollte nicht zum Tyrannen erklärt, aber seine Attentäter sollten begnadigt werden. Der Senat, hin- und hergerissen zwischen Moral und Entsetzen, stimmte schließlich zu. Damit gingen die Verschwörer straffrei aus, wie Cicero es vorgesehen hatte, aber Caesars Herrschaft war im nachhinein legitimiert. Rechtlich gesehen waren die Verschwörer also nicht die Helden der wiedererstandenen Republik, sondern amnestierte Verbrecher. Marcus Antonius inszenierte ein pompöses Staatsbegräbnis für Caesar und brachte damit das Volk endgültig auf seine Seite. Die Häuser einiger Verschwörer gingen in Flammen auf. Die Anführer Brutus und Cassius zogen es vor, Rom zu verlassen, und vermieden damit den offenen Machtkampf. Ihre Ziele waren unerreichbar geworden.

Die wohl berühmteste Verschwörung der Weltgeschichte scheiterte nicht etwa an den Mängeln in der Durchführung, sondern am weitgehenden Fehlen einer realistischen Planung für die Machtübernahme. Die Beteiligten hatten ihr Vorhaben stattdessen als Theaterstück aufgezogen, mit dem Tod des Tyrannen als dramatischem Höhepunkt im Schlussakt.

Hatten die Verschwörer wirklich das moralische Recht, Caesar als Tyrannen zu brandmarken und zu ermorden? Im antiken Verständnis war ein Tyrann ein *unrechtmäßiger* Alleinherrscher. Traf das auf Caesar zu? Rein formal hatte Caesar alle seine Ehren vom Senat und dem Volk von Rom verliehen bekommen. Und zwar nicht unter Zwang, sondern freiwillig. Mehrere von Caesars Titeln, Befugnissen und Ehrungen hatte der Senat durchaus nicht einstimmig verabschiedet, ohne dass aber den abtrünnigen Senatoren irgendein Leid geschehen wäre. Caesar setzte die Senatoren also nicht ungebührlich unter Druck. Cicero, seinen rhetorisch geschicktesten Gegner, behandelte er sogar mit gewissem Respekt. Rein formal war Caesar deshalb nach antikem Verständnis kein Tyrann, sondern ein rechtmäßiger, weil korrekt ernannter Alleinherrscher.

De facto hatte Caesar allerdings den Senat vollkommen lahmgelegt. Er erließ Edikte im Namen des Senats, die niemals dort beschlossen worden waren. Wenn man nicht die Form, sondern die Wirklichkeit der Macht als Maßstab nimmt, war Caesar ohne Zweifel ein Alleinherrscher von eigenen Gnaden. Allerdings hatten bereits andere vor ihm den Senat entmachtet, Caesar setzte die Tradition lediglich fort. *Formal* hatte Caesar also die Regeln der Republik nicht so weit gebrochen, dass er als Tyrann gelten konnte, und er hatte auch keine Gewaltherrschaft errichtet. *Faktisch* hatte er die Herrschaft des Senats nicht beendet, weil der Senat bereits seit Jahrzehnten nur noch von der Gnade der Feldherren lebte und keine echte Herrschaft mehr ausübte. Damit steht fest: Weder formalrechtlich noch faktisch hatte Caesar eine Tyrannei errichtet, die einen Tyrannenmord rechtfertigen würde.

Die Theorie der Verschwörung

Haben Verschwörungen überhaupt eine nennenswerte Aussicht, die Verhältnisse in ihrem Sinne zu verändern, oder sind die Verhältnisse stets mächtiger als die Menschen? Niccolò Machiavelli, der wohl berühmteste Theoretiker der Machtausübung, hat diesem Thema in seinem Buch *Discorsi* (Erörterungen) ein ganzes Kapitel gewidmet. »*Viele Verschwörungen werden unternommen, aber nur wenige gelingen*«, schreibt er darin. Aber er schreibt auch: »*Durch sie* [die Verschwörungen] *haben mehr Fürsten Leben und Herrschaft verloren als durch offenen Krieg; denn offenen Krieg können nur wenige mit einem Fürsten führen, sich gegen ihn verschwören jedoch jeder.«*

Machiavelli wusste, wovon er schrieb. Mit 23 Jahren trat er 1492 in die Staatskanzlei seiner Heimatstadt Florenz ein. Italien war zu dieser Zeit von einem Flickenteppich aus Stadtstaaten bedeckt, die miteinander und gegeneinander Krieg führten, Bündnisse mit Frankreich und dem Deutschen Reich eingingen und lösten, Intrigen und Verschwörungen gegeneinander anzettelten und vereitelten. Es war die große Zeit der Condottieri, der Söldnerführer, meist abenteuerliche Gestalten, deren Loyalität dem Meistbietenden gehörte und die sich oft genug gegen ihre Arbeitgeber wandten. Machiavelli wurde Gesandter in Poimbino und Forli, später dann in Paris. Nach verschiedenen Wirren wurde er 1513 fälschlich beschuldigt, an einer Verschwörung gegen die Medici beteiligt zu sein. Er wurde verhaftet und gefoltert. Erst nach einer Intervention des Kardinals Guilio de Medici ließ man ihn wieder frei. Desillusioniert zog er sich auf sein Landgut zurück und begann zu schreiben, denn eine weitere diplomatische Tätigkeit war ihm vorerst verschlossen.

In seinen Schriften deckt er die Mechanismen der Macht auf, ohne zu moralisieren oder zu beschönigen. Er empfiehlt beispielsweise einem Fürsten, alle die umzubringen, von denen er die Macht erobert hat. Denn, so schreibt er, sie seien durch keine freundlichen Gesten mehr zufriedenzustellen. Im sechsten Kapitel des dritten Buches der *Discorsi* befasst er sich ausführlich mit Verschwörungen. Er nennt nicht nur die Kriterien für eine erfolgreiche Verschwörung, sondern gibt auch Ratschläge für die Zerschlagung von Komplotten.

Nie vergessen – die Pulververschwörung

Am 4. November 1605 fand ein Suchtrupp unter Führung des Friedensrichters Sir Thomas Knevett in einem Kellerraum unter dem Sitzungssaal des Londoner Oberhauses eine große Menge

Schießpulver, verborgen in einem Haufen Kohle und Feuerholz. Sie nahmen einen Mann fest, der das Pulver offenbar bewachte. Er nannte sich Johnson und gab an, Diener von Sir Thomas Percy zu sein, dem Edelmann, der den Keller als Lagerhaus gemietet hatte. Im Sitzungssaal des Oberhauses sollte am nächsten Tag die feierliche Parlamentseröffnung stattfinden. Traditionell nahmen daran der englische König, seine Regierung sowie die Mitglieder des Oberhauses und des Unterhauses teil. Wer immer das Schießpulver im Keller versteckt hatte, wollte offenbar mit einem Schlag den Monarchen, die Regierung und das Parlament beseitigen – und damit den ersten Terroranschlag der europäischen Geschichte ausführen. Es zeigte sich rasch, dass eine Verschwörung von fanatischen Katholiken den Anschlag vorbereitet hatte.

Wie konnte es dazu kommen?

Für die Erklärung müssen wir einige Jahrzehnte zurückgreifen.

Heinrich VIII. hatte im Jahre 1532 die anglikanische Kirche von Rom abgespalten. Ihn trieben nicht etwa Glaubensfragen zu diesem Schritt. Nein, er wollte sich lediglich von seiner Frau Katharina von Aragonien scheiden lassen, was nach katholischem Recht unmöglich war. Als Oberhaupt seiner eigenen Kirche war die Scheidung jedoch kein Problem mehr. Erst später näherte sich die so etablierte anglikanische Kirche der Reformation und dem Calvinismus. Im Jahre 1559 bestätigte Heinrichs Nachfolgerin Elisabeth I. im so genannten *Elisabethan Settlement* noch einmal die Loslösung ihrer Kirche von Rom. Sie ernannte sich mit diesem Dokument zum »Supreme Governor of the Church«. Das unter Heinrich VIII. eingeführte anglikanische *Book of Common Prayer* (Allgemeines Gebetbuch) wurde für verbindlich erklärt. Öffentliche katholische Gottesdienste wurden verboten, Katholiken durften nicht katholisch heiraten und ihre Kinder nicht katholisch taufen lassen. Bei Androhung hoher Geldstrafen waren sie verpflichtet, anglikanische Gottesdienste zu besuchen. Ab 1563 mussten Beamte und Geistliche einen Eid auf die Königin als Oberhaupt des Staates und der Kirche ablegen. Eine besondere Verfolgungsbehörde, die *High Commission,* sollte gegen heimlich operierende katholische Priester und Laien vorgehen.

Die Katholiken stellten zu dieser Zeit bereits eine kleine Minderheit in England dar. Im Jahre 1570 exkommunizierte der Papst die englische Königin Elisabeth I. Nach katholischer Interpretation schuldeten die englischen Katholiken ihrer Königin von da an keine Untertanentreue mehr. Damit wiederum galten alle Katholiken Englands als potenzielle Verräter.

Die Regierung reagierte mit Härte: 1581 erklärte das Parlament den Vollzug des katholischen Glaubens, also den Gottesdienst, zum Hochverrat gegen die Krone. Von 600 bekannten katholischen Priestern warf man 300 ins Gefängnis, 130 von ihnen wurden auf grausame Weise hingerichtet, ebenso sechzig Gläubige.

Der politische Gegensatz zum katholischen Spanien und der Versuch des Papstes, das katholische Irland zum Aufstand anzustacheln, verstärkte die anti-katholischen Ressentiments breiter Bevölkerungsschichten noch weiter. Im Jahre 1603 starb Elisabeth, und der schottische König James VI. bestieg als James I. den englischen Thron. Die Königreiche waren damals noch getrennt; James herrschte in Personalunion über beide. Noch von Edinburgh aus hatte er den Katholiken vage Hoffnungen auf eine Erleichterung ihrer bedrückenden Lage gemacht. Nach seiner Thronbesteigung wollte er davon aber nichts mehr wissen, sondern bestätigte ausdrücklich die Strafgesetze seiner Vorgängerin Elisabeth.

Einige Katholiken sahen deshalb die Zeit für ein gewaltsames Vorgehen gekommen. Am 20. Mai 1604 trafen sich Robert Catesby, Tom Wintour, Jack Wright, Thomas Percy und Guy Fawkes im Duck and Drake-Inn in London zu einer ersten Besprechung. Catesby war der unbestrittene Anführer, ein charismatischer, hochgebildeter Adeliger. Trotzdem ist er weitgehend vergessen, während der Sprengstoffexperte Guy Fawkes, eher eine Randfigur, der Verschwörung bis zum heutigen Tag ihren Namen gibt.

Irgendwann im Jahre 1604 müssen die Verschwörer übereingekommen sein, dass sie ihrem Ziel am besten dienten, wenn sie zur

Parlamentseröffnung im Herbst 1605 den König und das vollzählig versammelte Parlament in die Luft sprengten.

Zu der langen Dauer der Verschwörung (fast 18 Monate zwischen Beschluss und Ausführung) schreibt Machiavelli: »*Das einzige Mittel, der Entdeckung zu entgehen, ist es, den Mitverschwörern keine Zeit zu lassen, den Komplott zu verraten, also die Zeit zwischen Beschluss und Ausführung so kurz wie möglich zu halten.*« Gegen diese einfache Regel haben die Verschwörer um Catesby von Anfang an grob verstoßen. Trotzdem kamen sie zunächst gut voran. Praktischerweise stellte sich heraus, dass man die Kellergewölbe unter dem Parlament als Lagerräume mieten konnte. Thomas Percy schloss im März 1605 einen entsprechenden Vertrag ab. Nach und nach brachten die Verschwörer 36 Fass Pulver dorthin und versteckten sie unter einem Brennholzstapel.

Inzwischen versuchte Catesby, für seine Verschwörung weitere Verbündete unter den katholischen Adeligen zu gewinnen. Er wollte unmittelbar nach der Explosion einen katholischen Aufstand lostreten und Elisabeth, die kleine Tochter des Königs, entführen. Angesichts der kleinen Zahl von Katholiken in England war das allerdings reines Wunschdenken. Dazu schreibt Machiavelli: »*Vor der Entdeckung einer Verschwörung kann man sich nicht schützen, wenn die Anzahl der Mitwisser drei oder vier übersteigt.*« In der Tat brachte die Ausweitung der Anzahl an Mitwissern die Verschwörung bereits an den Rand des Scheiterns. Am 26. Oktober 1605 erhielt der katholische Lord Monteagle einen seltsamen, schwer lesbaren Brief, der ihn davor warnte, an der Parlamentseröffnung teilzunehmen. Das Parlament solle einen furchtbaren Schlag erhalten, hieß es dort. Der Brief trug keine Unterschrift. Lord Monteagle gab den Brief sofort an den Minister Robert Cecil weiter. Aber erst in der Nacht vom 4. auf den 5. November wurden die Räume unter dem Parlament durchsucht. Man fand dort zwar Guy Fawkes, aber keinen Sprengstoff. Erst bei der zweiten Durchsuchung stießen die Männer um den Friedensrichter

Sir Thomas Knevett unter einem verdächtig großen Haufen Brennholz auf die 36 Pulverfässer.

Fawkes, der sich als John Johnson ausgab, wurde verhört und, als er hartnäckig schwieg, grausam gefoltert. Nach zwei Tagen brach er zusammen, gestand die Verschwörung und nannte die Namen seiner Mitverschwörer. Einige wurden daraufhin in London ergriffen, die Übrigen konnten in die Midlands fliehen. In der Hoffnung, im heimatlichen Warwickshire Verbündete zu finden, verbreiteten sie zunächst, der König sei tot. Doch ihre katholischen Freunde zeigten keine Neigung zum bewaffneten Aufstand. Wenige Tage später stellte der Sheriff von Worchestershire mit seinen Leuten die Flüchtenden in Holbeach House, dem Haus eines Unterstützers. Catesby, Percy und die Brüder Wright starben im Kugelhagel, vier weitere Verschwörer brachte man verletzt in den Tower von London.

13 Verschwörer hatten die Behörden zur Fahndung ausgeschrieben; im Januar 1606 waren vier von ihnen tot, acht gefangen, einer, Tresham, im Tower an einer Krankheit gestorben. Von ihm wird später noch die Rede sein. Die Regierung Seiner Majestät war entschlossen, die Verschwörung den Jesuiten und damit dem Papst anzuhängen. Catesby hatte sich in der Beichte dem Jesuitenpater Tesimond anvertraut, der es wiederum seinem Beichtvater, Pater Garnet, beichtete. Beide Priester hatten alles versucht, um Catesby die Tat auszureden. Trotzdem zeigten sie Catesby nicht bei den Behörden an, da sie sich an das Beichtgeheimnis gebunden fühlten.

Der Ankläger des Königs nutzte den Prozess zu einer Philippika gegen die Jesuiten, denen er vorwarf, mit Kronen zu spielen und Könige zu erheben oder zu stürzen. Zur Aufklärung der wahren Hintergründe des Komplotts trug der Prozess wenig bei. Das Urteil gegen die Verschwörer stand bereits vor Prozessbeginn fest: Todesstrafe wegen Hochverrats. Die vorgeschriebene Todesart war abschreckend grausam: Der Delinquent wurde gehängt und noch lebend vom Strick abgeschnitten. Seine Geschlechtsteile wurden abgeschnitten und vor seinen Augen verbrannt. Der Henker riss ihm dann die Eingeweide heraus und schnitt ihm das Herz aus der

Brust. Anschließend wurde seine Leiche zerstückelt, der Kopf auf eine Stange gespießt zur Schau gestellt und die Überreste der Leiche den Vögeln zum Fraß überlassen. Am 30. und 31. Januar 1606 wurden die Urteile vollstreckt.

Der Schauprozess gegen Pater Garnet, den obersten Jesuiten Englands, fand erst nach dem Tod der Verschwörer statt. Das Gericht (das keineswegs unabhängig, sondern dem König direkt unterstellt war) erkannte auf Hochverrat und befahl die Hinrichtung des Angeklagten, die am 3. Mai 1606 vollstreckt wurde.

Die Weigerung der Regierung, die Vorgänge aufzuklären, und die schnelle Hinrichtung der Verschwörer erregten den Verdacht, dass die Regierung bei der Verschwörung ihre Finger im Spiel hatte. Hatte sie die Aufdeckung der Verschwörung bewusst dramatisch gestaltet? Der Mitverschwörer Tresham war zwar angeblich im Tower gestorben, Gerüchte besagten aber, man habe ihn heimlich freigelassen, weil er in Wahrheit ein Spitzel der Regierung war. Oder hatte man ihn als Mitwisser vergiftet? Hatte Robert Cecil eventuell die Verschwörung selbst initiiert, um die Katholiken noch schärfer unterdrücken zu können?

Das Ansehen des Königs und seiner Regierung nahm durch die seltsame Prozessführung gegen die Verschwörer deutlichen Schaden.

Das bestätigt auch Machiavelli: »*Dem Fürsten kann nichts Übleres als eine Verschwörung zustoßen, denn sie kostet ihn entweder das Leben oder beschädigt seinen Ruf. Eine gelungene Verschwörung bringt ihn um. Deckt er die Verschwörung auf und lässt die Verschwörer hinrichten, so glauben die Menschen, er habe die Verschwörung nur erfunden, um seinen Gegnern zu schaden.*«

Das Parlament verschärfte 1605 die Katholikengesetze in der Folge des Attentatsversuchs noch weiter. Katholiken durften in England keine Waffen tragen, keine akademischen Titel erwerben und hatten kein Wahlrecht. Der 5. November wurde zum gesetzlichen Freudentag ernannt. Bis heute wird er als Guy-Fawkes-Day mit einem Feuerwerk gefeiert. Kinder bereiten Lumpenpuppen – Guys – vor, die am 5. November stellvertretend für Guy Fawkes verbrannt werden.

Während die Katholiken in England eine verschwindend kleine Minderheit darstellten, bildeten sie in Irland, das ebenfalls zu England gehörte, die Mehrheit. Die Katholikengesetze trugen maßgeblich zu den endlosen Wellen irischer Aufstände bei, weil sie die Mehrheit der Iren aller Bürgerrechte beraubten. Die wütenden Gegensätze in Nordirland sind nicht zuletzt eine Folge der jahrhundertelangen Entrechtung der Katholiken, die erst 1829 aufgehoben wurde. Bis ins zwanzigste Jahrhundert, ja bis in die Gegenwart hinein, bildete die irrationale Ablehnung des *Papismus* eine Konstante des anglikanischen Selbstverständnisses. Die Verschwörer um Catesby hätten ihrer Sache also keinen schlechteren Dienst erweisen können. Eine historische Fußnote: Das Pulver war nicht mehr zündfähig, als man es fand. Es hatte sich durch die lange Lagerung bereits entmischt.

Die Illuminaten oder das unsichtbare Böse

Die Geschichte der Illuminaten beginnt 1776 mit der Gründung des so genannten Illuminatenordens im deutschen Ingolstadt. Er war als Geheimgesellschaft konzipiert, hatte zunächst beträchtlichen Erfolg, begann aber nach inneren Querelen zu zerfallen, noch bevor die bayerische Landesregierung ihn 1785 verbot. Ihr Gründer war der Professor für Kirchenrecht Adam Weishaupt. Er wurde 1748 in Ingolstadt geboren und dort an einem Jesuitengymnasium ausgebildet. Das war zur damaligen Zeit nicht ungewöhnlich, denn die Jesuiten führten einen beträchtlichen Teil der höheren Schulen in Europa. Aus dieser Zeit behielt Weishaupt eine starke Abneigung gegen die Inhalte der jesuitischen Ausbildung, aber eine Bewunderung für die effektive Organisation des Jesuitenordens. Mit 15 Jahren begann er ein Studium der Philosophie, der Geschichte, der Staatswissenschaft und der Rechte. 1772 wurde er in Ingolstadt zum außerordentlichen und 1774, mit 25 Jahren, zum ordentlicher Professor des Natur- und Kirchenrechts ernannt. Die Professur war lange Zeit in den Händen der Kirche gewesen, und Weishaupt musste sich von Anfang an gegen die Anfeindungen katholischer Kleriker wehren. Er selbst war, wie viele Akademiker damals, ein Anhänger der Aufklärung. Die Aufklärung umfasst verschiedene geistige und kulturelle Strömungen; allen gemeinsam war die Kritik am absoluten Wahrheitsanspruch der Religion und an der absoluten Monarchie. Rousseau, Locke und andere Philosophen der Aufklärung stellten die Legitimität der absoluten Herrscher in Frage: Sie bestanden darauf, dass die Menschen freie Verträge schließen dürfen, und Herrscher sich nicht auf die Einsetzung durch göttliche Gnade berufen können. Ihre Herrschaft bedarf vielmehr eines Vertrages mit den Untertanen, sonst ist sie nicht rechtens. Die Aufklärer betonen ferner die Rechte des Einzelnen gegenüber dem Staat und fordern eine Teilung der Staatsgewalt. Der freiheitliche, autonome Gebrauch der Vernunft sollte es möglich machen, ein menschenwürdiges und glückliches Dasein zu erreichen. Allerdings bedurfte es der Anleitung durch entsprechend gebildete Menschen, ohne die diese neue Gesellschaft nicht zu verwirklichen war.

Im Sinne dieser Lehren gründete Weishaupt im Jahre 1776 einen Studentenorden, die Perfectibilisten, um aufklärerische Ideen zu verbreiten. Studentenorden waren damals weit verbreitet, sie entsprachen dem aufklärerischen Geist der Zeit. Vielen Universitäten gefiel das nicht; sie verboten die Orden, die daraufhin im Geheimen weiterbestanden. Weishaupts Orden hatte große Pläne. Weishaupt (Ordensname: Spartacus) schrieb: »*[Aufgabe des Ordens war,] selbstdenkende Menschen aus allen Weltteilen, von allen Ständen und Religionen, unbeschadet ihrer Denkfreiheit, trotz aller so verschiedenen Meinungen und Leidenschaften, durch ein gegebenes höheres Interesse in ein einziges Band zu vereinen…; eine solche Ge-*

sellschaft ist das Meisterstück der menschlichen Vernunft, in ihr und durch sie hat die Regierungskunst ihre höchste Vollkommenheit erreicht.«

Weishaupt schwebte ein hierarchischer Orden vor. Minervale (die Neulinge) sollten von den höheren Klassen ausgebildet werden, dann aufsteigen und selbst neue Minervalen ausbilden. Ein striktes Kontroll-, Berichts- und Überwachungssystem kontrollierte den Werdegang der Ordensmitglieder. Die Gesellschaft nannte sich bald nicht mehr »Perfectibilisten«, sondern »Illuminaten« und sammelte fleißig neue Mitglieder. Weishaupt wurde 1777 Mitglied der Freimaurer und begann auch dort Mitglieder zu rekrutieren. Die Freimaurer waren eine Geheimgesellschaft in dem Sinne, dass sie geheime Riten kannten und sich zum Stillschweigen über Interna der Gesellschaft verpflichtet hatten. Die Existenz der Freimaurerlogen als solche war durchaus bekannt. Die Illuminaten hingegen verbargen bereits ihre bloße Existenz vor der Außenwelt. Weishaupts Ideen erwiesen sich zunächst als wenig erfolgreich: Bereits im Jahre 1779 stand die Gesellschaft kurz vor dem Zerfall. Viele der neu Angeworbenen konnten mit Weishaupts aufklärerischem Eifer nicht mithalten und betrieben die Ausbildung, die sie zu den höheren Weihen befähigen sollte, nicht sehr nachdrücklich. So litt der Orden bald unter Auszehrung.

Ende 1779 traf der Marquis von Constanzo in Frankfurt den 27-jährigen Freiherrn von Knigge und überzeugte ihn im Januar 1780, dem Orden beizutreten. Der Freiherr von Knigge war ein Mann wie aus einem historischen Roman: ein Lebenskünstler mit wenig Geld, aber bezwingendem Charme, geistreichem Witz und perfekten Umgangsformen. Mit seinem Buch *Über den Umgang mit Menschen* ging er als Synonym für gutes Benehmen in die Geschichte ein. Knigge gelang es mit seiner ansteckenden Begeisterung, eine große Anzahl (nach seinen Angaben mehr als 500) neue Minervalen zu werben, darunter hochrangige und einflussreiche Männer. Er (und andere) forderte jetzt, auch die höheren Klassen kennen zu lernen. Nur: es gab noch keine höheren Klassen. Weishaupt war von Knigges Erfolg völlig überrascht worden, seine Ordensklassen existierten nur als Entwurf. Im November 1781 reiste Knigge nach München. Es gelang ihm, den zerstrittenen Orden wieder zu einen, nicht zuletzt durch seinen persönlichen Charme.

Der Areopag (das Leitungsgremium unter Weishaupt) beauftragte ihn, das System der höheren Grade auszuarbeiten. Dazu gaben sie Knigge die Materialien von Weishaupt als Vorlage. Knigge fügte einiges an freimaurerischer Symbolik hinzu. Die Freimaurer hatten damals in Deutschland etwa 27 000 Mitglieder, und die Illuminaten planten ausdrücklich, in ihre Logen einzudringen und sie zu übernehmen. Die jesuitische Struktur des Ordens mit dem strikten Gebot des Gehorsams gegenüber den Oberen und letztlich dem Ordensgeneral Weishaupt blieb dabei unangetastet und führte zu ständigem leisen Rumoren im Orden.

Knigge und von Ditfurth nahmen als Gesandte der Illuminaten am Wilhelmsbadener Freimaurerkonvent von 1782 teil und warben dort eine ganze Reihe von neuen Mitgliedern, etwa den Schriftsteller Johann Joachim Christoph Bode, Herzog Ferdinand von Braunschweig und Prinz Karl von Hessen Kassel. Bode wiederum warb Herzog Ernst von Sachsen Gotha für den Orden. Von Ditfurth gelang es in Wetzlar, Mitglieder des Reichskammergerichts zum Eintritt in den Orden zu bewegen. Das Reichskammergericht entsprach in seinem Rang etwa dem heutigen Bundesverfassungsgericht.

Der Illuminatenorden hatte in den Jahren 1782/1783 den Höhepunkt seiner Mitgliederzahl und seines Einflusses erreicht. Der Orden gliederte sich damals in drei Klassen mit zwei bis drei Unterklassen. Sie hatten folgende Namen:

I. Pflanzschule oder Vorbereitungsklasse
1. Novize
2. Minerval
3. Kleiner Illuminat

II. Maurerklasse
1. Lehrling – Geselle – Meister
2. Illuminatus maior (Schottischer Novize)
3. Illuminatus dirigens (Schottischer Ritter)

III. Mysterienklasse
1. Kleine Mysterien: a) Priester, b) Regent
2. Große Mysterien: a) Magus, b) Rex

Von den unteren Klassen wurde unbedingter Gehorsam erwartet, ständige Berichte über das eigene Fortkommen und über andere Ordensmitglieder. Es gab geheime Erkennungszeichen, Kennworte, Ordensnamen und sogar eine eigene Zeitrechnung. Die unteren Klassen kannten weder das System des Ordens noch die wirklichen Namen der Oberen. Die Novizen hatten eine umfangreiche Lektüre philosophischer Schriften zu leisten und darüber zu berichten. Wer sich würdig erwies, konnte in der Hierarchie aufsteigen und in jeder Stufe mehr über Methoden und Ziele des Ordens erfahren. Er hatte aber stets die Existenz des Ordens geheim zu halten.

Weishaupt schrieb dazu: »*Der Orden hat ein doppeltes Geheimnis zu beobachten; ein äußeres, wodurch den Profanen nicht nur unser Zweck, Operationen und Personale, sondern auch sogar unser Daseyn unbekannt bleiben soll... ein inneres, wodurch einem jeden Mitgliede gerade soviel von Ordenssachen und Personen eröffnet wird, als der Grad seiner Zuverlässigkeit, die Ausdehnung seines Wirkungskreises, die Erhaltung seines Zutrauens und Eifers fordert.*«

Weishaupt wollte die Mitglieder des Ordens im Sinne der Aufklärung erziehen. Weil Erziehung nach seiner Auffassung ein strenges Regiment voraussetzte, geschah das mit einer den Jesuiten nachempfundenen Organisation. Mit jeder Stufe sollten die Mitglieder von ihren Oberen näher an das Licht der aufklärerischen Vernunft herangeführt werden. In zahlreichen Schriften entwarf Weishaupt eine wirre Synthese verschiedener aufklärerischer Systeme mit einem eigenwillig interpretierten Christentum.

In einem Zeitalter, das die Legitimation der Fürstenherrschaft erstmals kritisch hinterfragte und die Vernunft als wesentliches Merkmal der Philosophie entdeckte, übte der Illuminatenorden auf die gebildeten Mitglieder von Universitäten, Verwaltungen und Institutionen eine enorme Anziehungskraft aus. Der Orden hatte in seiner kurzen Blütezeit mindestens 1200 Mitglieder. Weishaupt träumte von einer sittlich, philosophisch und moralisch ausgebildeten, in strenger Disziplin erzogenen Elite, die zum Besten der Menschen eine legitime Herrschaft ausüben sollte. Von der Demokratie hielt er nichts. »Siegt das Volk, so steht ein Zustand bevor, der nun ärger als aller Despotismus, und der Aufklärung noch viel gefährlicher ist: Wir laufen Gefahr, in einen anarchischen Zustand zu verfallen.« Es lag Weishaupt fern, eine persönliche Despotie auszuüben, also seinerseits über seine zum Gehorsam verpflichteten Ordensmitglieder eine Art internationale Geheimregierung aufzubauen. Bei Lichte betrachtet wäre das auch gar nicht möglich gewesen: Die Ordensmitglieder hätten jederzeit austreten können, Sanktionsmöglichkeiten hatte Weishaupt nicht.

Der Illuminatenorden kam allerdings nicht mehr dazu, seine Ziele zu verwirklichen: Weishaupt zerstritt sich mit Knigge über die Frage der Ordensorganisation und Knigge verließ den Orden 1783. Er war mit der hierarchischen Führung nach jesuitischem Vorbild nicht mehr einverstanden, aber seine Reformvorschläge fanden bei Weishaupt kein Gehör. Auch andere Mitglieder verließen den Orden. Einige davon erhoben in der Folge öffentlich Vorwürfe gegen die Illuminaten. Der Münchner Hofkammerrat Utzschneider beispielsweise bezichtigte die Illuminaten, geheime Dokumente des bayerischen Hofes gestohlen zu haben und sich aktiv in die Außenpolitik Bayerns einzumischen. Das konnte sich Kurfürst Karl Theodor unmöglich gefallen lassen: Am 22. Juni 1784 verbot er alle geheimen Verbrüderungen, ohne sie jedoch ausdrücklich beim Namen zu nennen. Am 2. März 1785 schob er ein ausdrückliches

Verbot der Illuminaten und Freimaurer nach. Bereits am 11. Februar hatte Weishaupt aus anderem Grund seine Professorenstelle verloren.

In Bayern begann eine regelrechte Illuminatenhatz mit Hausdurchsuchungen, Verhaftungen und Landesverweisen. Die anderen deutschen und europäischen Länder hingegen ergriffen keine Maßnahmen gegen die Illuminaten, obwohl die bayerische Regierung allen Regierungen »belastendes« Material zuschickte, das sie sichergestellt hatte und später veröffentlichen ließ. Weishaupt, dem die Verhaftung drohte, floh nach Regensburg und im Herbst 1787 weiter nach Gotha. Dort lebte er bis zu seinem Tod am 18. November 1830. Herzog Ernst II. von Sachsen-Gotha war selbst Illuminat gewesen und gab seinem ehemaligen Ordensgeneral eine Stelle als Hofrat auf Lebenszeit. Ein Versuch von Knigge, Bode und Herzog Ernst II., den Orden weiterzuführen und in andere europäische Länder zu exportieren, blieb erfolglos. Offiziell galt der Orden ab 1785 als erloschen, seit 1787 war er auch faktisch am Ende. Einige Reste scheinen noch bis nach 1790 existiert zu haben.

Den absolutistisch eingestellten Monarchen der damaligen Zeit *musste* eine überstaatliche, geheime Gesellschaft zur Verbreitung aufklärerischer Ideen als Bedrohung erscheinen. Wer im Geheimen versuchte, möglichst viele Funktionsträger der Höfe und des Reiches im Sinne der Aufklärung zu erziehen, stellte die Legitimität absolutistischer Monarchen unmittelbar in Frage. Zwar sahen sich nicht alle Herrscher davon bedroht: Einige waren aufklärerischen Ideen gegenüber durchaus aufgeschlossen, wie das Beispiel Herzog Ernsts II. von Sachsen-Gotha zeigt, der selbst Mitglied im Illuminatenorden wurde. Der erzkatholische bayerische Kurfürst und seine Berater aber hielten nichts von aufklärerischen Ideen, so dass es nur eine Frage der Zeit war, wann sie auf den Illuminatenorden aufmerksam werden würden. Dabei hatte Weishaupt keineswegs vor, die Fürsten zu stürzen oder umzubringen. Er ging vielmehr davon aus, dass die Fürstenherrschaft durch den gesellschaftlichen Fortschritt und die moralische Reifung der Menschen überflüssig werden würde und von selbst zerfallen müsse, weil sittlich und moralisch ausreichend gebildete Menschen keiner Fürstenherrschaft mehr bedürfen und sie auch nicht dulden würden. Seine Geheimgesellschaft sollte helfen, diesen Umbruch friedlich zu gestalten. Seine Gegner sahen das natürlich sehr viel einfacher: Weishaupts Geheimgesellschaft, so argumentierten sie, wolle die Höfe unterwandern und die Fürsten vom Thron stoßen, um selbst im Namen der Aufklärung die Weltherrschaft zu übernehmen.

Bis heute müssen die Illuminaten als dämonische Gegner von Tradition und Religion herhalten. Noch im Jahre 1991 machte der US-amerikanische Fernsehprediger Pat Robertson in seinem einflussreichen Buch *New World Order* die Illuminaten für allerlei finstere Machenschaften verantwortlich. Pat Robertson hat in den USA eine beträchtliche Anhängerschaft und versuchte 1988 vergeblich, Präsidentschaftskandidat der republikanischen Partei zu werden. Der englische Schriftsteller David Icke glaubt sogar, dass die Illuminaten insgeheim die Welt beherrschen und fürchterliche Untaten verüben. Ickes sonstige Ansichten (außerdimensionale Reptilienmenschen beherrschen die Welt, jüdische Bankiers plündern die Welt aus, er selbst sei ein Sohn des dreieinigen Gottes) trugen ihm allerdings eher den Ruf ein, geisteskrank zu sein. Seine schriftstellerischen Fähigkeiten sind deutlich besser als die der meisten anderen Verschwörungstheoretiker, und so haben seine abstrusen Thesen besonders unter Rechtsextremisten in aller Welt beträchtlichen Einfluss.

In Deutschland verbreitet der Autor Jan Udo Holey unter dem Pseudonym Jan van Helsing die These, die Illuminaten, eine zionistisch-freimaurerische Elite, bildeten eine geheime Weltregierung. Dabei verweist der Autor unter anderem auf *die Protokolle der Weisen von Zion*, eine üble antisemitische Fälschung aus der Zeit um 1900 (siehe Kapitel 9).

Wie kommen die Illuminaten zu solchen posthumen »Ehren«? Dazu sollte man bedenken, dass das ausgehende 18. Jahrhundert eine Zeit des radikalen Umbruchs war. Die Philosophen der Aufklärung stellten das überkommene christliche Weltbild in Frage und bestritten die göttliche Legitimation weltlicher Monarchen. Die neugegründeten Vereinigten Staaten von Amerika übernahmen aufklärerisches Gedankengut in ihre Unabhängigkeitserklärung und organisierten sich als Republik und parlamentarische Demokratie. Die Französische Revolution vernichtete die Monarchie und den Adel eines der mächtigsten Staaten Europas. Vor diesem Hintergrund gediehen Verschwörungstheorien damals ebenso prächtig wie heute.

Für die deutschen Konservativen bedeutete der Illuminatenskandal eine Gelegenheit, die verhassten Aufklärer endlich einmal festzunageln. Sie hatten Freimaurer und Liberale schon lange im Verdacht, staatliche Autorität untergraben zu wollen, und das radikal-aufklärerische Programm der Illuminaten lieferte ihnen endlich einen konkreten Ansatzpunkt.

Das erklärte Vorhaben der Illuminaten, zur Durchsetzung aufklärerischer Ziele heimlich Männer in hohen Positionen zu rekrutieren, machte sie natürlich zum Ziel von Verdächtigungen, und zwar nach ihrer Aufhebung noch mehr als vorher. Antiaufklärerische Schriftsteller wie der Gießener Regierungsdirektor Ludwig Adolf Christian von Grolman trugen in besonderem Maße dazu bei, den Orden nachträglich zu dämonisieren. Der französische Ex-Jesuit Abbé Barruel unterstellte (u. a. mit Bezug auf Grolmanns Schriften) den Illuminaten in seinem vierbändigen langatmigen Werk *Mémoirs pour servir à l'histoire du Jacobinisme* von 1797/98, sie seien zusammen mit den Freimaurern und den Philosophen der Aufklärung für die Französische Revolution verantwortlich. Mehr noch: Barruel behauptete, diese Gruppen seien nur Teil einer uralten Verschwörung, die sich nicht nur gegen die katholische Kirche und den französischen König richtete, sondern gegen Religion, Regierung und Privatbesitz überhaupt. Er traf den Nerv seiner Zeit:

Das monumentale Werk verkaufte sich ausgezeichnet und erschien bis 1812 in 10 europäischen Sprachen, darunter Deutsch, Englisch, Russisch und Italienisch. Es beeinflusste weitere verschwörungstheoretische Werke bis weit ins 20. Jahrhundert hinein.

Der angesehene schottische Philosophieprofessor John Robison schrieb zur etwa gleichen Zeit (1797) ein Buch mit dem pompösen Titel *Proofs of a Conspiracy Against All Religions and Governments of Europe carried on in the Secret.* Darin brandmarkte er die Illuminaten als eine Perversion der Freimaurerei und unterstellte ihnen ebenfalls eine Reihe von finsteren Absichten und Taten. Auch dieses Buch erlebte zahlreiche Auflagen und dient englischen und amerikanischen Autoren bis heute als Vorlage für ihre Verschwörungstheorien. Es ist sowohl in Englisch als auch in Deutsch immer noch lieferbar.

Beide Autoren gingen mit Zahlen, Daten und Fakten recht großzügig um, was aber der Verbreitung ihrer Bücher keinen Abbruch tat. So sahen sie beispielsweise darüber hinweg, dass die Illuminaten Deutsche waren und keine Franzosen zu ihren Mitgliedern zählten. Das lässt an ihrer Verantwortung für die Französische Revolution doch ernste Zweifel aufkommen.

Während Abbé Barruel aus katholischer Sicht schrieb, verurteilte Robison die Illuminaten aus der Perspektive des Protestanten. Damit bereiteten sie den Weg für Verschwörungstheorien aus beiden christlichen Lagern. Das Buch von Robison fand sehr schnell seinen Weg in die USA. Dort sahen die Kirchen nach der Unabhängigkeit von 1776 ihren Einfluss schwinden. Die in der Verfassung der Vereinigten Staaten verordnete Trennung von Kirche und Staat machte ihnen schwer zu schaffen. In Neu-England mussten Prediger wie der wortgewaltige Jedidiah Morse ihr Eingreifen in die Politik immer häufiger rechtfertigen. Für Morse war Robisons Buch deshalb ein Glücksfall: Es verschaffte ihm einen ausgezeichneten Vorwand für weitere politische Betätigung. Und so begann er 1798 gegen die Illuminaten (Morse nannte sie »Illuminated«) zu wettern, jene gottlosen Verschwörer, die er in aller Heimlichkeit gegen »Throne und Altäre« weltweit zu Felde ziehen sah. Im Jahre 1799 behauptete er sogar, er verfüge über eine Liste mit Namen, Alter und Geburtsdaten von 100 Illuminaten, die der freimaurerische *Grand Orient* von Frankreich in Virginia angesiedelt habe. Es seien Franzosen aus Frankreich oder St. Domingo, so führte er weiter aus.

Offenbar wusste er nicht, dass die Illuminaten Deutsche waren. Wegen des Verdachts, sie hätten die Französische Revolution angezettelt, nahm er einfach an, sie seien Franzosen. Diese kleinen Irrtümer schmälerten aber nicht die Wirkung seiner Predigten: Sie lösten zusammen mit den Büchern von Barruel und Robison in den USA eine regelrechte Illuminaten-Hysterie aus. Sie ebbte bald wieder ab, weil bei nüchterner Betrachtung keine Spuren von irgendwelchen Illuminaten in den USA festzustellen waren.

Trotzdem haben die Illuminaten unter dem lateinisch klingenden Namen *Illuminati* bis heute in Amerika als wohlfeile Schreckgespenster herhalten müssen. In den Schriften der Verschwörungstheoretiker verloren sie mit zunehmendem Abstand von den wirklichen Ereignissen immer mehr den Status einer realen Geheimgesellschaft. Stattdessen nahmen sie einen geradezu dämonischen Charakter an und wurden schließlich zum Fluchtpunkt aller Ängste vor dem Bösen hinter der Welt.

Alle drei hier vorgestellten Verschwörungen scheiterten letztlich an ihren eigenen Fehlern. Den republikanischen Verschwörern um Brutus gelang es zwar, Caesar zu ermorden, aber die Republik konnten sie nicht retten. Die katholischen Verschwörer gegen die Englische Krone hätten vielleicht den König und einen Teil der Parlamentarier umbringen können, aber gegen den Katholikenhass des Volkes wären sie am Ende machtlos gewesen. Hätte ihr Anschlag Erfolg gehabt, wären die Katholiken in England wahrscheinlich noch grausamer unterdrückt worden. Die Illuminaten schließlich wollten die Fürstenhöfe mit Aufklärern unterwandern – und brachen unter der Last ihrer schnellen Expansion bereits nach wenigen Jahren zusammen. Sie hatten den Trend der Zeit erkannt und die richtige Richtung eingeschlagen. Aber die Idee, die Freiheit des Einzelnen mit den Mitteln der Geheimgesellschaft durchzusetzen, belastete den Illuminatenorden von Anfang an mit einem unauflöslichen Widerspruch. Echte Verschwörungen, selbst solche, die Geschichte schreiben, unterliegen eben allen menschlichen Schwächen. Wie schrieb doch der kühl kalkulierende Machiavelli: *»Viele Verschwörungen werden unternommen, aber nur wenige gelingen.«*

2: Die Systematik des Verschwörungsdenkens

Verschwörungsglauben, Verschwörungslegenden, Verschwörungstheorien

Das letzte Kapitel hat drei historische Verschwörungen vorgestellt, ihre Schwachstellen aufgezeigt und ihr Scheitern analysiert. Jede dieser Verschwörungen hat einen einzigartigen Verlauf genommen, und doch lassen sich einige allgemein gültige Regeln ableiten, wie Machiavelli bereits vor mehr als 500 Jahren gezeigt hat. Wie steht es aber mit Verschwörungen, die erdacht sind? Die Gedanken der Menschen sind unabhängig von den Gesetzen der Natur und dem Walten des Zufalls. Man kann Wesenheiten hinzudenken, die niemand je gesehen hat: Außerirdische, Naturgeister, Götter. Damit sind diese erdachten Verschwörungen untereinander noch weniger ähnlich als die wirklichen Verschwörungen. Trotzdem lassen sich auch für sie Gesetzmäßigkeiten ableiten. Dazu stelle ich zunächst eine der ältesten, einflussreichsten und zugleich schlimmsten erfundenen Verschwörungen vor: die Ritualmordvorwürfe gegen die Juden.

Die unheilige Legende des Thomas von Monmouth

Die Anklage lautete auf Mord, vorgebracht von der jüdischen Gemeinde zu Norwich vor König Stefan von England. Wir schreiben das Jahr 1149. Nach dem damals geltenden traditionellen Recht verfolgte der Staat keine Kapitalverbrechen, soweit sie nur Privatleute betrafen. Die Sippe des Geschädigten hatte die Klage vor ihren Landesherren zu bringen, und die jüdische Gemeinde zu Norwich unterstand unmittelbar dem König, wie alle jüdischen Gemeinden in England. Sie klagten gegen den Ritter Simon von Novers, Lehnsmann des Bischofs William Turbe von Norwich.

Seine Knappen hatten den angesehenen Juden Eleazar erschlagen, dem der Ritter viel Geld schuldete. An der Tat selbst bestanden kaum Zweifel, und die Juden forderten Genugtuung.

Im Prozess übernahm der Bischof die Verteidigung des Ritters. Was er vorbrachte, ließ die Ankläger ob seiner Unverschämtheit erblassen. Er stritt die Tat rundweg ab und beschuldigte seinerseits den hoch angesehenen Eleazar, den Christenjungen Willem ermordet zu haben, dessen Tod fünf Jahre zuvor ungeklärt zu den Akten gelegt worden war. Er habe den Jungen mit anderen Juden zusammen in einem geheimen Ritus aus Hass und zum Hohn der Christenheit gemartert und ermordet, behauptete der Bischof weiter. Weil der König die Vorwürfe an Ort und Stelle nicht klären konnte, vertagte er die Entscheidung über die beiden Mordvorwürfe bis zum nächsten Hoftag in London.

Bei den jüdischen Gelehrten und Gemeindevorstehern in England begann die Angst umzugehen. Sie erwarteten Übergriffe in ganz England, sollte der Bischof den Vorwurf des Ritualmordes in London öffentlich wiederholen. Gegen eine hohe Geldzahlung wollten sie das Verfahren einstellen lassen, aber der Bischof bestand darauf, es weiterzuführen. Der König ließ den Termin daraufhin ein weiteres Mal vertagen. Weiteres verraten die Quellen nicht, der Prozess wird also im Sande verlaufen sein, denn von einem Verfahren vor dem Hofgericht in London ist nichts verzeichnet.

Welchen Mord versuchte der Bischof überhaupt den Juden anzuhängen, und warum war er sich seines Erfolges so sicher? Am Karfreitag des Jahres 1144 wird der Kürschnerlehrling Willem in einem Wald bei Norwich tot aufgefunden. Seine Mutter verbreitet in der Stadt, nur die Juden könnten dafür verantwortlich sein. Der Grund dafür bleibt unklar. Der Chronist spricht von einem »Traumgesicht«, einem Wahrtraum, welcher der Mutter die Schuld der Juden offenbart habe. Der Priester Godwin, Onkel des Jungen, klagt die Juden wenige Tage später auf der Diözesansynode vor Bischof Eborard des Mordes an und verlangt eine Schuldprobe durch Gottesurteil. Der Bischof erklärt die Schuld der Juden für nicht erwiesen und lässt sie vorladen. Doch damit überschreitet er seine Kompetenz: Alle jüdischen Gemeinden Englands stehen unter dem unmittelbaren Schutz und der Gerichtsbarkeit des Königs. Der Sheriff als Vertreter des Königs rät deshalb den Juden, der Vorladung nicht Folge zu leisten. Der Streit zwischen Bischof und Sheriff spitzt sich zu: Eborard lässt die Vorladung dreimal überbringen und droht mit einer *peremptoria sententia*, einer Verurteilung ohne Anhörung der Betroffenen. Inzwischen kocht der Volkszorn hoch, und der Sheriff nimmt die Juden in sein befestigtes Kastell auf, bis ein eigens angefordertes Edikt des Königs ihre Sicherheit garantiert.

Letztlich blieb der Mord ungeklärt. Fünf Jahre später, als die Juden der Gemeinde Norwich den Ritter Simon anklagten, war die ganze Angelegenheit bereits weitgehend vergessen. Das erklärt die Bestürzung der Juden, als Eborards Nachfolger William Turbe die Anklage wieder aufnahm, um den Ritter Simon zu entlasten. Der einzige Chronist des Mordes und der folgenden Ereignisse, der Benediktinermönch Thomas von Monmouth, kannte die Geschichte nur vom Hörensagen, und er war keineswegs unparteiisch. In seiner Chronik *De Vita et Passione Sancti Willelmi martyris Norwicensis,* über Leben und Leiden des heiligen Märtyrers Willelm von Norwich, lässt er keinen rhetorischen Trick aus, um den Juden den Mord unterzuschieben. Sein wahrscheinliches Motiv: Der ermordete Junge sollte zu einem Heiligen gemacht werden. Dazu musste er um seines Glaubens willen ein Martyrium, also einen qualvollen Tod, erlitten haben.

Eine Kirchengemeinde profitierte gleich in zweifacher Hinsicht von einem eigenen Ortsheiligen: Zum einen gewann sie an Ansehen und zum anderen konnte sie eventuell Pilger anziehen, die auf Wunder am Grab des Heiligen hofften. Die Pilger hinterließen Geld in den Schenken der Stadt und mussten natürlich für die Kirchengemeinde des Heiligen großzügig spenden. Ein Ortsheiliger war im Mittelalter so etwas wie ein *Genius Loci*, ein an den Ort gebundener Geist, der seine Interessen und die seiner Anhänger durchzusetzen wusste, mitunter auf rabiate Weise. So soll Willelms Geist den Konventualen Richard von Lynne erst geohrfeigt und dann zu Tode gebracht haben, weil dieser ihm eine Kerzenspende verweigert habe. Wer hingegen eifrig zu ihm betete und nicht mit Geld oder Sachspenden geizte, durfte auf Erhörung seiner Gebete oder Heilung seiner Krankheiten hoffen.

Thomas von Monmouth kam erst nach Willelms Tod nach Norwich und war ab 1150 damit betraut, den Heiligenkult in Gang zu bringen. Thomas muss ein ungewöhnlich gelehrter Mann gewesen sein, denn er schrieb ein elegantes Latein und argumentierte gekonnt. Aufgrund der dünnen Beweislage blieb ihm nichts anderes übrig, als Gerüchte, Behauptungen, Träume und Vermutungen zu einer abenteuerlichen Verschwörungstheorie zusammenzurühren. In seiner Chronik finden wir zum ersten Mal die schriftliche Niederlegung der unseligen und frei erfundenen Behauptung, dass Juden in einem religiösen Ritual Christen martern und ermorden. Aus Rache für ihre Verbannung und zum Schimpf des Christentums, so behauptete er, opferten die Juden jedes Jahr einen Christen. Thomas will das von dem Mönch Theobald von Canterbury erfahren haben, einem zum Christentum konvertierten Juden. Jedes Jahr, so soll Theobald ihm berichtet haben, losten die Juden in Narbonne aus, welche Gemeinde ein Blutopfer zu bringen habe. Im Jahre 1144 sei die Reihe an Norwich gewesen. Dem Kult um Willelm half die bemüht klingende Beweisführung nur für kurze Zeit: In den fünfziger und sechziger Jahren des zwölften Jahrhunderts pilgerten vergleichsweise viele Menschen in der Hoffnung auf Hilfe oder auf Wunder zu seinem Grab. Der Bischof machte ihn zum Schutzheiligen des Bistums. Dann aber ließ die Heiligenverehrung nach und war wenige Jahrzehnte später fast erloschen. Hinzu kam, dass alle Päpste dieser Zeit die Ritualmord-Beschuldigungen gegen die Juden ausdrücklich zurückwiesen. In Willelms Fall verweigerte der Papst die Heiligsprechung. Trotzdem hat Thomas von Monmouth mit seiner Chronik eine der fürchterlichsten und langlebigsten falschen Beschuldigungen in die Welt gesetzt, die in Europa gegen die Juden erhoben wurden: Die Legende vom Ritualmord. Der Beschuldigung in Norwich folgten ähnliche Fälle in Pontoise (1163), in Gloucester (1168) und im französischen Blois (1171), wo Graf Theobald von Blois 32 Juden wegen des Ritualmordvorwurfs verbrennen ließ. Er hatte für einen Freispruch unverschämt viel Geld gefordert, das Angebot der jüdischen Gemeinde war ihm zu niedrig. Ende des zwölften Jahrhunderts kam es in mehreren englischen Städten, darunter Lynn, Lincoln, Stanford, Norwich, Colchester und York, zu Judenmassakern. Auch wenn sie nicht in unmittelbarem Zusammenhang mit dem Ritualmordvorwurf standen, so dürfte diese Beschuldigung doch den Weg dazu geebnet haben.

Auch in Deutschland führten Ritualmordbeschuldigungen zu Massakern an der jüdischen Bevölkerung. Am ersten Weihnachtstag 1235 starben bei Fulda die fünf Söhne eines Müllers, als ihre Mühle abbrannte. Zwei Juden sollen unter Folter gestanden haben, die Jungen für ein Blutritual umgebracht zu haben. Daraufhin massakrierten »Kreuznehmer« am 28. Dezember die gesamte jüdische Gemeinde der Stadt Fulda. 32 Menschen, vorwiegend Frauen und Kinder, fielen dieser Raserei zum Opfer. Als Kreuznehmer bezeichneten die Schriften dieser Zeit Kreuzfahrer auf dem Weg ins heilige Land, aber auch solche Männer, die sich bereit gefunden hatten, einen Kreuzzug zu unterstützen. Es könnte sich also um durchreisende Kreuzfahrer oder um Einwohner der Stadt gehandelt haben, die einen Kreuzzug finanzieren wollten. Es war nicht das einzige Mal, dass Kreuzfahrer schon am Beginn ihres Wegs eine blutige Spur zogen.

Auch in den folgenden Jahrhunderten führte der Ritualmordvorwurf in ganz Europa immer wieder zu Juden-Pogromen. Noch im neunzehnten und zwanzigsten Jahrhundert wurden Juden des Ritualmordes angeklagt und erst nach Jahren freigesprochen: 1911 wurde der Jude Mendel Beilis des Ritualmordes an einem Jungen namens Andriuscha Justschinsky angeklagt und zwei Jahre lang unter unmenschlichen Bedingungen im Gefängnis festgehalten, bevor die – ausschließlich christlichen – Geschworenen ihn endlich freisprachen. In Kielce in Polen starben 1946 bei einem Pogrom 42 Juden, als dort das Gerücht entstand, Juden hätten ein verschwundenes Kind ermordet. Nationalsozialistische Hetzblätter nahmen den vielfach widerlegten Ritualmordvorwurf in den dreißiger Jahren des zwanzigsten Jahrhunderts wieder auf, um den Boden für die Ausrottung der Juden in Europa zu bereiten. Die Hetzschriften geistern noch heute durchs Internet.

Der ehemalige syrische Verteidigungsminister Mustafa Tlas veröffentlichte 1983 ein Buch, das den Ritualmordvorwurf gegen die Juden noch einmal bekräftigte. In den meisten arabischen Ländern finden sich bis heute immer wieder solche Schriften, Artikel oder Fernsehsendungen. Erst im März 2002 veröffentlichte die regierungsamtliche saudische Tageszeitung Al-Riyadh einen Artikel von Dr. Umayma Ahmad Al-Jalahma von der King Faysal University in Al-Dammam unter dem Titel: »Juden verwenden das Blut von Jugendlichen im Purimgebäck.« Der Artikel beschreibt in – frei erfundenen – blutrünstigen Einzelheiten angebliche Ritualmorde an christlichen und moslemischen Jugendlichen als notwendige Bestandteile jüdischer Feste. Der Herausgeber der Zeitung entschuldigte sich hinterher – aber der Schaden war natürlich angerichtet.

Verschwörungen: Glauben, Legende und Theorie

Manche Verschwörungstheorien finden keine Resonanz, während andere auf fruchtbaren Boden fallen. So entwickelten die frei erfundenen Ritualmordbeschuldigungen gegen die Juden ein mörderisches Eigenleben, während andere, ähnlich realitätsferne Behauptungen (z. B. US-Präsident Bush sei ein getarnter außerirdischer Reptilienmensch) lediglich Kopfschütteln und Gelächter hervorrufen. Die Grundlage einer erfolgreichen Verschwörungstheorie lautet: Es muss ein *Verschwörungsglauben* vorgeprägt sein, ein latentes Misstrauen gegen eine andere soziale, ethnische oder religiöse Gruppe. Viele Menschen glaubten der Behauptung von Thomas von Monmouth, weil sie ihrem untergründigen Misstrauen gegen Juden einen konkreten Anhaltspunkt gab. Auch andere Beispiele lassen sich leicht finden: Im England des siebzehnten Jahrhunderts waren viele Menschen davon überzeugt, dass die Katholiken ein Massaker an der englischen Bevölkerung planten. In der Gegenwart gehen viele Menschen davon aus, dass die amerikanische Regierung über Leichen geht, um ihre finsteren Ziele durchzusetzen.

Ein Verschwörungsglauben ist noch keine Theorie. Es geht hier nur um Gefühle, dumpfe Ahnungen, geflüsterte Vermutungen, Marktklatsch, Stammtischreden. Erst wenn jemand auf diesem morastigen Fundament ein in sich geschlossenes Gedankengebäude errichtet, können wir von einer *Verschwörungstheorie* sprechen. Die Logik dieser Theorie muss nicht besonders zwingend sein. Wenn die Aussage einer Verschwörungstheorie mit dem eigenen Weltbild übereinstimmt, akzeptieren die Menschen auch widersprüchliche oder offensichtlich unwahre Behauptungen.

Verschwörungsglauben und Verschwörungstheorie treffen sich an gewissen Ereignissen, die auf der einen Seite den Verschwörungsglauben bestärken und auf der anderen Seite als Fixpunkte für Verschwörungstheorien dienen. Ich möchte diese Ereignisse als *Verschwörungslegenden* bezeichnen, in Anlehnung an die so genannten modernen Legenden (Urban Legends), die auch urbane Mythen oder Wanderanekdoten genannt werden. In Deutschland ist dieses Phänomen moderner Mythenbildung besonders durch die Bücher *Die Spinne in der Juccapalme* und *Die Maus im Jumbojet* des Volkskundlers Rolf Wilhelm Brednich bekannt geworden. Dazu gehört zum Beispiel die Geschichte von der Vogelspinne, die mit einer Juccapalme den weiten Weg von Südamerika angetreten hat, um einen harmlosen Mitteleuropäer in seinem Wohnzimmer zu erschrecken oder gar zu beißen. Ebenfalls zu den urbanen Mythen gehört die Geschichte von den Umkleidekabinen in Modeboutiquen in Marseille, die in Wirklichkeit getarnte Mädchenfallen sein sollen. Blonde Frauen aus Mittel- und Nordeuropa sollen dort gefangen und in die Harems reicher Araber verkauft werden.

Alle urbanen Mythen sind mit den Ammen- oder Schauermärchen verwandt. Der Ritualmord der Juden an christlichen Kindern ist ein solches Schauermärchen. Wir dürfen annehmen, dass solche und ähnliche Geschichten über die Juden im mittelalterlichen und frühmodernen Europa weit verbreitet waren und dass Ammen, Köchinnen und Kindermädchen sie tatsächlich den Kindern erzählt haben, zusammen mit Geschichten über Friedhofsgeister, Moorgespenster, Wiedergänger, Teufelsmarken, Höllenlöcher oder nächtliche Geisterhunde.

Eine Verschwörungslegende entsteht also aus der Umdeutung von Ereignissen oder Schauergeschichten im Sinne eines Verschwörungsglaubens. Thomas von Monmouth beispielsweise hat den Verschwörungsglauben der Bevölkerung ausgenutzt, um aus dem unbestrittenen Mord eine Verschwörungslegende zu stricken (den Ritualmord), und setzte gleich eine Verschwörungstheorie oben drauf (die Lügengeschichte des Mönchs Theobald von Cambridge).

Diese begriffliche Dreiteilung erlaubt nun eine Einordnung der erdachten Verschwörungen:

Ein *Verschwörungsglauben* ist die unbestimmte, nicht näher definierte Vorstellung, eine Gruppe habe sich verabredet, böse oder verbrecherische Taten zu vollbringen. Juden, Illuminaten, Kommunisten, Kapitalisten, das FBI oder der Verfassungsschutz sind Beispiele für Gruppen, denen solche Absichten und geheime Aktionen unterstellt werden. Grundlage des Verschwörungsglaubens ist das Misstrauen gegen alles Fremde.

Eine *Verschwörungslegende* ist die Umdeutung eines tatsächlichen Ereignisses im Sinne eines Verschwörungsglaubens. Das Ereignis kann dabei mehr oder weniger ausgeschmückt sein, um die Glaubwürdigkeit der Legende zu erhöhen.

Eine *Verschwörungstheorie* schafft eine zusammenhängende Begründung für eine oder mehrere Verschwörungslegenden im Sinne eines Verschwörungsglaubens. Die Verschwörungstheorie behauptet, dass geheime Organisationen über längere Zeiträume die Geschicke der Welt beeinflussen und zugleich imstande sind, die Öffentlichkeit darüber im Unklaren zu halten. Damit erklärt sie entweder eine einzelne Verschwörungslegende oder verbindet mehrere davon zu einer logischen Einheit. Sie schafft ein intellektuelles, pseudowissenschaftliches Gedankengebäude, auf das sich wiederum der zugrunde liegende Verschwörungsglauben beruft.

Klassisches Beispiel sind die Hexenjagden der Frühen Neuzeit. Die Existenz von Hexen war im Volksglauben fest verankert. Auf der Grundlage dieses Glaubens und der daraus abgeleiteten Schauermärchen verfassten damalige Gelehrte ihre pseudowissenschaftlichen Schriften zum Thema Hexerei. Diese Werke begründeten wiederum die Hexenprozesse, welche den Hexenglauben in der Bevölkerung weiter vertieften.

Die Dreiteilung des bisher viel zu diffusen Begriffs *Verschwörungstheorie* macht die Mechanismen der Entstehung dieses Phänomens unmittelbar deutlich. Zwei Beispiele:

Die vielen Spekulationen zum Tod von Lady Diana sind in erster Linie *Verschwörungslegenden*. Sie verknüpfen ein bestimmtes Ereignis mit einer Verschwörung. Zum Beispiel behaupten sie, der britische Geheimdienst MI6 habe Lady Diana ermorden lassen. Darauf baut die *Theorie* auf, der MI6 habe Lady Diana umgebracht, weil ihre Liaison mit dem Moslem Dodi al Fayed für das Königshaus unerträglich war. Diese Theorie fand besonders in Dodis Heimatland Ägypten viele Anhänger, weil sie mit dem Weltbild vieler Ägypter gut vereinbar ist.

In England glaubten viele Menschen die Behauptungen des Betrüger Titus Oates, dass Katholiken im Jahre 1678 einen Massenmord an der protestantischen Bevölkerung planten. Große Teile der Bevölkerung trauten den Katholiken damals jedes Verbrechen zu. Auf der Grundlage dieses *Verschwörungsglaubens* konnte Oates eine *Verschwörungslegende* aufbauen, die er frei erfunden hatte. Er deutete nicht etwa ein bestehendes Ereignis um, sondern erfand gleich die gesamte Geschichte. Die *Verschwörungstheorie* dazu besagte, dass die Jesuiten heimlich in England tätig waren, um auf Befehl des Papstes Böses zu tun. Der zugrunde liegende Verschwörungsglauben war für lange Zeit unausrottbar und machte es den englischen Regierungen bis ins neunzehnte Jahrhundert hinein unmöglich, die restriktiven Katholikengesetze aufzuheben.

Die hier vorgestellte Definition behebt die Schwächen der bisherigen Definitionsversuche. Sie erklärt, warum sich ein Verschwörungsthema ohne äußere Bestätigung, allein durch die Wechselwirkung der drei Erscheinungsformen, weiterentwickeln und ausbreiten kann: Der Verschwörungsglauben begünstigt die Entstehung von Verschwörungslegenden, die wiederum als Anschauungs- und Beweismaterial für pseudogelehrte Verschwörungstheorien dienen. Die scheinbare wissenschaftliche Bestätigung verfestigt wiederum den Verschwörungsglauben und bewirkt, dass weitere Legenden entstehen. Diese Klassifikation des Verschwörungsdenkens ist rein formeller Natur, sie erlaubt keine Aussage über den Wahrheitsgehalt eines Verschwörungsglaubens, einer Verschwörungslegende oder einer Verschwörungstheorie.

Vollkommen unbegründet war zum Beispiel die im England des siebzehnten Jahrhunderts weit verbreitete Furcht, die Katholiken planten Massaker an der englischen Bevölkerung. Der aktuelle Verschwörungsglauben, dass islamische Terrorkommandos Anschläge auf die Zivilbevölkerung in Europa und Amerika vorbereiten, hat sich dagegen als wahr erwiesen.

Der Wahrheitsgehalt einer Verschwörungslegende ist oft noch schwerer zu ergründen als der eines Verschwörungsglaubens. Ist ein Ereignis einmal im Sinne eines Verschwörungsglaubens umgedeutet, tauchen auf wundersame Weise immer neue Bestätigungen dafür auf. So beginnt die so genannte Roswell-Legende mit dem Bericht von William »Mac« Brazel, dem Vorarbeiter der Foster Ranch in der Nähe der amerikanischen Kleinstadt Roswell im Bundesstaat New Mexico. Er fand Mitte Juni 1947 Trümmer auf dem Gelände der Ranch, die offenbar vom Himmel gefallen waren, aber nicht von einem Flugzeug stammten. In der Gegend hatte es vorher des öfteren »UFO-Sichtungen« gegeben, runde, sehr helle Flecken am nächtlichen Himmel. Trotzdem dachte Brazel sich nicht viel dabei.

Erst am 7. Juli 1947 fuhr er nach Roswell und meldete seinen Fund dem Sheriff. Daraufhin kam die US-Luftwaffe, beanspruchte den Fund für sich und nahm die insgesamt etwa 3 Kilogramm Trümmer mit. Man sei in den Besitz einer fliegenden Untertasse gelangt, erklärte am nächsten Tag der Nachrichtenoffizier der 509ten Bombergruppe, die am Roswell Amry Air Field stationiert war. Der Kommandeur des Stützpunkts, Oberst William Blanchard, dementierte umgehend: Ein Wetterballon sei es gewesen, nichts weiter.

Im Jahre 1980, als die Angelegenheit schon fast vergessen war, erschien ein Buch mit dem Titel *The Roswell-Incident* von Charles Berlitz und William Moore. Darin behaupteten die Autoren, die Überreste auf der Ranch stammten von einem außerirdischen Flugobjekt. Das Buch verkaufte sich gut und erregte beträchtliches Aufsehen. Immer mehr vermeintliche Zeugen meldeten sich und weitere Bücher zum Thema erschienen. Im Dickicht der sich widersprechenden Aussagen war eine Klärung des Zwischenfalls inzwischen beinahe unmöglich geworden. Ufologen in der ganzen Welt betrachteten den Vorfall bald als Beweis, dass die Regierung der USA mit außerirdischen Wesen Kontakt habe und diese Tatsache verheimliche. Im Jahre 1995 veröffentlichte die Luftwaffe schließlich den Grund ihres damals so verdächtigen Interesses: Die gefundenen Trümmer gehörten zu einem neuartigen Spionageballon (Codename: Projekt MOGUL), dessen Existenz die Luftwaffe damals nicht zugeben durfte.

Die Anhänger der UFO-Theorie waren natürlich nicht überzeugt. Sie glauben nach wie vor, dass die Luftwaffe auch diese Erklärung nur erfunden habe, um den Fund eines außerirdischen Flugobjekts zu vertuschen. Man kann sicherlich denken, was man will, aber wenn wirklich Außerirdische bei Roswell abgestürzt sind, muss ihr Gefährt ein Ultraleicht-Raumschiff gewesen sein: Die Trümmer wogen keine drei Kilogramm ...

Bei der Definition des Wortes *Verschwörungstheorie* habe ich von einer pseudowissenschaftlichen Theorie gesprochen. Viele Verschwörungstheorien kommen zwar im wissenschaftlichen Gewand daher: Mit Verweisen, Zitaten, Tabellen, Fotos und Diagrammen. Doch die äußere Form allein begründet nicht den Anspruch der Wissenschaftlichkeit. Nach der allgemein anerkannten Definition des Wissenschaftstheoretikers Karl Popper ist das wichtigste Kriterium einer wissenschaftlichen Theorie ihre *Falsifizierbarkeit:* Sie muss widerlegbar sein, andere Wissenschaftler müssen sie überprüfen und gegebenenfalls verwerfen können. Verschwörungstheorien lassen sich niemals auf solche Fixpunkte festlegen. Sie bilden ein in sich geschlossenes System mit Erklärungsmechanismen für alle Kritikpunkte. So behauptete Thomas von Monmouth, der heilige Willelm sei von den Juden zur Verhöhnung des Christentums gekreuzigt worden. Es fehlten aber die passenden Wunden an seinem Körper – was Thomas wiederum mit der besonderen Perfidie erklärte, mit der die Juden ihre Spuren verwischt hätten.

3: Wahrheit und Legende

Die Strukturen erfolgreicher Verschwörungslegenden und -theorien

»Die Wahrheit ist irgendwo dort draußen.« Dieses Zitat aus der Fernsehserie *Akte X* hat sich in den letzten Jahren zu einem geflügelten Wort entwickelt. Wenn man den englischen Satz »the truth is out there« im Internet sucht, gibt Google 198 000 Fundstellen aus. In der Serie jagen die FBI-Agenten Dana Scully und Fox Mulder eine groß angelegte Verschwörung von hochgestellten amerikanischen Regierungsbeamten mit Außerirdischen. Aber in jeder Folge können sie nur einen Zipfel der Wahrheit fassen.

Es ist nicht einfach, Verschwörungstheorien zu beweisen oder zu widerlegen. Wenn Sie beispielsweise die Behauptung lesen, der Umfang der Cheopspyramide geteilt durch die Höhe ergebe $2 \times \pi$, dann können Sie sich mit einem langen Maßband und einem Theodoliten bewaffnen, eine Pauschalreise zu den Pyramiden buchen und nachmessen. Weil die meisten Verschwörungstheorien aber Dutzende bis Hunderte solcher Behauptungen enthalten, ist das Verfahren der direkten Überprüfung nicht praktikabel. Ist vielleicht die weltweite Verbreitung einer Theorie oder eines Buches ein ausreichender Garant für die Richtigkeit seiner Behauptungen? Schließlich, so könnte man argumentieren, sollte die Wahrheit sich durchsetzen, wenn mehrere Millionen Menschen ein bestimmtes Buch lesen und kritisch beurteilen. Das ist leider falsch: Die Popularität eines Buches ist kein Beweis, ja nicht einmal ein Anhaltspunkt für den Wahrheitsgehalt der darin aufgestellten Behauptungen.

Wahrheit ist ein ausgesprochen nebelhaftes Gebilde. Die Philosophie kennt nicht einmal eine einheitliche Definition dafür. Es gibt also nicht einmal einen »wahren« Begriff von der Wahrheit.

Selbst der »wahre« Verlauf einfacher Ereignisse lässt sich oft genug nicht rekonstruieren. Bei einem Autounfall widersprechen sich Zeugen und Beteiligte so regelmäßig, dass vollkommen übereinstimmende Aussagen bei der Polizei den Verdacht erwecken, die Zeugen hätten sich abgesprochen.

Der »wahre« Ablauf historischer Ereignisse ist noch schwerer nachzuweisen. Warum hat Napoleon die Schlacht bei Waterloo verloren? Hat sich Caesars Ermordung wirklich so abgespielt wie überliefert? Für viele geschichtliche Ereignisse haben wir nur wenige Quellen, manchmal nur eine einzige. Ein Beispiel: Der römische Schriftsteller und Historiker Tacitus hat im Jahre 98 n. Chr. die einzige überlieferte volkskundliche Darstellung der Germanen geschrieben. Er wollte seinen dekadenten Landsleuten die einfache und unverdorbene Lebensweise der Germanen als Spiegel vorhalten. Heute weiß niemand mehr, ob Tacitus korrekt berichtet hat oder ob er die damaligen Originalquellen im Sinne seiner Botschaft zurechtgebogen hat. Sicher ist, dass er nicht aus eigener Erfahrung schrieb, denn er hat Germanien niemals bereist. Vieles von dem, was wir über die Germanen zu wissen glauben, stammt also von einem Schriftsteller, der die Stämme im kalten und nebligen Norden nie besucht hat, keine ihrer Sprachen beherrschte und der sein Werk durchaus mit einer bestimmten Absicht verfasst hat.

Für die neuere Zeit sieht es zwar etwas besser aus, aber gerade bei wichtigen Ereignissen entzieht sich die Wahrheit oft genug der genauen Festlegung. Wie viele Schüsse wurden in Dallas auf John F. Kennedy abgefeuert? Aus welcher Richtung kam der tödliche Schuss? Hat ein Schütze die Kugeln abgefeuert oder waren zwei Täter beteiligt? War es ein Auftragsmord? Tausende von Menschen sahen das Attentat, es wurde sogar gefilmt, und trotzdem bleiben Zweifel. Tatsächlich hat kaum ein Ereignis mehr Autoren inspiriert als Kennedys Ermordung. Sie alle ordnen die vielen bekannten Fakten und Gerüchte jeweils so, dass sie auf eine bestimmte Tätergruppe deuten, wie z. B. auf die CIA, die Mafia, den KGB oder den kubanischen Geheimdienst. Die Glaubwürdigkeit ihrer Verschwörungstheorie hängt ganz wesentlich davon ab, ob die Leser der angeschuldigten Tätergruppe eine Verschwörung zum Präsidentenmord überhaupt zutrauen.

Jede Verschwörungstheorie fußt auf einem Verschwörungsglauben. Nur wenn eine genügend große Zahl von Menschen die Grundthesen dieses Glaubens akzeptiert, kann daraus eine erfolgreiche Verschwörungstheorie entstehen.

Glaubwürdigkeit eines Verschwörungsglaubens

Ein *Verschwörungsglauben* ist zunächst einmal Ausdruck des Misstrauens gegen eine andere soziale oder ethnische Gruppe. Beispiel: »Die Katholiken planen ein Massaker gegen die englische Zivilbevölkerung.« – englischer Verschwörungsglauben des 17. Jahrhunderts. Oder: »Die amerikanische Regierung geht heimlich mit verbrecherischen Mitteln gegen alle vor, die ihnen im Wege stehen« – ein aktueller Verschwörungsglauben, wie er im Internet vielfach nachzulesen ist.

Ein von vielen Menschen geteiltes Misstrauen aus der Welt zu schaffen ist fast unmöglich. Die deutsche Sprache kennt kein Wort für die völlige Aufhebung von Misstrauen. Im Gegensatz zum Vertrauen, das vernichtet oder zerstört werden kann, lässt sich Misstrauen lediglich zerstreuen, also quasi verdünnen. Es kann in Vergessenheit geraten oder als überholt belächelt werden, lebt aber schnell wieder auf, solange die eigene und die fremde soziale Gruppe wahrnehmbar und identitätsbildend bleiben.

Nach dem Zweiten Weltkrieg versuchten die Regierungen Europas über umfangreiche Jugendaustauschprogramme zu verhindern, dass sich unter den Jugendlichen eine nationale Gruppenidentität ausbildet. Die übertriebene Identifikation mit dem eigenen Land und das Misstrauen gegen die Nachbarländer hatten im Abstand von nur zwei Jahrzehnten zwei verheerende Kriege ausgelöst. Die persönliche Bekanntschaft und Vertrautheit mit den Sprachen und Lebensweisen anderer europäischer Länder hat zum Zusammenwachsen Europas sehr viel beigetragen. Junge Menschen in Westeuropa fühlen sich inzwischen eher als Europäer und Weltbürger, weniger als Angehörige einer bestimmten Nation.

Ein deutliches Misstrauen gegen alles Fremde findet man aber noch immer in nationalistischen Gruppen. Bei den englischen Nationalisten beispielsweise richtet es sich speziell gegen die Europäische Union und die als Exponenten der EU empfundenen Länder Deutschland und Frankreich. Und immer noch vermischt es sich mit der alten Furcht vor den mutmaßlichen Weltherrschaftsplänen der katholischen Kirche. In einem Artikel für das britische Magazin ›*The Spectator*‹ am 30. August 2003 schrieb der englische Religionslehrer Adrian Hilton sinngemäß: »Die EU ist ein Mittel, um die Reformation rückgängig zu machen und den Herrschaftsbereich des Vatikans auf Großbritannien auszudehnen.« Hilton wurde Anfang 2005 zum Kandidaten der Konservativen Partei des Wahlkreises Slough für die Unterhauswahl im Mai nominiert. Sein bis dahin kaum beachteter Artikel erfreute sich daraufhin nationaler Aufmerksamkeit, und es erhob sich ein Proteststurm, nicht nur von Seiten der Katholiken. Die Führung der Konservativen Partei sah sich daraufhin veranlasst, den Kandidaten Hilton zurückzuziehen.

Der protestantische Glaube ist offenbar für die große Mehrheit der Engländer nicht mehr identitätsbildend. Die meisten Engländer glauben auch nicht, dass der Papst mit Hilfe der EU England erobern will. Hiltons verbale Entgleisungen wirken deshalb auf sie eher lächerlich. Auf der anderen Seite kann ein wenig verbreitetes Misstrauen durch ein als einschneidend empfundenes Ereignis anhaltend verstärkt werden. Ein Beispiel: In den USA halten es zwischen 25 Prozent und 50 Prozent der Schwarzen (je nach Umfrage) für wahrscheinlich, dass die US-Regierung das HI-Virus künstlich erzeugt hat, um die schwarze Bevölkerung zu dezimieren. Viele Schwarze halten die kostenlos verteilten Aids-Medikamente zudem für Gift oder lehnen die Benutzung von Kondomen ab, weil sie glauben, die Regierung wolle auf diese Weise verhindern, dass sie sich fortpflanzen.

Woher speist sich dieser Glauben? Verschiedene Untersuchungen sehen einen Zusammenhang mit der berüchtigten Tuskegee-Syphilis-Studie, dem wohl finstersten Kapitel des öffentlichen Gesundheitswesens in den USA.

Im Jahre 1932 startete in der Stadt Tuskegee in Macon County, Alabama, eine Studie des US Public Health Service zum »natürlichen« Verlauf der Syphilis bei Schwarzen. 399 Syphiliskranke, die meisten davon bettelarme Tagelöhner und Kleinstbauern, wurden dafür angeworben. Man sagte ihnen, sie litten unter »schlechtem Blut«, ein damals gebräuchlicher Begriff für verschiedene chronische Krankheiten. Sie mussten sich regelmäßig untersuchen lassen und erhielten dafür kostenlose Heilfürsorge, eine freie Mahlzeit nach der Untersuchung und ein kostenloses Begräbnis. Man sagte ihnen nicht, dass sie unter Syphilis litten, und sie erfuhren auch nicht, dass die Krankheit nicht behandelt werden sollte. Nach einer initialen echten Syphilisbehandlung mit einer viel zu geringen Dosis (um den Verlauf der Krankheit nicht übermäßig zu stören) erhielten sie nur noch »Pink Medicine« – Aspirin. Ursprünglich sollte die Studie sechs Monate dauern, aber sie lief einfach immer weiter – vierzig Jahre lang.

Ziel der Studie war die Beobachtung der unbehandelten Syphilis bis zum Tode der Erkrankten. Die Initiatoren der Studie und ihre Helfer vor Ort ließen die Patienten darüber im Unklaren, dass bei den Versuchspersonen eine Obduktion notwendig würde, denn unter den Schwarzen dieser Gegend waren Obduktionen äußerst unpopulär und viele Beteiligte wären wohl abgesprungen. Auch nach der Einführung des Penicillins im Jahre 1947 brach der Public Health Service das Experiment nicht ab, obwohl kaum wissenschaftliche Erkenntnisse zu erwarten waren. Erst im Jahre 1972 deckte die Journalistin Jean Heller das unmenschliche Projekt auf. Am 25. Juli 1972 erschien ihr Artikel unter dem Titel »Syphilis-Patienten starben unbehandelt« im *Washington Evening Star*. Alle großen Zeitungen berichteten ausführlich, und ein Aufschrei der Empörung ging durch das Land. Der Public Health Service setzte im Juli 1972 einen beratenden Ausschuss ein, der entscheiden sollte, ob die Studie ethisch zu rechtfertigen sei. Drei Monate später befand der Ausschuss die Studie für unethisch und empfahl den Abbruch. Zu diesem Zeitpunkt waren 28 Versuchsteilnehmer direkt an der Syphilis gestorben, 100 weitere an Folgekrankheiten. Sie hatten 40 ihrer Frauen angesteckt, und 19 ihrer Kinder litten an angeborener Syphilis.

Die Studie brachte keinerlei wissenschaftliche Erkenntnisse. Sie sollte anfänglich die Frage klären, ob im Spätstadium der Syphilis bei Schwarzen die Schäden am Gefäßsystem stärker ausgeprägt waren als bei Weißen, während das Nervensystem weniger angegriffen wurde. Die Frage ist jedoch belanglos, weil die Antwort keine Auswirkungen auf die Behandlung der Krankheit hat und die späte Syphilis sich bei jedem Menschen anders auswirkt. Bei einer Überprüfung erwies sich zudem, dass die Mitarbeiter die Untersuchungsprotokolle zu schlampig geführt hatten, um sichere Aussagen zu ermöglichen.

Im Jahre 1973 zog die Bürgerrechtsorganisation NAACP (National Association for the Advancement of Colored People) vor Gericht und erstritt eine Entschädigung von neun Millionen US-Dollar sowie lebenslange freie Heilfürsorge für die Opfer und ihre Familien. Zu diesem Zweck gründete die US-Regierung das Tuskegee Health Benefit Program und beauftragte die dem Gesundheitsministerium unterstellten Centers for Disease Control and Prevention (CDC) mit der Durchführung. Die CDC sind eine Dachorganisation mit vielen Unterorganisationen. Das Tuskegee Health Benefit Program untersteht dem National Center for HIV, STD, and TB Prevention (NCHSTP) des CDC – der gleichen Institution, die auch für die Aids-Bekämpfung zuständig ist.

Erst am 16. Mai 1997, 65 Jahre nach Beginn der Studie, entschuldigte sich Präsident Bill Clinton offiziell bei den letzten acht überlebenden Opfern. Niemand wurde im Zusammenhang mit der Studie strafrechtlich belangt.

Kein anderes Ereignis hat das Verhältnis der Schwarzen zum Public Health Service so vergiftet wie die Tuskegee-Studie. Wie konnte es sein, dass Ärzte und Krankenschwestern das langsame Sterben ihrer Patienten lediglich aufzeichneten, ohne ihnen zu helfen? Und warum untersteht das Tuskegee Health Benefit Program ausgerechnet der Aids-Bekämpfungsorganisation des CDC? Gerade auf diese Tatsache stützen sich die meisten Verschwörungslegenden, die Aids mit der Tuskegee-Studie in Verbindung bringen.

Die Wissenschaftlerinnen Elisabeth Klonoff und Hope Landrine von der California State University fragten im Jahre 1999, also lange nach dem Ende der Tuskegee-Studie, 520 Schwarze in San Bernadino County in Kalifornien, ob sie dem Satz zustimmen: »HIV-Aids ist ein künstliches Virus, das die US-Bundesregierung hergestellt hat, um Schwarze zu töten und auszurotten.«

26,5 Prozent der Befragten stimmten der These zu und 50,8 Prozent lehnten sie ab. Im kühlen Licht der Logik betrachtet, ist die Idee abwegig, dass die US-Regierung das HIV-Virus zur Ausrottung der Schwarzen produziert hat. Das HIV-Virus befällt alle Rassen. Es breitete sich zunächst unter vorwiegend weißen Homosexuellen aus, bevor es die Schwarzen in den USA vergleichsweise stark traf. Die Aids-Prävention ist einfach, die Ansteckungsrate bei vorsichtigem Verhalten verschwindend gering. So sehr die Tuskegee-Studie auch empört, sie beweist keine Beteiligung einer Bundesbehörde an der absichtlichen Ausbreitung von Aids. Sie kann allenfalls einen *Analogieschluss* anstoßen, der etwa so lautet: *Eine Regierung, die Schwarzen die Behandlung einer tödlichen Krankheit verweigert, um ihr langsames Sterben zu studieren, ist auch imstande, Schwarze absichtlich mit einer tödlichen Krankheit zu infizieren, um die schwarze Bevölkerung auszurotten.*

Allerdings ist ein Analogieschluss noch kein Beweis. Formal logisch schließt er aufgrund gewisser Ähnlichkeiten von einem vollständig bekannten Ausgangssystem auf die unbekannten Teile eines unvollständig bekannten Zielsystems. Je ähnlicher die Systeme sind und je mehr darüber bekannt ist, desto sicherer wird die Vermutung über die unbekannten Teile des Zielsystems. Nur dann, wenn man die Gleichartigkeit beider Systeme nachweist, wird der Analogieschluss zum Beweis. In unserem Beispiel sind die Systeme jedoch zu verschieden, um einen Analogieschluss zuzulassen. Die Tuskegee-Studie hat das Syphilis-Bakterium nicht erzeugt. Sie hatte nicht die Ausrottung der Schwarzen zum Ziel. Sie war nicht von der Regierung geplant worden. Und in der Folge wurden diverse Maßnahmen ergriffen, um eine Wiederholung zu verhindern.

Logisch gesehen, ist die Behauptung also unhaltbar, die US-Regierung habe das HIV-Virus erzeugt, um die Schwarzen auszurotten. Aber wenn einmal grundsätzliches Misstrauen gegen eine andere Gruppe existiert, erhalten auch unsinnige Zuschreibungen eine bestürzende Glaubwürdigkeit.

Am Vorabend des Ersten Weltkriegs, in der Zeit zwischen der Ermordung des österreichischen Thronfolgers in Sarajewo und dem Ausbruch des Krieges einen Monat danach, brach in allen europäischen Ländern eine gefährliche Kriegsbegeisterung auf. *»Was man einst die ›Gemeinschaftlichkeit von Europa‹ genannt hatte, war zu einem Dschungel des Misstrauens und einem die Rationalität des Interessenhandelns zerstörenden Freund-Feind-Denken geworden«*, schreibt der Historiker Theodor Schieder dazu. Politiker, Intellektuelle, Zeitungen und nicht zuletzt beträchtliche Teile der Völker unterstellten dem »Feind« die finstersten Motive und betrachteten den Krieg als berechtigte Verteidigung gegen einen äußeren Angriff. Der Krieg entstand also nicht als unbeherrschbarer Reflex auf das Attentat von Sarajewo, sondern als Konsequenz der durch gegenseitiges Misstrauen immer geringer werdenden Handlungsfreiheit der Regierungen.

Die Glaubwürdigkeit eines Verschwörungsglaubens steigt mit dem Misstrauen, das einer Gruppe entgegengebracht wird. Der Wahrheitsgehalt des Verschwörungsglaubens ist dabei ebenso unwichtig wie seine innere und äußere Logik. Entscheidend ist allein die Übereinstimmung mit den Vorurteilen gegen die als feindlich oder böse empfundene Gruppe.

Glaubwürdigkeit von Verschwörungslegenden

Man sollte annehmen, die Wahrheit von Verschwörungslegenden ließe sich besser überprüfen als die eines Verschwörungsglaubens. Die Legende gibt ein definiertes Ereignis wieder. Sie nennt Ort, Zeit und Beteiligte. Man kann Zeugen befragen, Orte besuchen oder die Plausibilität der Zeitangaben feststellen. Aber das ist nur auf den ersten Blick einfach. Oft genug findet sich dieselbe Geschichte an verschiedenen Stellen mit unterschiedlichen Angaben zu Zeit und Ort. So gibt es beispielsweise viele angebliche Sichtungen von schwarzen Helikoptern in ländlichen Gegenden der USA. Der amerikanische Verschwörungstheoretiker Jim Keith verbreitete in den neunziger Jahren die These, die schwarzen Helikopter seien die Vorhut von UNO-Sturmtruppen, welche die USA im Jahre 2000 besetzen sollten. Populäre Fernsehsendungen und Kinofilme wie *Die Akte X* oder *Fletchers Visionen* haben dieses Motiv aufgegriffen. Schwarze Helikopter gelten in den USA inzwischen als Symbol für eine anonyme und bedrohliche Staatsmacht, obwohl sich keine einzige der angeblichen Sichtungen bestätigen ließ.

Ein zweites Beispiel: Unmittelbar nach den Anschlägen auf das Pentagon und das World Trade Center wusste der in Beirut stehende Propaganda-Sender »al-Manar« der Hisbollah Erstaunliches zu berichten. Hier ein Zitat von der Website des Landesamtes für Verfassungsschutz Baden-Württemberg zum Thema »Islamismus«:

In die Schlagzeilen geriet »al-Manar« in der westlichen Welt, als die »Washington-Post« unmittelbar nach dem Anschlag auf das World-Trade-Center am 11. September berichtete, der in Beirut ansässige Sender habe Gerüchte in Umlauf gebracht, die Israel für die Terror-

anschläge verantwortlich machten. »*Al-Manar« habe aus obskuren Quellen einer jordanischen Zeitung arabische Diplomaten zitiert, die bestätigten, dass 4000 Juden überlebt hätten, da sie gewarnt worden seien und an diesem Tag nicht zur Arbeit in das World-Trade-Center kamen.*

Die Meldung verbreitete sich mit erstaunlicher Geschwindigkeit, obwohl sie offensichtlich unsinnig war und selbst ein arabischer Propaganda-Sender wie al-Manar sich hinter einer anonymen Quelle verschanzte. Die Falschmeldung von den gewarnten Juden hält sich seitdem hartnäckig.

Verschwörungslegenden als Untergruppe der Gerüchte

Verschwörungslegenden gehören zu den *Urban Legends*, also den Wanderanekdoten oder Modernen Legenden. Diese wiederum sind ihrer Natur nach *Gerüchte,* kurze Erzählungen unbekannten Wahrheitsgehaltes. Der britische Psychologe Sir Frederic Bartlett untersuchte bereits in den dreißiger Jahren, welche Teile einer unbekannten Geschichte sich Menschen merken. Er stellte fest, dass Menschen dazu neigen, die Geschichte an ihr Vorwissen und Weltbild anzupassen, um sich danach nur an die angepasste Version zu erinnern. 1947 veröffentlichten die amerikanischen Psychologen Gordon Willard Allport und Leo Postman ihr Buch *The Psychology of Rumor.* Sie beschreiben darin detailliert die Veränderung von Gerüchten während ihrer Ausbreitung.

Danach tendieren Gerüchte dazu, mit zunehmender Verbreitung kürzer zu werden (Levelling) und in einzelnen Teilen eine schärfere Form (Sharpening) anzunehmen. Ferner verändern die Menschen ein Gerücht bei der Verbreitung so, dass es besser zu ihrem Vorwissen und ihrer Gefühlslage passt (Assimilation). Das erklärt aber noch nicht, warum manche Gerüchte nicht einmal den Raum verlassen, in dem sie geboren werden, während andere in wenigen Stunden ganze Gebäudekomplexe durchdringen. Erst in den siebziger Jahren brachten die Biologen die Vorstellung des Überlebens von Ideen durch natürliche Auslese auf.

Die Wissenschaftler gingen davon aus, dass Ideen, also auch Gerüchte, miteinander im Wettbewerb stehen. Sie verändern und vermehren sich und unterliegen dabei ähnlichen Gesetzen, wie Darwin sie für die Evolution von Lebewesen formuliert hat. Der Biologe Richard Dawkins hat dafür den Begriff »Mem« geprägt, den er von »Gen« ableitet. Während das Gen die Grundeinheit für die Vermehrung und die Evolution von Lebewesen darstellt, ist ein Mem die Grundeinheit einer Idee. Ein Mem verändert sich so lange, bis es ausstirbt oder sich im Wettbewerb mit anderen Memen durchsetzen kann. Oder anders ausgedrückt: Erfolgreiche Meme breiten sich aus und setzen sich in den Köpfen der Menschen fest. Welches sind nun die Bedingungen für den Erfolg von Gerüchten?

Ein Gerücht verbreitet sich immer dann, wenn
1. die Gelegenheit gegeben ist, also ein ausreichend dichtes und von der Art her geeignetes Kommunikationsnetzwerk vorliegt, und
2. das Gerücht ausreichend glaubwürdig ist, und
3. das Gerücht ausreichend interessant ist. Dabei entscheidet nicht das Interesse des Einzelnen, sondern das Gruppeninteresse, also die Überlappung der Interessen der Einzelnen.

Alle drei Faktoren müssen zusammenwirken. Wenn einer fehlt, verbreitet sich das Gerücht nicht. Ein wirklich interessantes Gerücht verbreitet sich auch dann, wenn das Kommunikationsnetz löchrig und die Glaubwürdigkeit des Inhalts eher gering ist. Ein sehr dichtes Kommunikationsnetz transportiert auch mäßig interessante Gerüchte von zweifelhafter Glaubwürdigkeit.

Die Glaubwürdigkeit wiederum hängt von vier wesentlichen Faktoren ab. Dies sind: die Genauigkeit der Darstellung, die Glaubwürdigkeit der Quelle, die Übereinstimmung mit dem Weltbild des Zuhörers und die Situation. In Stresssituationen oder in unsicherer und beängstigender Lage, aber auch in Zeiten der Langeweile liegt die Schwelle der Glaubwürdigkeit deutlich niedriger als in einer entspannten Situation. Menschen neigen außerdem dazu, die Glaubwürdigkeit auch danach einzuschätzen, wie oft sie ein Gerücht hören. Allein durch seine Verbreitung gewinnt ein Gerücht also bereits an Glaubwürdigkeit.

Gerüchte und Internet

Das Internet hat der Verbreitung von Gerüchten eine neue Dimension verliehen. Entsprechend dem vorgestellten Modell bildet das Internet ein dichtes, für viele Arten von Gerüchten geeignetes Netzwerk mit Speicherfunktion. Anders als die flüchtigen mündlichen Gerüchte bleiben die Gerüchte im Internet monate- oder jahrelang abrufbar. Ein direkter Kontakt zwischen den Menschen, die das Gerücht verbreiten, ist nicht mehr notwendig. Gerade auf privaten Websites bleiben Gerüchte oft jahrelang unverändert stehen, selbst wenn sie lange überholt oder widerlegt sind. Auf diese Weise sammeln sich im Internet immer mehr Gerüchte an.

Die großen Suchmaschinen wie Google oder Yahoo verschaffen allen Internetbenutzern Zugriff zu beliebigen Inhalten ohne Rücksicht auf den Wahrheitsgehalt. Eine Google- oder Yahoo-Anfrage liefert sogar bevorzugt Gerüchte. Viele Zeitungen und Zeitschriften schützen die sorgfältig recherchierten Artikel auf ihren Websites vor den Robots der Suchmaschinen oder öffnen ihre Archive nur gegen Bezahlung. Gleichzeitig schafft das Internet auch eine direkte weltweite Verbindung zwischen Menschen ähnlicher Interessen. In einem Forum, einem Chatroom, einer Mailingliste oder einer Newsgroup können sich Menschen aus den verschiedensten Winkeln der Welt treffen und miteinander unterhalten – und Gerüchte verbreiten. Die Hemmschwelle der Weiterleitung ist niedrig, weil die Mitglieder von Internetgemeinschaften sich meist nur unter selbstgewählten Pseudonymen kennen.

Das Internet bildet also einen idealen Nährboden für Meme aus der Klasse der Gerüchte. Entsprechend viele Gerüchte haben dort ihren Ursprung und ihre Heimat.

Verschwörungslegenden sind eine Untergruppe der Gerüchte. Sie verbreiten sich wie Gerüchte, wobei der Wahrheitsgehalt für die Glaubwürdigkeit eine untergeordnete Rolle spielt. Wichtige Faktoren sind die Zuschreibung einer zuverlässigen Quelle, die Übereinstimmung mit dem Weltbild des Zuhörers und eine für ihre Ausbreitung geeignete Umgebung.

Wie beim Verschwörungsglauben gilt: Der Wahrheitsgehalt beeinflusst die Glaubwürdigkeit einer Verschwörungslegende nur wenig. Sollte sie sich als falsch erweisen, geht die Verbreitung der Legende nur in dem Maße zurück, wie der Nachweis der Unwahrheit seinerseits glaubwürdig erscheint.

Erfolg und Wahrheitsgehalt von Verschwörungstheorien

Verschwörungstheorien versuchen, einen Verschwörungsglauben quasi akademisch zu untermauern. Das Bekenntnis eines Verschwörungsglaubens passt in ein oder zwei Sätze, und eine Verschwörungslegende muss sich in einer Minute erzählen lassen, wenn sie nicht langweilig werden soll. Eine Verschwörungstheorie umfasst meist jedoch ein ganzes Buch. Nur sehr wenige davon erklimmen den Olymp der Bestsellerlisten, und eine kaum größere Anzahl sichert ihren Verfassern wenigstens den Lebensunterhalt. Die weitaus meisten Autoren von Verschwörungstheorien verdienen kein Geld mit ihren Büchern, sondern ruinieren lediglich ihren Ruf. Was unterscheidet die erfolgreichen Theorien von der Masse der übrigen? Sehen wir uns die Werke bekannter Verschwörungsautoren doch einmal näher an. Ich habe für die Analyse vier der erfolgreichsten Autoren ausgewählt:

Charles Berlitz, Erich von Däniken, Dan Brown und Mathias Bröckers.

Charles Berlitz wurde im Jahre 1974 mit dem Buch *Das Bermuda Dreieck* schlagartig weltbekannt. Im Bermudadreieck zwischen den Bermudainseln, Florida und Costa Rica, so schrieb er, verschwänden Schiffe auf geheimnisvolle Weise oder sänken so plötzlich, als würden sie unter Wasser gezogen. Flugzeuge kämen vom Kurs ab oder stürzten ab, weil ihre Magnetkompasse plötzlich verrückt spielten. Hatten dort Außerirdische eine Kolonie errichtet? Liegt auf dem Meeresgrund das versunkene Atlantis? Oder gibt es dort eine Zone der Zeitverzerrung? Charles Berlitz jonglierte in seinem Buch mit allerlei phantasievollen Spekulationen. Schon 1975 wies der amerikanische Autor Lawrence Kusche nach, dass Berlitz die von ihm zitierten Quellen mehrfach ungenau oder falsch wiedergegeben hatte. So war die Anzahl an Schiffsuntergängen im Bermudadreieck keineswegs ungewöhnlich hoch, wenn man berücksichtigt, dass es sich um eines der meistbefahrenen Seegebiete der Welt handelt. Berlitz' Buch verkaufte sich trotzdem hervorragend und wurde in viele Sprachen übersetzt.

Noch erfolgreicher ist der Schweizer Autor Erich von Däniken. Auf seiner Website gibt er an, 63 Millionen Bücher verkauft zu haben (Stand: Februar 2006). Damit kommt er zwar noch nicht an Agatha Christie heran, deren Bücher eine Gesamtauflage von zwei Milliarden erreicht haben, aber unter den Esoterikern ist er sicherlich einer der Meistgelesenen. Seit seinem ersten Buch *Erinnerungen an die Zukunft* im Jahre 1968 vertritt er in einem ungebrochenen Strom von Publikationen die Auffassung, dass in prähistorischer und sogar noch in historischer Zeit außerirdische Astronauten die Erde besucht hätten. Die Götter der Menschen, so behauptet er, seien in Wirklichkeit Besucher von anderen Sternen gewesen. Fachwissenschaftler, die seine Theorien bezweifeln, mag Däniken nicht sonderlich. Er wirft ihnen vor, seine Thesen entweder aus Dummheit oder mit Absicht zu ignorieren, wenn sie nicht ohnehin solche Fachidioten sind, dass sie Erkenntnisse außerhalb ihres eigenen Gebietes gar nicht wahrnehmen können. Es hat der Popularität seiner Bücher nicht geschadet, dass ihm schon zu Anfang diverse Fehler, Ungenauigkeiten, Fälschungen und entstellende Zitate nachgewiesen wurden.

Der dritte Autor verfasst keine Sachbücher, sondern höchst erfolgreiche Romane: Dan Brown, der unter anderem die internationalen Bestseller *Illuminati* und *Sakrileg* geschrieben hat. Beide Bücher sind spannende Mystery-Krimis mit einer großen Zahl von symbolischen Rätseln und Anspielungen. Der Held der Romane ist der Symbolologe (eine erfundene Berufsbezeichnung) Robert Langdon aus Harvard. Er ist allseits beliebt, verfügt über unbegrenzte finanzielle Mittel und ist mit einem überragenden Verstand ausgestattet. Dan Browns Thriller *Illuminati* geht davon aus, dass der Illuminatenorden nicht nur überlebt hat, sondern eigentlich viel älter war als angenommen wurde. Nach seiner scheinbaren Zerschlagung wurde er in Wahrheit immer mächtiger. Seine Anführer schrecken vor nichts zurück, um die verhasste katholische Kirche zu bekämpfen. Darum, so scheint es, stehlen sie aus dem Forschungszentrum CERN in Genf eine Antimateriebombe, ermorden einen Wissenschaftler und brennen ihm das Wort »Illuminati« auf die Brust, um an ihrer Täterschaft erst gar keinen Zweifel aufkommen zu lassen. Die Antimateriebombe, die praktischerweise gut transportabel ist, soll den Vatikan pulverisieren, und zwar dann, wenn alle Kardinäle zum Konklave, der Papstwahl, versammelt sind.

Noch erfolgreicher war Dan Brown mit seinem Roman *Sakrileg*. Im Louvre, so beginnt die Geschichte, wird der Chefkurator Jacques Saunière ermordet. Bevor er stirbt, hinterlässt er eine verschlüsselte Nachricht an seine Enkelin Sophie Neveu. Der zufällig in Paris weilende Symbolologe Robert Langdon gerät unter Mordverdacht und muss zusammen mit der schönen Sophie seine Unschuld beweisen, der Polizei entwischen und vor einem Mörder von der finsteren katholischen Organisation »Opus Dei« fliehen. Zu diesem Zweck entschlüsseln die beiden jede Menge Symbole in alten Bildern, Reliefs und Kirchen. Ferner nehmen sie mit der altehrwürdigen Organisation »Prieuré de Sion« Kontakt auf, der schon Leonardo da Vinci und Isaak Newton angehörten, und finden schließlich den heiligen Gral. Auch der Mörder des Chefkurators entgeht nicht seiner gerechten Strafe.

Dan Brown erhebt den Anspruch: »Sämtliche in diesem Roman erwähnten Werke der Kunst und Architektur und alle Dokumente sind wirklichkeits- bzw. wahrheitsgetreu.«

Inzwischen hat im Louvre sowie in der kleinen Kirche St. Sulpice in Paris eine Art Dan-Brown-Tourismus eingesetzt. Mit dem Buch in der Hand suchen die Menschen das Da-Vinci-Bild »Das letzte Abendmahl« (das in Mailand hängt), die Toilette, in der Robert Langdon sich versteckt hat (existiert dort nicht) oder den alten Pariser Nullmeridian (den das Buch um eine Kleinigkeit verlegt hat). Sie versuchen, die seltsamen Wege nachzuvollziehen, die Robert Langdon in Paris nimmt, als er von seinem Hotel in den Louvre gefahren wird (zu Fuß wäre er schneller) oder zählen nach, ob die Glaspyramide am Eingang des Louvre wirklich die teuflische Zahl von 666 Glasscheiben hat (es sind 698). Vielleicht fühlen sie sich sogar versucht, das eine oder andere Ausstellungsstück mitgehen zu lassen, denn Dan Brown erklärt ausdrücklich, dass die Überwachungskameras im Louvre nur Attrappen sind (sind sie nicht, also besser nichts dergleichen versuchen).

Dan Brown beschreibt ein fiktives Paris, nicht das wirkliche. Das ist selbstverständlich seine dichterische Freiheit – wäre da nicht sein ausdrücklicher Anspruch, dass alles genau stimmt. Die vorgetäuschte Wirklichkeitsnähe macht einen beträchtlichen Teil der Spannung aus und ist sicherlich ein bewusstes Stilmittel, aber sie ist eben nur – vorgetäuscht.

Mathias Bröckers, der vierte Autor, passt auf den ersten Blick nicht recht ins Bild. Seine Themen sind die Terroranschläge auf das

World Trade Center und das Pentagon am 11. September 2001. In seinen Büchern und Artikeln theoretisiert er nicht, er polemisiert. Die Regierung der USA, so steht für ihn fest, hat die Terroranschläge geduldet oder selbst inszeniert. Mathias Bröckers erfährt das im Wesentlichen durch seine beständige Spurensuche im Internet und schreibt die Ergebnisse seiner Recherchen in einer eigenen, 57 Folgen umfassenden Serie im Internet-Magazin *Telepolis* zusammen. Diese Artikel hat er zusammen mit einem theoretischen Vorspann zu seinem Buch »*Verschwörungen, Verschwörungstheorien und die Geheimnisse des 11.9.*« verarbeitet, dem kurze Zeit später »*Fakten, Fälschungen und die unterdrückten Beweise des 11.9.*« folgte. Das erste Buch hat inzwischen 35 Auflagen erlebt, das zweite acht. Die deutsche, amerikanische und internationale Presse, so sie seinen Ausführungen nicht folgen will, bezeichnet er gerne als Medienbordell, um ihre Käuflichkeit zu betonen. Nicht Islamisten, sondern die amerikanische Regierung in Verbindung mit Drogenhändlern, der CIA oder der israelischen Regierung hat die Anschläge inszeniert, um sie dann ihren Gegnern in die Schuhe zu schieben, ist seine stets wiederholte Überzeugung. Das hört man gerne in islamischen Ländern, und so ist es kein Wunder, dass er Übersetzungsrechte unter anderem ins Indonesische (Indonesien ist das volkreichste islamische Land der Welt) und ins Arabische verkauft hat.

Mathias Bröckers kennt nur Gute, Böse und Dumme – von den Medien mal abgesehen, die, wie er in seinem Weblog schreibt, noch verkommener sind, als er ohnehin schon gedacht hat. Die Guten sind die Wenigen, die in den USA trotz des »Gestapo-ähnlichen« Ministeriums für Homeland Security noch Kritisches zu berichten wagen – wie Michael Moore, Daniel Hopsicker und einige andere. Die Bösen sind die »Bushisten«, ein »Regime verrückter Petronazis«, geführt von einem »Halbintelligenzler«. Ihre wirtschaftlichen Ideen sind »kriminell, korrupt und asozial«. Der Rest der Menschheit sind die Dummen, die den Bösen glauben oder sie sogar wählen.

Bröckers entwirft eine holzschnittartige Welt ohne Zwischentöne. Dabei liegt sein Schwerpunkt darauf, mit Informationsfetzen, Gerüchten und Legenden jedes stimmige Bild der Ereignisse zu zerstören. Er greift dafür sogar die Berichterstattung der von ihm als bestechlich, willfährig und unzuverlässig kritisierten »Mainstream«-Medien auf. Es war alles nicht so, wie offiziell behauptet, die US-Regierung hat Schuld und die Israelis profitieren, lautet Bröckers vielfach wiederholtes Fazit.

Charles Berlitz, Erich von Däniken, Dan Brown, Mathias Bröckers: vier verschiedene Autoren, vier verschiedene Themen aus dem Reich der Verschwörungen, Rätsel und Geheimnisse. Was verbindet sie, außer ihrem Erfolg? Alle versprechen, wirkliche Ereignisse aus einem neuen Blickwinkel zu zeigen, geheime Zusammenhänge aufzudecken und verborgene Drahtzieher ans Licht zu zerren. Alle vier Erfolgsautoren schreiben im Stil des Kriminalromans. Erst stellen sie Fragen, um das Weltbild der Leser zu erschüttern, dann lassen sie den Leser bei der Aufklärung mitzittern. Charles Berlitz verzichtet auf fertige Antworten, er präsentiert eine gekonnte Gruselgeschichte und überlässt es der Phantasie des Lesers, welche natürlichen, übernatürlichen oder außerirdischen Kräfte am Werk sind. Die anderen Autoren gehen nach dem bekannten Schema guter Romane vor: Sie bauen ein vertrautes Bild auf, dann säen sie Zweifel, stellen Fragen, konstruieren Widersprüche. Das Bild bekommt Risse, ein anderes Bild beginnt durchzuschimmern ...

Jede spannende Erzählung ist so aufgebaut. Doch das alleine reicht nicht, um den Lesern den Eindruck eines neuen und tieferen Einblicks in die Wirklichkeit zu vermitteln. Es muss noch ein weiterer Aspekt hinzukommen: die Genauigkeit. Zahlen, Daten, Fakten, Orte, Zeiten, Namen – nichts davon darf fehlen. Allerdings müssen die Angaben nicht unbedingt stimmen.

Genauigkeit als Täuschung

Schon das Einhalten der äußeren Form einer Zeitungsmeldung oder eines Sachartikels reicht aus, um den Eindruck der Genauigkeit zu erwecken. Ein Beispiel: »*Iwan Grosny, der Privatsekretär des russischen Präsidenten Chruschtschow, berichtet in seinen 1972 geschriebenen und heimlich in den Westen geschmuggelten Memoiren, dass Chruschtschow am Tag der Ermordung von Präsident Kennedy die Fernsehübertragung der Fahrt des Präsidenten durch Houston live verfolgt hat und mehrfach auf die Uhr sah, bis um 15.14 Uhr die tödlichen Schüsse fielen. Dann stellte er ohne erkennbare Gemütsregung den Fernseher ab und unterzeichnete eine bereits vorbereitete Beileidserklärung.*«

Der vorangegangene Absatz klingt auf den ersten Blick einigermaßen plausibel – aber der gesamte Inhalt ist von vorne bis hinten erfunden. *Iwan Grosny* ist der russische Namen des Zaren Iwan IV., der übrigens keine Memoiren geschrieben hat. Kennedys letzte Fahrt wurde nicht im Fernsehen übertragen und der Kreml hatte 1963 keinen Live-Zugang zum amerikanischen TV-Netz. Präsident Kennedy starb in Dallas, nicht in Houston, und nicht um 15.14 Uhr, sondern um 12.30 Uhr Ortszeit.

Dieses fiktive Bespiel enthält kaum mehr Fehler als die für wahr ausgegebenen Geschichten anderer Autoren. So berichtet Erich von Däniken von einem Bündel geheimnisvoller Landkarten, die Anfang des achtzehnten Jahrhunderts im Topkapi-Palast in Istanbul gefunden wurden und dem Admiral Piri Reis, einem Offizier der türkischen Marine, gehört haben sollen. Dieses Kartenbündel stelle exakt die Erde dar, wie sie ein Raumschiff in großer Höhe über Kairo sieht, sogar die Antarktis und die Gebirge dort seien exakt eingezeichnet, schreibt Däniken. Er sieht darin den eindeutigen Beweis, dass außerirdische Wesen den Menschen bereits vor vielen hundert Jahren Informationen zukommen ließen.

Das klingt bestechend, weist aber eine ganze Reihe von inneren Widersprüchen auf. Es kann vor der Gründung der Türkei im Jahre

1923 keine türkische Marine und keinen türkischen Admiral gegeben haben. Für ein Raumschiff über Kairo (30° nördlicher Breite) liegt die Antarktis hinter dem Horizont. Sollte also ein Südkontinent eingezeichnet sein, ist er zu weit nach Norden gerutscht und kann nicht exakt wiedergegeben sein.

Jetzt zu den Fakten: Es gibt kein Kartenbündel, sondern nur ein einzelnes Kartenfragment. Es wurde nicht im achtzehnten Jahrhundert gefunden, sondern im Jahre 1929. Piri Reis, der Admiral der *osmanischen* Marine, hat es nicht nur besessen, sondern im Jahre 1513 *gezeichnet*. Das behauptet jedenfalls eine Randnotiz auf der Karte. Die Küstenlinien sind keineswegs exakt wiedergegeben, sondern entsprechen dem Wissensstand des sechzehnten Jahrhunderts. Steven Dutch von der University of Wisconsin in Green Bay hat die Karte ins Internet gestellt und die tatsächlichen Küstenlinien nachgetragen. Die Abweichungen sind enorm. In Dänikens Buch fehlt übrigens eine Abbildung des Kartenfragments. Doch auch ohne außerirdische Beteiligung ist die Piri-Reis-Karte durchaus bemerkenswert: Wenn sie wirklich im Jahre 1513 gezeichnet wurde, zeigt sie eine der ältesten erhaltenen Darstellungen des amerikanischen Kontinents.

Ein weiteres Beispiel für täuschende Genauigkeit: Mathias Bröckers behauptet am 12., 14. und 17. Juni 2004 in einem dreiteiligen Artikel für das Online-Magazin *Telepolis*, am Morgen des 11. September 2001 hätten Militärübungen, er nennt sie »Wargames«, stattgefunden, in denen übungshalber Flugzeuge als entführte Linienmaschinen mitgespielt hätten. Das hätte die Luftverteidigung daran gehindert, die entführten Maschinen abzuschießen, die von islamistischen Terroristen ins World Trade Center und das Pentagon gelenkt wurden. Die Islamisten wurden, wie Bröckers weiter ausführt, »höchstwahrscheinlich« von den Initiatoren der Wargames eingeschleust, um Terroristen zu spielen. Die Ermittlung ihrer »wahren« Identitäten würde demzufolge offenbaren, dass sie als Sündenböcke »gehijackt« wurden. Eine – vorsichtig ausgedrückt – unkonventionelle Darstellung der Ereignisse.

Als Beleg verlinkt Bröckers auf Michael Rupperts Website, dessen Newsletter *From the Wilderness* eine wichtige Quelle für eine Reihe von Mathias Bröckers' Artikeln darstellt. Rupperts Website enthält viel Eigenwerbung, einen Shop und dutzende »sensationeller« Enthüllungsartikel. Sie befassen sich vorwiegend mit der amerikanischen Regierung und ihren Verwicklungen in die Attentate auf das World Trade Center, ihren angeblichen Öl- und Drogengeschäften und ihren Verbindungen zur israelischen Regierung. Mit Datum vom 5. Juni 2004 schreibt Ruppert, er habe einen geheimen Tipp von »jemandem bei NORAD«, dem strategischen Luftverteidigungssystem der USA, bekommen. Am 11. September soll, so bestätigte ihm dieser Unbekannte, ein »Wargame« stattgefunden haben mit echten Verkehrsflugzeugen als Übungsobjekten. Einen offiziellen Befehl habe es bei NORAD nicht gegeben, das wäre zu auffällig gewesen. Seine Ermittlungen seien aber noch im Gange, schreibt Ruppert weiter, und mehr könne er noch nicht sagen. Genaueres werde man in seinem neuen Buch nachlesen, das im August 2004 »sicher« erscheinen werde. Bis Februar 2006 hat er es jedoch noch immer nicht veröffentlicht. Welche Beweise liefert der Link also? Einen geheimnisvollen Informanten, einen verkaufsfördernden Hinweis auf ein noch nicht erschienenes Enthüllungsbuch – und weiter nichts. Im Übrigen steht dort keineswegs, dass die arabischen Terroristen als Übungsteilnehmer angeheuert wurden. Diesen weitreichenden Schluss hat Mathias Bröckers wohl selber gezogen, jedenfalls gibt er keine weiteren Belege dafür an.

So geheim, wie Bröckers behauptet, können die Übungen nicht gewesen sein, denn auf der offiziellen Website der NORAD kann man zu der Übung »Northern Vigilance« eine Pressemitteilung lesen. Eine Tabelle mit gleich sechs »Wargames« hat Bröckers im englischen Original von der Website Oilempire.us kopiert. Der Autor dieser Seiten verweist als Beweis seiner Wargamesthesen wiederum auf Michael Ruppert, womit der Kreis sich schließt. Das ebenfalls als Beleg angeführte Buch *Against all Enemies* von Richard Clarke bestätigt keineswegs Bröckers These von der absichtlichen Behinderung der Luftabwehr. Im Gegenteil: Die Luftabwehr startete die ersten beiden Abfangjäger nur sieben Minuten nach dem Einschlag des ersten Flugzeugs in das World Trade Center. Schneller hätte sie kaum reagieren können.

Natürlich war die Luftabwehr nicht darauf vorbereitet, dass Terroristen Verkehrsflugzeuge als Bomben einsetzen würden. Ihre Aufgabe ist die Verteidigung der USA gegen militärische Luftangriffe von außen, derzeit eine eher theoretische Bedrohung. So standen am Morgen des 11. September 2001 nur 14 alarmbereite Maschinen für den gesamten US-Luftraum bereit. Im Übrigen hatte die Luftwaffe keine Erlaubnis, entführte Verkehrsflugzeuge auf Verdacht hin abzuschießen.

Wie Berlitz, Däniken und Brown schreibt Bröckers eine spannende Geschichte mit vielen Einzelheiten. Ein Teil davon entspricht der Wahrheit, ein anderer Teil bleibt Spekulation oder ist erfunden. Alle Autoren beherrschen die Kunst, aus den echten und den imaginären Teilen ein Aufsehen erregendes Gesamtbild zusammenzupuzzeln. Daraus lässt sich eine einfache Regel ableiten: Der Erfolg einer Verschwörungstheorie hängt in erster Linie davon ab, dass der Autor sie spannend vortragen kann. Zu diesem Zweck verwebt er die Wahrheit so geschickt mit Lügen und Vermutungen, dass eine stimmige Geschichte entsteht, die ihre Leser mitreißt.

»*Die Wahrheit steht einer guten Geschichte nie im Weg*«, sagt der Ethnologe Jan Harold Brunvand, der Erfinder des Begriffs »Urban Legend«. Treffender kann man das Erfolgsgeheimnis von Verschwörungstheorien nicht zusammenfassen.

4: Zeichendeuter und Hexenjäger
Eine Typologie der Verschwörungstheoretiker

In diesem Kapitel werde ich mehrere Typen von Verschwörungstheoretikern vorstellen. Natürlich hat jeder Einzelne von ihnen gleich ein ganzes Bündel von Motiven, geht auf seine ganz eigene Weise vor und verfolgt eventuell auch mehrere Ziele. Diese Einteilung soll lediglich eine etwas bessere Übersicht schaffen. Im Einzelfall kann ein Verschwörungstheoretiker auch zu mehreren Gruppen gehören, die meisten lassen sich aber einer der folgenden vier Gruppen zuordnen:

– Der *Verfolgte*: Er fühlt sich ganz persönlich von einer Verschwörung bedroht.
– Der *besessene Aufklärer*: Er hat eine Verschwörung entdeckt und fühlt sich berufen, die Welt darüber zu unterrichten.
– Der *Zeichendeuter*: Er findet seine Bestimmung darin, eine zentrale These aufzustellen, immer neue Beweise dafür zu suchen und in ganzen Serien von Büchern auszubreiten.
– Der *Hexenjäger*: Er hat eine böse Verschwörung gefunden, die Schuldigen ausgemacht und verfolgt sie unnachsichtig. Wer nach seiner Meinung zu den Verschwörern gehört, muss bestraft werden. Dafür arbeitet er jede wache Stunde des Tages.

Sehen wir uns die Gruppen einmal genauer an:

Der Verfolgte

Der Verfolgte ist der Schrecken der Lokalredaktion seiner Heimatzeitung. Bei der Polizei ist er ebenfalls gut bekannt. Er weiß, dass er verfolgt wird, und kann nicht verstehen, dass die Polizei nichts unternimmt. Regelmäßig erscheint er mit einem Bündel von Beweisen in der Aktentasche beim Lokalredakteur und beweist ihm in einer langen Rede, dass er wirklich verfolgt wird. Je nach Temperament und Stimmung hört der Redakteur zu, lässt sich verleugnen oder schickt einen Volontär, den er gerade entbehren kann. Denn der Mann hat viel zu erzählen – wenn man ihn lässt. Auch die Bundestags- und Landtagsabgeordneten hat der Verschwörungstheoretiker bereits angeschrieben. Er leidet darunter, dass niemand ihm glauben will. Dabei kann er alles beweisen – und tut es ausgiebig bei jeder passenden Gelegenheit.

Er weiß um die besondere Bedeutung des Glockenschlags seiner Kirche. Er hat das gesamte Sonntagsgeläut auf Band aufgenommen und die Abstände zwischen den Glockentönen vermessen, um die geheime Botschaft darin zu entschlüsseln. Er hat exakt bestimmt, um welche Uhrzeit die Straßenlampen seiner Straße aufflammen. Er hat monatelang den Kleinanzeigenteil der beiden Heimatzeitungen studiert, um den geheimen Unregelmäßigkeiten in den Chiffre-Nummern auf die Spur zu kommen. Sicher, so gibt er zu, das klingt alles sehr unwahrscheinlich, er würde es anderen auch nicht glauben, aber er hat viele Jahre Beweise gesammelt. Ein überquellender Schrank voller Aktenordner mit Berechnungen, Dokumenten, Zeitungsausschnitten und Briefen beherrscht sein Arbeitszimmer, und auf seinem Schreibtisch türmen sich Papiere, die noch der Einordnung harren.

Jede Zeitung, jede Polizeistation, jeder Politiker kennt diese Menschen. Viele von ihnen sind nach medizinischen Maßstäben krank, aber oft fehlt ihnen die Krankheitseinsicht. Wenn jemand über Jahre ein Wahnsystem aufgebaut und kultiviert hat, findet auch ein erfahrener Psychiater nur schwer Zugang zu ihm. Doch Wahnkranke ohne weitere Erkrankungen wie Depression oder Schizophrenie meistern ihren Alltag manchmal erstaunlich gut und sind deshalb nicht unbedingt auf ärztliche Hilfe angewiesen. Außerhalb ihres Wahnsystems handeln sie durchaus rational und angemessen. Manche aber entwickeln eine regelrechte Besessenheit. Sie können ihren Beruf nicht mehr ausüben und auch ihr Privatleben gerät völlig aus den Fugen. Viele finden erst dann, und oft auch nur auf Druck ihrer Angehörigen, den Weg zum Arzt.

Der Verfolgte fühlt sich eingeengt, beobachtet und bedrängt. Die Verschwörung, *seine* Verschwörung gehört zu seinem eigenen kleinen Mikrokosmos. Sie mag die Welt bedrohen, aber in erster Linie bedroht sie *ihn*.

Der besessene Aufklärer

Er ist einer ganz großen Verschwörung auf der Spur. Er nervt seine Familie, seine Freunde und seine Kollegen so lange damit, bis sie nichts mehr davon hören wollen. Er fährt zu den Orten, die er als Brennpunkte identifiziert hat, und macht dort heimlich Fotos. Er sammelt Literatur, bis sich in seinem Arbeitszimmer kein freier Raum mehr findet. Und er schreibt ein Buch, in dem er mit Hunderten von Zitaten akribisch die Richtigkeit seiner Thesen nachweist.

Besessene Aufklärer tragen einen beträchtlichen Teil zu den Stapeln unverlangter Manuskripte bei, die die Postboten Tag für Tag bei den großen Buchverlagen abliefern. Durch die höflichen vorgedruckten Ablehnungen lassen sie sich nicht entmutigen. Entweder finden sie schließlich einen obskuren Verleger, der ihre Bücher vertreibt, oder sie gründen selbst einen Verlag. Die besessenen Aufklärer haben mit Aufkommen des Internet natürlich eine einfache Möglichkeit bekommen, ihre Werke der Welt zugänglich zu machen. Trotzdem stößt man im Netz kaum auf kostenlose Verschwörungsbücher. Besessene Aufklärer möchten nämlich mit ihren Büchern Geld verdienen.

Eine besondere Variante der besessenen Aufklärer sind die betrügerischen Aufklärer. Der Spektakulärste unter ihnen ist sicherlich der Pariser Buchhändler und Schriftsteller Gabriel Jogand-Pagès, der seine Bücher unter dem Namen Leo Taxil veröffentlichte. Zunächst erfand er für eine »Liga der Antiklerikalen« frei erfundene Insider-Berichte über die angeblichen Laster katholischer Geistlicher. 1885 konvertierte er unerwartet zum Katholizismus und bekannte mit großer Geste seine bisherigen Sünden. Noch im selben Jahr veröffentlichte er ein Enthüllungsbuch über die Freimaurer, deren Mitglied er von 1881 bis 1884 gewesen war. Möglicherweise wollte er sich dafür rächen, dass die Freimaurer ihn wegen ehrenrührigen Benehmens vor die Tür gesetzt hatten, vielleicht wollte er aber auch nur Geld verdienen.

In jedem Fall hängte er den Freimaurern die blutigsten Untaten und natürlich ausschweifende sexuelle Orgien an. Der Teufel persönlich sei bei den satanischen Riten der Freimaurer zugegen, so behauptete Taxil. Das Publikum wusste seine Erfindungen zu schätzen: Sein Buch erlebte binnen kurzer Zeit 40 Auflagen. Papst Leo XIII. empfing Taxil in Privataudienz und bat ihn um die Fortsetzung seiner Aufklärungsarbeit. Taxil ließ sich nicht lange bitten und legte nach: 1892 veröffentlichte er sein neues, phantasievoll bebildertes Buch unter dem Titel *Die Geheimnisse der Freimaurer*. Darin warf er den Freimaurern unter anderem Hostienfrevel vor, ein ebenso alter wie unsinniger Vorwurf gegen die europäischen Juden. Die Antisemiten triumphierten, sie hatten Juden und Freimaurer immer schon im Verdacht gehabt, die Christen heimlich vernichten zu wollen.

Am 19. April 1897 war dann plötzlich alles vorbei: Leo Taxil erklärte vor 400 geladenen Gästen, seine Vorwürfe seien frei erfunden und er habe nur die Leichtgläubigkeit der Katholiken ausnutzen wollen. Doch wenn er geglaubt hatte, den Unsinn damit aus der Welt geschafft zu haben, so hatte er sich getäuscht: Die Vorwürfe geisterten weiterhin durch die Welt der Verschwörungsbücher, und einige Hartgesottene verbreiteten sogar die Behauptung, Juden und Freimaurer hätten Taxil zum Widerruf gezwungen.

Der Zeichendeuter

Seit den frühesten Zeiten der Menschheit stehen Zeichendeuter in allerhöchstem Ansehen. Aus ihren Reihen stammen Schamanen, Medizinmänner, Druiden, Priester, Propheten, heilige Männer, weise Frauen, Zauberer und Wahrsager. Sie sind Mittler zwischen Geistern, Göttern, Dämonen und Menschen. Sie lesen und deuten die Erscheinungen der Natur, erkennen den Willen der Götter aus dem Vogelflug, den Eingeweiden der Opfertiere, dem Rauch der Brandopfer. Auch Ärzte sind Zeichendeuter. Aus wenigen äußeren Anzeichen, aus den Messwerten der Blutproben, aus den geheimnisvollen Linien des EKG und den hellen und dunklen Flächen ihrer Röntgenbilder erkennen sie die Krankheiten eines Menschen. Die Zeichendeuter unter den Verschwörungstheoretikern sehen wahrhaft große, weltweite Verschwörungen und lesen aus wenigen verstreuten Zeichen die Absichten der Verschwörer.

Erfolgreiche Zeichendeuter haben begeisterte Anhänger und entschiedene Gegner. Ihre Anhänger legen ihnen immer neue Rätsel zur Deutung vor, ihre Gegner machen keinen Hehl daraus, dass sie das ganze Gedankengebäude für unsinnig halten.

Von den besessenen Aufklärern unterscheiden sich die Zeichendeuter durch ihre Vielseitigkeit. Sie variieren ihr Grundthema immer neu; nicht die Aufklärung einer Verschwörung ist ihr Ziel, sondern das Zusammenlegen immer neuer Mosaiksteinchen zu einem überraschenden Muster. Erich von Däniken erzeugt die Spannung in seinen Büchern durch die genaue Beschreibung von exotischen Orten, das Aufwerfen von Rätseln und die Führung des Lesers zu einer Lösung der Probleme unter außerirdischer Beteiligung. Sein Grundmuster ist ein fast religiöses Motiv: Machtvolle wohlmeinende Außerirdische haben den Menschen die Zivilisation gebracht, sie haben sie an die Hand genommen und ausgebildet – und sie verfolgen bis heute die Fortschritte ihrer Schützlinge, um ab und zu helfend einzugreifen.

Mathias Bröckers stellt immer neue Verschwörungstheorien vor, mit denen er die Unhaltbarkeit der Standardversion der Attentate auf das World Trade Center am 11. 9. 2001 belegen will. Auch er wirft ständig neue Rätsel auf, um sie dann im Rahmen seines Grundmotivs zu lösen.

Für die Zeichendeuter gilt der alte Spruch: Der Weg ist das Ziel. Nicht der letzte Beweis einer bestimmten Verschwörung ist der Gegenstand ihrer Bücher, sondern das Aufbauen von immer neuen Konstellationen geheimnisvoller Hinweise.

So wird der Zeichendeuter zu einer Art hohem Priester seiner Anhänger und bleibt es auch, solange er die *Deutungshoheit* behält, also seine Position als oberste Autorität der Zeichendeutung behauptet.

Der Hexenjäger

Wheeling in West Virginia, direkt am Ohio River gelegen, ist mit seinen 30 000 Einwohnern eher eine unauffällige Kleinstadt. So muss es den Club Republikanischer Landfrauen gefreut haben, dass am 9. Februar 1950 Joseph McCarthy, ein veritabler Senator der Vereinigten Staaten, persönlich zu ihnen sprechen wollte. Seit 1946 vertrat McCarthy den Staat Wisconsin im Senat, war bis 1950 aber relativ unbekannt geblieben. Andererseits, so werden sich die Damen gedacht haben: Was will man verlangen? Ein wirklich großer Mann hätte sich wohl nicht die Zeit genommenn, vor den Landfrauen von Wheeling zu sprechen.

Es sollte ein denkwürdiger Abend werden, denn der Senator hatte Erstaunliches mitzuteilen. Am nächsten Tag veröffentlichte Frank Desmond in der Ortszeitung *Wheeling Intelligencer* folgenden Auszug aus seiner Rede: »*Ich habe hier in meiner Hand eine Liste von 205 Namen, die dem Außenminister als Mitglieder der Kommunistischen Partei bekannt waren und die trotzdem noch im Außenministerium arbeiten und seine Politik gestalten.*«

Die Landfrauen hatten keinen Grund, McCarthy nicht zu glauben. Der Senator wirkte durchaus ehrlich und er schwenkte tatsächlich ein Papier, auf dem die Namen hätten stehen können.

Verschiedene Zeitungen berichteten in den nächsten Tagen über die angebliche kommunistische Unterwanderung des Außenministeriums, eine wirkliche Sensation sah aber wohl niemand darin. Das Ministerium bat McCarthy, die Liste zur Verfügung zu stellen, denn dem Außenminister war nichts über die Kommunisten unter seinen Angestellten bekannt. McCarthy antwortete, er habe nicht gesagt, dass 205 Mitarbeiter des Ministeriums Kommunisten seien, er habe lediglich von »205 schweren Sicherheitsrisiken« gesprochen. Eine Liste kam im Außenministerium nie an. Einige Tage später erklärte McCarthy in Salt Lake City, er verfüge über die Namen von 57 Mitarbeitern des Außenministeriums mit gültigen Mitgliedsausweisen der kommunistischen Partei. Im Außenministerium war man nunmehr ernstlich irritiert. Einer der leitenden Beamten kommentierte: »Wir wissen nichts von Mitgliedern der kommunistischen Partei im Ministerium, und sollten wir welche entdecken, werden wir sie sofort entlassen.«

Der Kommunismus sowjetischer Prägung galt in den USA Anfang der fünfziger Jahre als schlimmste Bedrohung der amerikanischen Sicherheit, wenn nicht sogar der Sicherheit der gesamten freien Welt. Die Sowjetunion hatte den Amerikanern die Baupläne für die Atombombe gestohlen und baute seit 1949 eigene Nuklearwaffen. Im gleichen Jahr hatte Mao mit sowjetischer Waffenhilfe China erobert und die von den USA unterstützten Truppen Tschiang Kai-scheks nach Taiwan vertrieben. Schon vorher hatte die Sowjetunion die Staaten Ost- und Mitteleuropas unter ihre Herrschaft gezwungen und überall kommunistische Marionettenregime installiert.

Der hoffnungsvolle Frieden nach der Niederringung Nazi-Deutschlands war nur fünf Jahre später dem Kalten Krieg gewichen. Die kommunistische Sowjetunion, im Zweiten Weltkrieg noch Verbündeter, war zum schlimmsten Feind der USA geworden. Wie konnte es also sein, dass 57 oder 205 Kommunisten im Außenministerium Dienst taten?

Der Senat forderte McCarthy auf, seine Anschuldigungen zu belegen. Mit einer zum Bersten gefüllten Aktentasche erschien er vor den Senatoren und kündigte 81 Fälle an, die er anonym vorstellen werde.

81? Richtig: 81, er hatte zu seinen 57 Fällen bereits 24 neue gefunden. Und die ursprüngliche Zahl von 205? »Ich glaube nicht, dass ich die Zahl 205 erwähnt habe«, antwortete McCarthy glatt, »Ich glaube, ich habe gesagt: ›Mehr als zweihundert‹«.

Er werde Fälle vorlegen, sagte McCarthy, die eine *deutliche Verbindung* zum Kommunismus hätten, nicht unbedingt ein Parteibuch der Kommunistischen Partei. Auch wollte er nicht behaupten, dass alle 81 *zur Zeit* im Außenamt beschäftigt waren.

Nach diesem vielversprechenden Beginn löste sich die Vorstellung der Einzelfälle in völlige Konfusion auf. Die Nummern 15, 27, 37 und 59 fehlten, 3 und 4 bezeichneten die gleiche Person, ebenso 9 und 77.

Im weiteren Verlauf wurde das Verwirrspiel zur Posse. McCarthy bewies nichts, aber er hielt seine Beschuldigungen aufrecht. Er gab auf die Fragen anderer Senatoren lange, polemische und sinnlose Antworten. McCarthy nahm *niemals* etwas zurück. Er veränderte Behauptungen unter dem Vorwand, sie zu bekräftigen, oder stritt ab, bestimmte Dinge jemals gesagt zu haben. Nicht selten erhob er seinerseits wilde Beschuldigungen gegen seine Kritiker. Unter keinen Umständen aber gab er einen Fehler zu.

Nach der für ihn blamablen Senatsanhörung hätte seine Karriere zu Ende sein können, aber jetzt geschah ein politisches Wunder: Die Berichte über seinen Auftritt vor dem Senat hatten bei vielen Amerikanern den Eindruck geweckt, hier gehe endlich ein Senator entschlossen gegen den kommunistisch-intellektuellen Filz in den Bundesbehörden vor. Sie hielten Universitäten für Horte des Kommunismus und sahen mit Misstrauen, dass ein guter Abschluss in Geschichte oder Politik der Universitäten Harvard, Princeton oder Yale eine Freikarte für eine Karriere in den Ministerien zu sein schien.

Tatsächlich hatte der Kommunismus auf viele Studenten in den dreißiger Jahren eine enorme Anziehungskraft ausgeübt. Die Idee einer Überwindung der Unterdrückung des Menschen durch den Menschen auf der Grundlage einer historisch notwendigen Entwicklung faszinierte sie. Natürlich irritierte es sie, dass Stalin die Unterdrückung unmenschlich verschärfte, um ihre Abschaffung voranzutreiben. Viele glaubten zunächst der kommunistischen Propaganda, dass damit die Kräfte der Reaktion, des Faschismus und des Trotzkismus ausgerottet werden sollten. Doch als die Exzesse stalinistischer Säuberungen unübersehbar wurden und die Aufhebung der Unterdrückung in nebelhafte Ferne rückte, beendeten die meisten Intellektuellen ihren Flirt mit dem Kommunismus und heirateten ihre Arbeit in den Universitäten oder Ministerien.

Unter konservativen Amerikanern war die Meinung verbreitet, dass die Kommunisten in Amerika ein gewaltiges konspiratives Netzwerk bildeten, um die Bürger der USA unter die Herrschaft der Sowjetunion zu zwingen. Viele von ihnen fanden es absolut richtig, dass endlich jemand mit diesem Spuk aufräumte. McCarthy erhielt in den Monaten nach der Anhörung Tausende von zustimmenden Briefen. Viele davon enthielten Geld, zuerst nur wenige Dollar, später aber auch größere Summen. McCarthy begann daraufhin, zu Spenden aufzurufen, um seinen einsamen Kampf gegen die Kommunisten in der Regierung zu finanzieren. Er bekam jetzt auch vorsichtige Unterstützung von einigen republikanischen Senatoren, denen alles recht war, was der demokratischen Regierung von Präsident Truman schaden konnte.

Der Senat setzte einen nicht-öffentlich tagenden Ausschuss ein, um McCarthys Anschuldigungen in Ruhe zu überprüfen. Jetzt, hinter verschlossenen Türen, nannte McCarthy auch Namen. Das Außenministerium übergab dem Ausschuss die Personalakten der Beschuldigten, was eigentlich unzulässig war. Keine der Beschuldigungen ließ sich daraus erhärten. Langsam benötigte McCarthy einen echten Spion, sonst würde sein Stern ebenso schnell sinken, wie er aufgestiegen war.

Im März 1950 beschuldigte er plötzlich Owen Lattimore, den damals bekanntesten China-Experten der USA. McCarthy präsentierte eine Reihe von Zeugen, die nebelhafte Anschuldigungen erhoben. Wieder konnte er nichts beweisen, aber Lattimore musste jahrelang um seinen guten Ruf kämpfen. Der damals Fünfzigjährige konnte auf eine bis dahin glänzende Karriere zurückblicken. Er war in China geboren, sprach fließend Chinesisch und Mongolisch und kannte Nordostchina von vielen Reisen. Im Jahre 1938 verpflichtete ihn der Rektor der Johns-Hopkins-Universität in Baltimore als Dozent. Er unterrichtete an der zur Universität gehörenden Page School of International Relations und wurde später ihr Direktor. Und jetzt sollte er plötzlich ein russischer Spion sein. McCarthys Zeugen redeten viel und bewiesen nichts. McCarthy konnte seine vollmundigen Beschuldigungen nicht beweisen, aber wie gewohnt nahm er sie nicht zurück. Auch wenn Lattimore kein Spion der Russen sei, argumentierte er, so sei er doch ein »kriminelles Risiko«.

Owen Lattimore wurde 1952 tatsächlich wegen Meineids angeklagt und verurteilt, weil er angeblich vor einem Unterausschuss des Senats die Unwahrheit gesagt hatte. 1955 wurde das Urteil jedoch vollständig aufgehoben und Lattimore rehabilitiert. Viele der von McCarthy Beschuldigten waren weniger prominent, und für eine Reihe von ihnen bedeuteten die Anschuldigungen das Ende ihrer Karriere.

Bis Mitte 1950 perfektionierte McCarthy seine Methode. Er hielt ein ständiges Verwirrspiel in Gang, bei dem die einzige Konstante seine Vorwürfe waren. Und die blieben immer gleich: Das Außenministerium und andere Behörden, ja sogar die Armee, waren Schlangennester voller Kommunisten. McCarthy sah »eine Verschwörung von so immenser Größenordnung, dass sie jedes andere derartige Unternehmen in der menschlichen Geschichte in den Schatten stellt«, wie er am 14. Juni 1951 im Senat behauptete. Und er, so schärfte er den Journalisten und seinen Wählern ein, war angetreten, damit gründlich aufzuräumen.

1952 wurde er für weitere sechs Jahre erneut in den Senat gewählt. Gleichzeitig wechselte auch die Regierung: Im Januar 1953 trat der Republikaner Dwight D. Eisenhower die Nachfolge des Demokraten Harry Truman an. McCarthy übernahm im neuen Senat den Vorsitz im Regierungskontrollausschuss und dem ständigen Unterausschuss für Ermittlungen. Diese Ausschüsse sollten die Effektivität der Regierungsarbeit überprüfen. Es war die Arbeit für einen Buchhalter, nicht für einen Demagogen. Offenbar hoffte der Senat, dass McCarthy entweder gute, aber stille Arbeit leisten werde, oder so schlechte, dass man ihn irgendwann mit ruhigem Gewissen abschieben konnte. Sie sollten sich irren.

McCarthy erhielt mit dem Amt des Ausschussvorsitzenden die Macht, Regierungsmitglieder und hohe Beamte vorzuladen. Davon machte er in den folgenden Monaten ausgiebig Gebrauch und zitierte ranghohe Regierungsmitarbeiter vor den Ausschuss, um ihnen die absurdesten Verfehlungen vorzuwerfen. Die Arbeit begann ihm über den Kopf zu wachsen, und er stellte zwei Mitarbeiter ein, die ihm helfen sollten: Roy Cohn und David Schine.

Cohn war ein junger Anwalt, der sich bereits im Prozess gegen die angeblichen Atomspione Julius und Ethel Rosenberg durch seinen strammen Antikommunismus hervorgetan hatte. David Schine, ebenso jung, war Sohn eines Hotel- und Kinokettenbesitzers. Seine Qualifikation bestand aus einem sechsseitigen Pamphlet gegen den Kommunismus, das er in der Hotelkette seines Vaters auszulegen pflegte, sowie seiner Freundschaft mit Roy Cohn.

Mit der Autorität des Ausschusses im Rücken begannen McCarthy und seine beiden Helfer eine gnadenlose Kommunistenjagd in verschiedenen Regierungsbehörden, dem konservativen Rundfunksender *Voice of America* sowie verschiedenen amerikanischen Einrichtungen in Europa. McCarthy stand jetzt auf dem Höhepunkt seiner Macht. Die republikanische Regierung bemühte sich, so wenig Angriffspunkte wie möglich zu liefern, und ließ die von McCarthy herausgepickten Mitarbeiter meist unauffällig aus dem Dienst entfernen und auf unbedeutende Posten versetzen.

Im Herbst 1953 nahm sich McCarthy die Armee vor. Ein Armeezahnarzt sei Mitglied der kommunistischen Partei und die Armeeführung habe davon gewusst, so sagte er. Monatelang verfolgte er den Fall mit aller Verbissenheit, lud den Zahnarzt vor und dessen kommandierenden General Ralph W. Zwicker.

Dann begann sich das Blatt aus einem banalen Grund zu wenden: David Schine sollte zur Armee eingezogen werden. Cohn wollte das verhindern und setzte dafür alle Hebel in Bewegung. Er alarmierte den Verteidigungsminister, den Heeresminister, den Geheimdienstchef. Umsonst: Die Armee ließ sich nicht erweichen, Schine rückte ein. Nach weiteren hektischen Aktionen gelang es Cohn, Schine von der Grundausbildung weitgehend zu befreien und zu McCarthys Ausschuss abkommandieren zu lassen. Die in Washington schon länger umgehenden Gerüchte einer sehr speziellen Freundschaft zwischen Cohn und Schine gewannen an Glaubwürdigkeit, McCarthys Kampagne gegen Homosexuelle hingegen geriet an den Rand der Lächerlichkeit.

Zu Beginn des Jahres 1954 warf die Armee McCarthy vor, im Fall David Schine unzulässigen Druck ausgeübt zu haben.

McCarthy musste sich ab April 1954 vor einem eigens eingerichteten Untersuchungsausschuss des Senats rechtfertigen. Die Anhörung wurde erstmals im Fernsehen übertragen. Joseph Welch, Rechtsanwalt und Sonderberater des Heeres, nutzte die Gelegenheit und nahm McCarthy nach allen Regeln der Redekunst öffentlich auseinander. In die Annalen der amerikanischen Geschichte gingen seine folgenden Sätze ein: »*Sie haben genug angerichtet. Haben Sie überhaupt keinen Sinn für Anstand? Ist Ihnen denn kein Sinn für Anstand geblieben?*« McCarthy schwitzte, brüllte, wich aus, berief sich auf Erinnerungslücken, beklagte sich, unterbrach andere Zeugen, aber es half ihm nichts: Sein Nimbus war gebrochen.

Am 2. August 1954 beschloss der Senat, dass McCarthys Verhalten für einen Senator ungehörig sei und geeignet sei, den Senat in Verruf zu bringen. Unter diesen Schlägen brach das System McCarthy zusammen. Er trat zwar nicht zurück, er behielt sogar den Vorsitz in seinem Ausschuss, aber er verbreitete keinen Schrecken mehr. Roy Cohn kündigte und ging nach New York zurück, um seine Anwaltskarriere fortzusetzen. David Schine hatte sich schon vorher zurückgezogen.

McCarthy erhob weiterhin ungeheuerliche Anschuldigungen gegen alles und jeden, aber er überzeugte nicht mehr. Und er wurde krank. Immer mehr Zeit verbrachte er im Krankenhaus. Zum Alkoholentzug – wie viele Journalisten spekulierten. Er hatte immer schon viel getrunken, und nach seinem Absturz, so meinten viele, hing er wohl endgültig an der Flasche. Das ist jedoch keineswegs sicher. Vermutlich hätte er wegen einer nie auskurierten Leberentzündung überhaupt keinen Alkohol trinken dürfen, brachte aber nicht die notwendige Selbstbeherrschung auf. Joseph McCarthy starb am 2. Mai 1957 in Bethesda, Maryland, an einem akuten Leberversagen. Er wurde nur 49 Jahre alt.

Parallel zu McCarthys Kommunistenhatz tagte der Ausschuss für unamerikanische Aktivitäten des Repräsentantenhauses. Er suchte nach kommunistischen Sympathisanten besonders unter Intellektuellen und in der Filmindustrie. Der Ausschuss verdächtigte Regisseure, Autoren und Schauspieler, in ihren Filmen Sympathien für den Kommunismus zu verbreiten. Mehr als 200 von ihnen fanden sich auf schwarzen Listen wieder und bekamen keine Arbeit mehr. Die großen Studios bemühten sich, in ihren Filmen nicht die kleinste Spur von Kommunistenfreundlichkeit erkennen zu lassen. Einige Intellektuelle landeten im Gefängnis, weil sie nicht aussagen wollten. Andere, wie der Schauspieler und spätere Präsident Ronald Reagan, sagten freiwillig aus und nannten auf Verdacht hin die Namen angeblicher Sympathisanten kommunistischer Ideen.

Der Antikommunismus war bis zum Ende der fünfziger Jahre in den USA ein Massenphänomen, McCarthy aber war es, der dieser Zeit ihren Namen gab. Die Namen der Vorsitzenden des Ausschusses für unamerikanische Aktivitäten sind vergessen, aber der Name

McCarthy hat als Synonym für eine politische Hexenjagd seinen Eingang in alle Weltsprachen gefunden. Schon im Jahre 1950 schufen amerikanische Journalisten das Wort *McCarthyismus.*

Wie kein anderer verkörperte McCarthy die politische Grundströmung seiner Zeit – und er war stolz darauf. Er schrieb ein Buch mit dem Titel *McCarthyismus: Der Kampf um Amerika,* in dem er seine Position vehement verteidigte.

Seinen Anhängern galt er als unbestechlicher Kämpfer gegen die kommunistische Unterwanderung der Bundesbehörden. Seine Kritiker warfen ihm vor, er habe mit einer populistischen Kampagne gegen angebliche Staatsfeinde lediglich seine Wiederwahl in den Senat sichern wollen.

In jedem Fall fand McCarthy seine Bestimmung darin, immer ausgedehntere Verschwörungen zu behaupten, ohne sie jemals beweisen zu können. Irgendwann musste diese Blase platzen, und als sie es tat, verlor McCarthy seine Macht über die Menschen.

Hexenjäger wie McCarthy gehen mit der Gewissheit des wahren Glaubens gegen die von ihnen ausgemachten Verschwörer vor. Sie halten sich nicht damit auf, die bloße Existenz der Verschwörung zu beweisen, sondern zielen auf die Vernichtung der daran Beteiligten. Hexenjäger sind deshalb eine wirkliche Gefahr für ihre Mitmenschen. McCarthy hat im Laufe seiner Kampagne den Ruf und die Karrieren von Dutzenden von Menschen ruiniert.

Noch schlimmer als McCarthy wütete gegen Ende des fünfzehnten Jahrhunderts der Dominikanerpater Heinrich Kramer (ca. 1430–1505). Aus seiner Feder stammt das berüchtigte Buch *Malleus Maleficarum,* zu deutsch: »Der Hexenhammer«. Schon in jungen Jahren jagte Kramer mit fanatischem Eifer Feinde der Kirche – oder wen immer er dafür hielt. Wenigstens seit 1460 reiste er des Öfteren nach Rom und präsentierte sich dort, offenbar mit einigem Erfolg, als entschlossener Verteidiger des Glaubens gegen alle Formen der Häresie.

Im Jahre 1478 ernannte ihn der Papst zum Inquisitor für ganz

Oberdeutschland. Anders als in Spanien bedeutete das im Deutschen Reich nicht viel. Ein Inquisitor durfte Verdächtige verhören und Verhaftungen vorschlagen, aber nicht selbst vornehmen. Die anschließenden Prozesse führten immer weltliche Gerichte. Kirchenvertreter durften als Zeugen oder Sachverständige auftreten, aber keine Urteile sprechen. Im Jahre 1484 gab Papst Innozenz VIII. die so genannte Hexenbulle heraus. Darin äußerte er seine Besorgnis über das Hexenunwesen in Deutschland, besonders in den Gegenden, in denen er Heinrich Kramer (latinisiert Henricus Institoris) und Jakobus Sprenger als Inquisitoren eingesetzt hatte. Nach dem heutigen Forschungsstand hat Heinrich Kramer die Bulle vorformuliert und vom Papst lediglich abzeichnen lassen, um dann mit päpstlicher Billigung auf Hexenjagd zu gehen.

Im Jahre 1485 ließ er die Bulle in der Tiroler Hauptstadt Innsbruck an die Kirchentüren anschlagen und forderte die Einwohner auf, ihm alle Vorkommnisse zu melden, die zur Anklage der Hexerei führen könnten. Es gingen zahlreiche Denunziationen ein, und Kramer ließ schließlich sieben Frauen verhaften. Sein rabiates Vorgehen verstimmte den Tiroler Landesherrn, Erzherzog Sigmund von Österreich, und den Bischof Georg von Brixen, in dessen Diözese die Stadt Innsbruck liegt. Die beiden besorgten den angeklagten Frauen erst einmal einen angemessenen anwaltlichen Beistand. Der Verteidiger Dr. Johann Merwais von Wendingen erwirkte binnen weniger Tage einen Freispruch. Auf seinen Antrag hin erklärte der Vertreter des Bischofs den ganzen Prozess für nichtig, weil er nicht nach Recht und Gesetz geführt worden war. Ferner erklärte er die Ermächtigung des Inquisitors für das Bistum Brixen für erloschen. Kramer hätte damit nicht nur den Prozess verloren, sondern auch die Prozesskosten tragen müssen. Wohl hauptsächlich deshalb sträubte er sich dagegen, seine Ermächtigungsurkunde abzugeben und das Urteil anzuerkennen. Kurzerhand übernahm Erzherzog Sigmund die Kosten und verhalf dem Prozess damit zu einem schnellen Ende.

Obwohl man den fanatischen Inquisitor möglichst schnell loswerden wollte, dachte der nicht daran, Innsbruck zu verlassen, sondern verlangte die Wiederaufnahme des Verfahrens. Der Bischof forderte ihn im November nachdrücklich auf, das Bistum zu verlassen. Kramer blieb, ja mehr noch: Anfang 1486 trat er vor den Bischof und trug ihm seine Ideen zur Fortsetzung der Hexenverfolgungen vor. Da riss dem Bischof endgültig der Geduldsfaden. Er beauftragte brieflich einen Freund, Kramer zum Verlassen der Diözese zu bewegen. Der Brief ist erhalten und wirft ein bemerkenswertes Licht auf den Inquisitor. Der Bischof schreibt, Kramer benehme sich für sein Alter reichlich kindisch. »Mihi delirare videtur« [ich halte ihn für verrückt], setzt er hinzu und fährt fort, Kramer solle in sein Kloster zurückkehren und aufhören, andere Menschen zu belästigen.

Der Bischof ließ Kramer weiterhin ausrichten, dass ihn niemand mehr vor den Angriffen der Verwandten der zu Unrecht beschuldigten Frauen schützen werde, wenn er nicht sofort abreise. Erst jetzt verließ Kramer das Bistum tatsächlich.

Diese demütigende Niederlage muss wohl als Anstoß für sein wenige Monate später erscheinendes Buch *Malleus Maleficarum* betrachtet werden, das unter den zahlreichen Zeugnissen gelehrten Schwachsinns selbst heute noch einen unehrenhaften Spitzenplatz einnimmt. Es richtete sich praktisch ausschließlich gegen Frauen. Nach Kramers Auffassung waren sie schwach im Glauben und deshalb viel anfälliger für die Einflüsterungen des Teufels. In seinem Buch versucht er zunächst nachzuweisen, dass Hexerei real sei. Viele Rechtsgelehrte und Theologen seiner Zeit bezweifelten das. Sie hielten Hexerei für eine heidnische Irrlehre und Wetter- oder Schadenszauber für Aberglauben. Heinrich Kramer behauptete, dass es Häresie sei, nicht an die Realität der Hexerei zu glauben. Die Macht (der fast ausschließlich weiblichen) Hexen käme vom Teufel. Sie hätten einen Pakt mit dem Teufel geschlossen, denn nur er könne die Macht zum Schadenszaubern verleihen. Die Rituale der Hexen baten den Teufel lediglich um seine Mithilfe, direkte Wirkung hatten sie nicht. Natürlich musste Gott das erlaubt haben, denn ohne die Erlaubnis des allmächtigen Gottes könnte auch der Teufel keine Untaten wirken.

Einen Teufelspakt sah Kramer bereits geschlossen, wenn jemand mit magischen Hilfsmitteln etwas bewirken wollte. Eine Hexe wusste, so lautete seine Argumentation, dass Magie nur mit Hilfe des Teufels bewirkt werden könne. Also reiche schon der Wille zum Einsatz von Magie aus, um mit dem Teufel einen Pakt zu schließen. Kramer berief sich dabei auf die anerkannten Religionsphilosophen Augustinus und Thomas von Aquin. Breiten Raum nimmt im *Malleus* der Impotenzzauber ein. Dass Kramer gerade auf diesem Gebiet den Hexen außerordentliche Leistungen zutraute, ist aus psychologischer Sicht sicherlich bemerkenswert.

Gegen alle Arten der Zauberei lässt Kramer nur die Mittel der Kirche gelten. Wer magische Amulette, Gegenzauber, Zauberzettel oder Ähnliches verwende, habe bereits selbst einen Teufelspakt geschlossen. Kramer garnierte sein Buch mit rund 250 Beispielen, darunter viele aus seiner eigenen Erfahrung. Dabei verdreht er die tatsächlichen Ereignisse oft bis zur Unkenntlichkeit in seinem Sinne. Als Strafe für überführte Hexen empfahl Kramer grundsätzlich den Tod durch Verbrennen. Es war zu seiner Zeit keineswegs üblich, überführte Hexen gleich auf den Scheiterhaufen zu bringen. Aber Kramer wollte die Feinde des Glaubens nicht bekehren, sondern ausrotten. Im Aufkommen von Häretikern und der Zunahme des Hexenwesens (man sprach damals durchaus von einer Hexensekte) sah er Anzeichen einer unmittelbar bevorstehenden Endzeit. Möglicherweise glaubte er sich sogar selbst in einen apokalyptischen Kampf mit den Mächten des Bösen verstrickt.

Damit sein Buch auch ausreichende Resonanz fand, nahm Kramer, ohne zu fragen, seinen Ordensbruder Jakob Sprenger als Zweitautor mit auf den Titel. Sprenger war Prior des Kölner Konvents und Dekan der Theologischen Fakultät der Universität Köln. Er war zwar vom Papst zum Inquisitor ernannt, aber als Hexenjäger war er nie aufgefallen. In seinem Orden und unter deutschen Theologen genoss er einen hervorragenden Ruf. Seine Co-Autorenschaft wider Willen scheint ihm nicht gefallen zu haben, jedenfalls ging er später mehrfach gegen Kramer vor.

Kramer fälschte auch ein positives Gutachten der theologischen Fakultät der Universität Köln und stellte es seinem Buch voran. Trotzdem durfte der *Hexenhammer* kaum auf eine große Verbreitung hoffen. Kramer hatte das Buch in umständlichem, schwer lesbarem Latein geschrieben und damit den Leserkreis auf Theologen und Juristen beschränkt. Um Platz zu sparen, setzte der Drucker den Text ohne Absätze. Das machte den Druck billiger, erschwerte aber das Lesen. Zudem strotzte der Text vor Fehlern und war verwirrend unlogisch aufgebaut.

Wider Erwarten aber wurde das Buch praktisch sofort ein Erfolg. Von 1486 (dem Jahr der Erstauflage) bis 1523 erschienen 13 Auflagen, bis 1669 waren es etwa dreißig. Dabei enthielt der *Hexenhammer* bis auf die grotesken Beschuldigungen gegen Frauen nichts wirklich Neues. Den größten Teil des Inhalts hatte Kramer entweder aus eigenen älteren Schriften übernommen oder von anderen Autoren abgeschrieben. Wie aber lässt sich dieser außerordentliche Erfolg erklären? Zum einen setzte Kramer für die Verbreitung seines Buches auf die damals modernste Technik: den rund 40 Jahre vorher erfundenen Buchdruck. Wer vor der Erfindung des Buchdrucks ein Buch kaufen wollte, musste oft jahrelang darauf warten und sehr viel Geld mitbringen. Jedes Buch wurde auf Bestellung in einem Skriptorium in teurer Handarbeit abgeschrieben. Der Buchdruck sorgte dafür, dass Bücher sehr schnell und für einen Bruchteil des bisherigen Preises lieferbar waren. Die Kosten für die Vervielfältigung fielen aber gleich am Anfang an. Jeder Autor musste sich überlegen, ob er genug Bücher verkaufen konnte, um die Druckkosten einzuspielen und eventuell Geld zu verdienen. Kramer ging dieses Risiko ein. Der *Hexenhammer* war die erste und für einige Jahre die einzige gedruckte Dämonologie und ließ sich auch deshalb gut verkaufen.

Zum anderen fand Kramer genau den Ton, der damals ankam. Immer mehr Menschen machten sich Sorgen um eine geheimnisvolle Hexensekte, die angeblich die Christenheit zu unterwandern begonnen hatte. Viele Menschen der Frühen Neuzeit trieb die Furcht um, dass die Hexen eine Weltverschwörung vorbereitet hatten, die mit Hilfe des Teufels das Christentum und die christlichen Herrscher vernichten wollte. Der *Hexenhammer* bot ihnen zum ersten Mal eine theologische Begründung der Hexenverfolgung, eine Anleitung zum Erkennen von Hexen, kirchlich anerkannte Mittel zum Schutz vor Zauberei und Empfehlungen zur Prozessführung. Er war also eine Art umfassendes Handbuch für ambitionierte Hexenverfolger und solche, die es werden wollten. Viele Gelehrte erkannten durchaus, dass Kramers Argumentation keiner Logik standhielt und eher auf einer persönlichen Besessenheit beruhte. Die berüchtigte spanische Inquisition beispielsweise prüfte den *Hexenhammer* und erklärte ihn für ungeeignet. Aber viel zu viele Menschen, darunter Theologen, Rechtsgelehrte, Landesherren und Richter, benutzten das Buch als Anleitung für Hexenprozesse. Wie groß der Einfluss des *Hexenhammers* wirklich war, lässt sich heute kaum feststellen. Das Buch erschien für die erste Welle der Hexenprozesse zu spät. Es hat aber die Abläufe der späteren Gerichtsverfahren mitbestimmt. Ob es entscheidend dazu beigetragen hat, dass von den Hexenverbrennungen in Deutschland hauptsächlich Frauen betroffen wurden, lässt sich nicht nachweisen, es wäre aber möglich.

Heinrich Kramer jagte nach der Veröffentlichung seines Buches weiterhin mit aller Verbissenheit Ketzer und Hexen. Am 2. Oktober 1491 schrieb er in einem Brief, dass durch seinen Einsatz bereits mehr als 200 Hexen aufgespürt und hingerichtet worden seien. Sein Co-Autor wider Willen Jakob Sprenger war in der Hierarchie des Dominikanerordens inzwischen genügend weit aufgestiegen, um gegen Heinrich Kramer wirksam vorgehen zu können. Kramer floh nach Salzburg. Doch Sprenger erwirkte ein Mandat des Ordensgenerals, das Kramer schließlich zwang, seine Predigerstelle dort aufzugeben. Selbst nach Sprengers Tod scheint man Kramer in der deutschen Provinz des Dominikanerordens nicht gerne gesehen zu haben. Kramer ging nach Venedig und später nach Böhmen. Bis zu seinem Tod im Jahre 1505 verfasste er weitere Schriften gegen vermeintliche Glaubensfeinde und versuchte, Prozesse gegen sie in Gang zu bringen.

5: Der Glaube an das Böse hinter der Welt

Warum so viele Menschen an Verschwörungen glauben

Verschwörungstheorien können nur auf dem Boden eines ausreichend verbreiteten Verschwörungsglaubens gedeihen. Im Mittelalter hätten sich niemals die Gerüchte über die Ritualmorde der Juden verbreiten können, wenn die breite Volksmasse Derartiges für unmöglich gehalten hätte. Millionen von Menschen glauben noch immer, dass die Illuminaten heimlich die Welt lenken, obwohl seit mehr als 200 Jahren kein Illuminat mehr gesehen wurde. Leo Taxils phantastische Erzählungen über die Untaten der Freimaurer fanden bereitwillige Zuhörer und Anhänger, obwohl seine phantastischen Behauptungen offensichtlich erlogen waren.

Mich hat immer erstaunt, mit welchem Gleichmut auch intelligente Menschen pauschale Verdächtigungen von sich geben. So kann man ganz nebenbei im Gespräch Aussagen hören wie »Die Welt wird von jüdischen Bankiers gelenkt« oder »Alle westlichen Regierungen werden in Wahrheit von internationalen Spekulanten beherrscht und Wahlen ändern gar nichts daran« oder »Die Bush-Regierung hat bei dem Terroranschlag auf das World Trade Center sicher irgendwie die Hände im Spiel gehabt«.

Sie sagen das so selbstverständlich, als sprächen sie vom Wetter. Sie haben die Idee von der umfassenden Verschwörung, vom Bösen hinter der Welt, als selbstverständliche Tatsache in ihr Weltbild eingebaut. Das heißt aber keineswegs, dass sie auch an Verschwörungs*theorien* glauben.

Nach einer Umfrage im Auftrag der Zeitschrift *Chrismon* (der evangelischen Monatszeitschrift, die unter anderem der Wochenzeitung *Die Zeit* kostenlos beiliegt) erklärten im Juli 2003 immerhin 22 Prozent der 1003 Befragten, dass »eine Hand voll Banken und Konzerne« den größten Einfluss auf das Schicksal der Welt ausüben. Nur zwei Prozent glaubten, dass Geheimbünde die Welt am stärksten beeinflussen. Das Ergebnis mag allerdings irreführend sein, weil jeweils nur eine Antwort zugelassen war, und weil der Glaube an Geheimbünde in unserer Gesellschaft als Zeichen für Verfolgungswahn gilt. Bei einer anderen Umfrage des *Chrismon* im April 2001 zeigten sich 19 Prozent überzeugt, dass es UFOs gibt, »mit denen Außerirdische unsere Welt besuchen oder besucht haben«. Bei den Befragten zwischen 14 und 29 Jahren glaubten das sogar drei von zehn Befragten. 42 Prozent glauben, dass es geheime magische Kräfte gibt, die auf den Menschen einwirken, und jeder Dritte stimmte der Aussage zu, dass Flüche reale Auswirkungen haben können. Beides sind klassische Zutaten des Hexenglaubens. Während also ausgefeilte Verschwörungstheorien wenig Zulauf haben, glauben sehr viele Menschen an übersinnliche Kräfte, geheime Magie, UFOs oder die untergründige Macht von Banken und Konzernen.

Umfragen in den USA ergeben regelmäßig ähnliche Resultate wie in Deutschland. Bei einer Umfrage des Marktforschungsinstituts Yankelovich für das Magazin *Life* im Januar 2000 gaben 30 Prozent von 1546 befragten Amerikanern an, dass sie glaubten, intelligente Wesen von anderen Planeten hätten die Erde besucht. 49 Prozent stimmten der These zu, dass die amerikanische Regierung Informationen über UFOs zurückhält. Der Nährboden für Verschwörungstheorien und -legenden ist also stets fruchtbar. Die bisherigen Untersuchungen über das Phänomen der Verschwörungstheorien widmen den Ursachen des Verschwörungsglaubens leider nur wenig Raum und stellen widersprüchliche Thesen dazu auf.

In seinem sorgfältig recherchierten Buch *Enemies within* erklärt der amerikanische Historiker Robert Alan Goldberg die Neigung zum Verschwörungsglauben in seinem Land zu einer Art amerikanischer Tradition und führt den Glauben an die »allumfassende Verschwörung« auf politische Propaganda zurück. Auch der Religion weist er einen großen Einfluss zu. In Amerika gab und gibt es immer noch eine erstaunliche Anzahl von Predigern, die gegen den Antichristen und seine Verbündeten wettern und apokalyptische Visionen vom Untergang der Welt beschwören.

Diese Erklärungen könnten aber nur greifen, wenn das Phänomen des Verschwörungsglaubens auf die USA begrenzt wäre. Tatsächlich aber glauben weltweit sehr viele Menschen aus allen Kulturen an die abstrusesten Verschwörungen. Die Erklärung des Verschwörungsglaubens muss also tiefer liegen. Der gelernte Historiker und jetzige Direktor des US-amerikanischen Middle East Forums, Daniel Pipes, bezeichnet in seinem Buch *Verschwörung* alle Menschen, die an eine Verschwörungstheorie glauben, ausdrücklich als Verschwörungstheoretiker. Pipes unterscheidet dabei nicht zwischen einer ausgearbeiteten Verschwörungstheorie und einem dumpfen Verschwörungsglauben, und auch nicht zwischen den glühenden Anhängern einer Theorie und den beiläufig Gläubigen. Er geht davon aus, dass ein Mensch, der an *eine* Verschwörungstheorie glaubt, auch für mehrere empfänglich ist, weil er grundsätzlich dazu neigt, Derartiges zu glauben.

Demnach wäre der Verschwörungsglauben (Pipes spricht auch von Verschwörungsdenken) eine Art individuelle, also im einzelnen Menschen liegende Wahrnehmungsstörung oder Urteilsschwäche. Das erklärt aber nicht, warum Verschwörungslegenden und -theorien sich manchmal epidemieartig ausbreiten und auch Menschen infizieren, die bisher keine Neigung zu Verschwörungsideen zeigten.

Das Buch *A Culture of Conspiracy – Apocalyptic Visions in Contemporary America* des amerikanischen Politikwissenschaftlers Michael Barkun widmet der Natur des Verschwörungsglaubens ein ganzes Kapitel. Barkun kommt zu dem Schluss, dass ein Verschwörungsglauben seinen Anhängern die Erklärung der Welt in mehrerer Hinsicht vereinfacht. Viele scheinbar zufällige Ereignisse in der Welt erhalten plötzlich eine Bedeutung. Die Rollen der Guten und der Bösen sind klar verteilt: Die Bösen sind die unsichtbaren Verschwörer, die Guten sind sie selbst. Barkun hat zweifellos Recht mit seiner Analyse, aber sie greift zu kurz. Wie die beiden anderen Autoren übersieht er, dass die Meinung eines Menschen in hohem Maße von seiner Umgebung abhängt. Die Menschen stammen von einer langen Reihe von sozial lebenden Vorfahren ab. Unser Instinkt und der Instinkt unserer Vorfahren ist seit Millionen Jahren darauf ausgerichtet, die eigene Gruppe zusammenzuhalten und zu stärken. Und dieses Motiv bestimmt noch immer unser Verhalten – und unser Denken.

Die meisten Menschen unseres Kulturkreises legen Wert auf die Feststellung, dass sie sich ihre Meinung selbst bilden, und zwar auf der Grundlage eines vernünftigen, auf Logik und Tatsachen beruhenden Urteils. Das ist jedoch nur sehr eingeschränkt richtig, denn sobald Instinkte und Gefühle mitmischen, setzen sich auch kluge und maßvolle Menschen über jede Logik hinweg. Einige Beispiele: Der Philosoph Voltaire, der vehement für religiöse Toleranz eintrat, hielt die Juden für »das abscheulichste Volk der Erde«. Kurz nach Beginn des Ersten Weltkriegs, am 4. Oktober 1914, unterschrieben 93 deutsche Intellektuelle, unter ihnen ausgewiesene Liberale, einen öffentlichen, in 14 Sprachen übersetzten »Aufruf an die Kulturwelt«, um das Vorgehen des Deutschen Reiches zu rechtfertigen. Unter anderem heißt es darin zum Vorwurf der Kriegsschuld: *»Erst als eine schon lange an den Grenzen lauernde Übermacht von drei Seiten über unser Volk herfiel, hat es sich erhoben wie ein Mann.«* Zum Überfall auf das neutrale Belgien schrieben sie, Deutschland sei lediglich dem von Belgien genehmigten Einmarsch durch England und Frankreich zuvorgekommen, und zum Militarismus: *»Ohne den deutschen Militarismus wäre die deutsche Kultur längst vom Erdboden getilgt.«*

Dieses seltsame Bekenntnis trug unter anderem die Unterschrift von Max Planck, Wilhelm Konrad Röntgen, Ernst Haeckel, Max Reinhard und Gerhard Hauptmann.

Wie lassen sich solche kollektiven geistigen Fehlleistungen erklären? Dies aufzuklären, bemüht sich seit einigen Jahrzehnten die Sozialpsychologie, eine interdisziplinäre Wissenschaft zur Erforschung der Wechselwirkung zwischen dem Verhalten und Denken des Einzelnen und dem Verhalten seiner sozialen Gruppe. Mit ganzen Serien von Experimenten haben Sozialpsychologen inzwischen nachgewiesen, dass menschliches Denken immer dann den Pfad der Logik und Vernunft verlässt, wenn Gefühle ins Spiel kommen. Menschen beurteilen sich selbst und ihre Mitmenschen vornehmlich emotional und suchen erst im Nachhinein eine rationale Begründung dafür. Mag ich meinen Nachbarn nicht, weil er seinen Vorgarten verkommen lässt, oder sticht mir das Unkraut dort ins Auge, weil ich ihn nicht ausstehen kann? Nach den Erkenntnissen der Sozialpsychologen ist die zweite Variante die weitaus häufigere. Dies gilt in noch stärkerem Maße für soziale Gruppen. Kaum etwas prägt das menschliche Sozialverhalten stärker als der Gegensatz zwischen *IHNEN* und *UNS*.

WIR und SIE

WIR – das kann eine Frühmenschenhorde sein, ein steinzeitlicher Stamm, ein Volk, eine Firma, eine Partei, eine Interessengruppe, eine Religionsgemeinschaft, ein Sportverein, ein Kegelclub. Heutzutage kann ein Mensch sich je nach Situation als Mitglied von mehreren sozialen Gruppen fühlen. Er ist stolzer Familienvater, vorbildlicher Mitarbeiter seiner Firma und beim Fußballländerspiel begeisterter Anhänger der Nationalmannschaft. Alle diese Gruppen erwarten Loyalität – und bekommen sie auch. Die Gefolgschaft gegenüber der eigenen Gruppe ist im menschlichen Sozialverhalten fest verankert. Deshalb erleben wir den Verrat, also das geheime Wirken gegen die eigene Gruppe, als besonders schändliche Tat.

Menschen neigen dazu, sich selbst und ihre Gruppe deutlich besser zu beurteilen als andere Menschen oder andere Gruppen. Das entspricht der Alltagserfahrung. Die Sozialpychologie versucht zu klären, welche Denkmuster zum Vorschein kommen, wenn man das Phämomen in seine Bestandteile zerlegt. Woher stammen die vielen Vorurteile gegen andere Gruppen? Warum sprechen Menschen den Angehörigen anderer Gruppen ganz bestimmte Eigenschaften zu? Warum sehen sie *den* Juden, *den* Farbigen, *den* Polen, *den* Bayern, *den* Preußen? Die Sozialpsychologie spricht hier von *Stereotypen*, Kollektivzuweisungen von meist schlechten Eigenschaften. Die Liste solcher Stereotypen ist lang: Deutschen fehlt es an Eleganz und Humor, Iren sind strohdumm und katholisch, Engländer steif, Blondinen herzzerreißend naiv. Diese Vorurteile weisen Menschen allein aufgrund von Sprache, Herkunft, Geschlecht oder Religion bestimmte Merkmale zu, ohne näher zu differenzieren. Die Sozialpsychologie verwendet dafür das Fachwort *Attribution*. Die Vernunft des Menschen hat auf dieses Denkmuster einen vergleichsweise geringen Einfluss. Unter anderem folgende Faktoren bestimmen und verzerren das Bild von uns selbst und unseren Mitmenschen:

- Menschen tendieren dazu, sich Erfolge selbst zuzuschreiben, Misserfolge hingegen auf äußere Faktoren zurückzuführen (Sündenbockprinzip).
- Menschen versuchen oft, ihr Verhalten vor sich selbst zu rechtfertigen, auch und gerade dann, wenn es nach ihren eigenen Maßstäben falsch war. Dazu interpretieren sie es im Nachhinein um oder verzerren ihre Erinnerung.
- Menschen sehen ihr eigenes Verhalten und Denken positiver und weniger von der Umgebung geprägt als das ihrer Mitmenschen.
- Menschen versuchen, mit ihrer Umgebung zu harmonieren und passen auch ihre Meinungen denen ihrer Umgebung an.
- Menschen eifern Vorbildern nach und übernehmen auch deren Ansichten.
- Menschen lassen sich von Autoritäten beeinflussen, also solchen Menschen (oder auch Zeitungen, Nachrichtensendungen oder

Ähnliches), die ihnen kompetent und vertrauenswürdig erscheinen.
- Menschen rechtfertigen das Verhalten ihrer eigenen Gruppe und unterstellen ihrer Gruppe gute Absichten, anderen Gruppen aber böse Absichten. Die Unterstellung böser Absichten ist oft von negativen Gefühlen (Wut, Angst, Ekel, Verachtung) begleitet.
- Menschen glauben von verschiedenen alternativen Erklärungen für ein Phänomen oder Ereignis am ehesten diejenige, die ihrem bisherigen Weltbild am genauesten entspricht. Das gilt auch dann, wenn diese Erklärung deutlich komplizierter und unwahrscheinlicher als andere Erklärungen ist.

Damit sind nur die wichtigsten Faktoren aufgezählt, die Liste ist keineswegs vollständig. Elliot Aronson, der Autor eines Standardwerks über Sozialpsychologie, schreibt dazu: »*Für mich liegt eine der faszinierendsten Eigenarten des menschlichen Wesens in seinem rührenden Bedürfnis, sich selbst als gut und vernünftig wahrzunehmen – und darin, dass er aus diesem Bedürfnis heraus oft gerade nicht gut und vernünftig handelt.*«

Ein Verschwörungsglauben lässt sich in diesem Sinne definieren als die Zuweisung (*Attribution*) von heimlichen bösen oder verbrecherischen Handlungen oder Zielen an andere soziale Gruppen. Im Extremfall unterstellt der Verschwörungsglauben der anderen Gruppe ein solches Ziel, ohne dass irgendwelche Anhaltspunkte dafür erkennbar sind. Es kann also vorkommen, dass eine Gruppe sich von einer anderen Gruppe angegriffen oder verfolgt fühlt, ohne dass diese irgend etwas unternommen hätte, was den Verdacht rechtfertigen würde. Die Angeschuldigten mögen den Verdacht empört zurückweisen; es hilft ihnen nichts. Wer mir heimlich an den Kragen will, wird doch wohl bis zur Ausführung seiner Tat alles bestreiten, oder etwa nicht?

Jahrhundertelang glaubten etwa viele Menschen, dass Juden aus rituellen Gründen christliche Kinder ermorden. Dieser Glauben speiste sich allein aus dem Misstrauen gegen die Juden, in der Wirklichkeit fehlte ihm jede Grundlage. Im sechzehnten und siebzehnten Jahrhundert glaubten viele Menschen in England, der Vatikan und die Katholiken planten Massenmorde an der englischen Bevölkerung. Das war aber niemals der Fall. Im Ersten Weltkrieg glaubten alle beteiligten Völker, einen Verteidigungskrieg zu führen. In Deutschland waren die meisten Menschen davon überzeugt, dass die Deutschen mit dem Überfall auf Belgien lediglich dem Einmarsch französischer und englischer Truppen zuvorkamen. Dafür gibt es aber bis heute keine Belege.

In seinem Buch *Masse und Macht* kommt der Philosoph und Schriftsteller Elias Canetti zum gleichen Ergebnis. Er schreibt:

»Zu den auffallendsten Zügen im Leben der Masse gehört etwas, was man als ein Gefühl von Verfolgtheit bezeichnen könnte, eine besondere, zornige Empfindlichkeit und Reizbarkeit gegen ein für allemal als solche designierte Feinde. Diese können unternehmen, was immer sie wollen, ... alles wird ihnen so ausgelegt, als ob es einer unerschütterlichen Böswilligkeit entspringe, ... einer vorgefassten Absicht, sie [die Masse] offen oder heimtückisch zu zerstören.«

Canetti beschreibt damit – bewusst oder unbewusst – das buchstäblich mörderische Misstrauen zwischen den Völkern Europas am Vorabend des Ersten Weltkriegs. Leider musste noch ein zweiter Weltkrieg ausbrechen, bevor die Regierungen Westeuropas begriffen, dass noch mehr Blut fließen würde, wenn dieses Misstrauen nicht abgebaut würde.

Die entsetzlichen Auswüchse des nationalsozialistischen Rassenwahns haben in Europa und der gesamten westlichen Welt die Lehre von der Überlegenheit oder Unterlegenheit von Rassen, Nationen oder Völkern dauerhaft in Verruf gebracht. Andere Menschen wegen ihrer Rasse, Staatsangehörigkeit oder Hautfarbe als unterlegen, als degeneriert oder moralisch verkommen zu bezeichnen ist in Deutschland gesellschaftlich geächtet, in den meisten anderen westlichen und mitteleuropäischen Ländern mindestens anrüchig. Die rücksichtslose Durchsetzung eigener Gruppen- oder

Staatsinteressen gilt als unzivilisiert und gefährlich. In der europäischen Kultur hat das Individuum gegenüber der Gruppe oder dem Staat natürliche Rechte, die Menschenrechte, welche die Gemeinschaft zu respektieren hat. Dies ist ein besonderes Verdienst der Aufklärungsphilosophen wie John Locke, Jean-Jacques Rousseau und Charles Montesquieu.

Diese Philosophie teilen allerdings nicht alle Kulturen. In seinem Buch *Die Verschwörung: Das Trauma arabischer Politik* weist der in Syrien aufgewachsene deutsche Politologe Bassam Tibi darauf hin, dass die traditionelle arabisch-islamische Denkweise eine andere ist. Er schreibt dazu: »In der Wahrnehmung der Muslime gibt es nur das eigene Kollektiv und das der Feinde. Und das Feindbild hängt mit der Vorstellung von der Verschwörung zusammen.« Für die Araber sind der Stamm im engen Sinne, die Bruderschaft aller arabischen Stämme in weiteren Sinne und die Umma, die Gemeinschaft des Islam, im weitesten Sinne die eigene Gruppe, der das Individuum unbedingte Loyalität schuldet, der gegenüber es selbst aber keine natürlichen Rechte hat. Der Kampf um die Vorherrschaft der eigenen Gruppe gegenüber anderen Gruppen ist eine selbstverständliche Pflicht jedes einzelnen Mannes. Eine öffentliche, für andere vernehmbare Kritik an der eigenen Gruppe, sei es der Stamm oder auch der Islam, verletzt die Ehre der Gemeinschaft. Die vielfachen Brüche in ihrer Gemeinschaft führen viele Araber auf »Agenten« der Feinde zurück, die sich in ihr Lager eingeschlichen hätten, um die Gemeinschaft zu schwächen. Bassam Tibi weiß, wovon er schreibt: Er ist als Syrer aufgewachsen und ist sunnitischer Moslem. Wie kaum ein zweiter bemüht er sich um den Dialog der Religionen und Kulturen. Er ist Mitbegründer der »Arabischen Organisation für Menschenrechte«. Darüber hinaus ist er Mitträger des »Islamisch-Jüdischen Dialogs« und des »Cordoba-Trialogs« für den jüdisch-islamisch-christlichen Austausch.

Die Elimination des Zufalls oder:
Das Wirken der Dämonen

Nichts ist den Menschen so unheimlich wie der Zufall. In jeder Wochenendbeilage von Tageszeitungen, jeder Frauenzeitschrift und jeder Klatschzeitung sagt ein Horoskop, nach Sternzeichen geordnet, die Zukunft voraus. Das ist erstaunlich, wo doch niemand daran glaubt, jedenfalls niemand, den man danach fragt. Dennoch: Im tiefsten Inneren stellen wir uns die Zukunft lenkbar vor, den Zufall besiegbar, die Natur beseelt und von einem Willen gesteuert. Dies ist ein generelles Merkmal menschlichen Denkens.

Alle Völker, ausnahmslos alle, beten Götter an, die den Lauf der Welt lenken. Die Götter der Naturvölker bestimmen das Wetter, das Jagdglück, den Verlauf von Kriegen, die Ernte und die Gesundheit. Bei den Kulturvölkern zogen sich die Götter schon vor Jahrtausenden in höhere Gefilde zurück und überließen Halbgöttern und niederen Geistern die direkten Eingriffe in die Welt der Menschen. Im antiken Griechenland schützten Nymphen die Flüsse und Quellen, Dämonen sprachen zu den Menschen als innere Stimmen, und Erinnyen jagten die Frevler gegen das heilige Recht, um sie in den Wahnsinn zu treiben.

Die moderne Religionswissenschaft beschreibt einen Dämon als übermenschliches, meist bedrohliches oder böses Geistwesen. Dämonen kommen in allen Kulturen vor. Aus der jüdischen Mythologie beispielsweise stammt die unheimliche Lilith, die erste Frau Adams. Der Legende nach wollte sie ihm nicht untertan sein und verließ ihn im Streit, um unter die Nachtdämonen zu gehen. Mit ihnen verkehrt sie und gebiert in jeder Nacht tausend neue Quälgeister. Des Nachts fliegt sie auf schwarzen Flügeln in die Welt der Menschen, verführt Männer, gefährdet Schwangere und tötet männliche Säuglinge. Ein Amulett mit den Namen der drei Engel Sanvai, Sansanvi und Semangloph schützt die Babys, wenn man es ihnen um den Hals legt.

Dieser Mythos beleuchtet gleich mehrere Seiten der Dämonenlegenden. Er beschreibt Lilith als ein von menschlichen Gefühlen getriebenes Wesen. Sie fühlt sich von Adam ungerecht behandelt und rächt sich dafür an allen Männern. Sie leidet darunter, dass sie nur Dämonen gebären kann, und löst darum bei Schwangeren Fehlgeburten aus. Auf ihr böses Wirken führten abergläubische Menschen vor der Zeit der modernen Medizin auch den plötzlichen Tod von Säuglingen zurück. Mit dieser Erklärung zogen die Menschen die unbegreiflichen Naturkräfte auf die Ebene des Zwischenmenschlichen herab und gaben ihnen ein Gesicht. Jetzt konnte man sie begreifen und berechnen, bitten und bannen.

Viele aktuelle Verschwörungsthemen tragen alle Kennzeichen eines Dämonenglaubens. So kursierte ab den fünfziger Jahren des zwanzigsten Jahrhunderts in der amerikanischen UFO-Gemeinde die Geschichte von den »Männern in Schwarz». Wer der Wahrheit über die UFOs zu nahe kam, so lautet die Legende, werde von Männern in schwarzen Anzügen aufgesucht, eingeschüchtert oder sogar getötet. Sie kommen allein, zu zweit oder zu dritt, bewegen sich eigentümlich und sprechen akzentuiert, aber fremdartig. Ebenso dämonische Züge trägt die Legende von den schwarzen Hubschraubern ohne jede Kennzeichnung, die angeblich nachts die ländlichen Gegenden Amerikas heimsuchen. Hat der Glauben an schwarze Helikopter noch einen gewissermaßen greifbaren Gegenstand, so ist der ebenfalls weit verbreitete Glauben an eine geheime Weltverschwörung vollkommen mystisch. Seit rund 200 Jahren behaupten Verschwörungstheoretiker immer wieder, der Illuminatenorden sei nicht aufgelöst worden, sondern habe sich über die ganze Erde verbreitet und übe einen verderblichen Einfluss auf das Weltgeschehen aus. Dabei sehen die Verschwörungsgläubigen die Illuminaten als treibende Kraft ihrer jeweiligen Gegner an.

Die englische Verschwörungstheoretikerin Nesta Webster sah 1924 die Illuminaten nicht nur als Exponenten von Tempelrittern, Kabbalisten und Rosenkreuzern, sondern behauptete, sie hätten auch die Russische Revolution angestiftet. Die Illuminaten, so fuhr sie fort, seien vermutlich im Bunde mit einer »Alldeutschen Macht«

und einer »jüdischen Macht«. Sie wollte sich nicht festlegen, wer von den dreien den Ton angab.

In den sechziger Jahren erkannten auch radikale protestantische Gruppen in den USA die Illuminaten als den verborgenen Erzfeind. Großen Einfluss in der rechten Szene in den USA hatte das 1991 erschienene Buch *The New World Order* des Fernsehpredigers Pat Robertson. Es macht die Illuminaten für die Französische und die Russische Revolution verantwortlich – und in der Folge auch für den internationalen Kommunismus. Wie etliche seiner Vorgänger behauptete auch Robertson, dass jüdische Bankiers die ruchlosen Aktionen der Illuminaten finanzierten. Besonders die Bankhäuser Rothschild und Warburg sollen beteiligt gewesen sein.

Robertsons Buch erreichte eine Auflage von mehreren hunderttausend Exemplaren. Der Begriff »New World Order«, neue Weltordnung, stieg in den neunziger Jahren zum Schlagwort der rechten Szene in Europa und Amerika auf. Er steht für angebliche Weltverschwörungen von Geheimgesellschaften gegen die westliche Lebensweise, die Freiheit, den evangelischen Glauben und die amerikanische Verfassung, wobei die Drahtzieher immer im Hintergrund bleiben. Milton William Coopers Buch *Die apokalyptischen Reiter* von 1991 ging noch einen Schritt weiter: Seine Illuminaten haben nicht nur so unterschiedliche Frontorganisationen wie den Vatikan, die Freimaurer, die Kommunisten und die Nazis hervorgebracht, sondern arbeiten auch mit Außerirdischen zusammen, um eine diktatorische neue Weltordnung durchzusetzen.

In all diesen Büchern schimmert uralter Dämonenglauben durch. Der amerikanische Prediger Texe Marrs spricht sogar direkt von der dämonischen Religion der Illuminaten. Der Amerikaner Des Griffin sieht den Ursprung der Illuminaten gar in Luzifers Erhebung gegen Gott. Der Deutsche Jan Udo Holey behauptet, die Illuminaten hätten bereits die Macht übernommen und dirigierten eine geheime Weltregierung. Er sieht sie als zionistisch-freimaurerische Elite und verlegt ihren Ursprung auf eine angeblich 300 000 v. Chr. gegründete Geheimgesellschaft, die seitdem versucht, die

Menschheit zu versklaven. »Reiche Juden« unter Führung der Familie Rothschild, so behauptet Holey, finanzierten und unterstützten dieses Unternehmen. Interessant ist hierbei die Frage, warum das absolute Böse für die Übernahme der Weltherrschaft Bankkredite braucht. Der Blick auf real existierende Verbrechersyndikate zeigt, dass diese Organisationen vorwiegend das Problem haben, ihr illegales Geld in Umlauf zu bringen. Kredite brauchen sie nicht.

David Icke verbreitet in seinen Büchern die Behauptung, dass Präsident Bush, Prinz Philip von England und viele andere Berühmtheiten in Wirklichkeit außerirdische Echsenwesen seien, die sich als Menschen tarnen. Auch hier begegnet uns der klassische, unverfälschte Dämonenglauben, verpackt in eine moderne Schauergeschichte.

Das Dämonenstereotyp

Ein Verschwörungsglauben unterstellt einer Gruppe, heimlich gegen eine andere Gruppe vorzugehen. Das Opfer ist dabei entweder die eigene Gruppe oder eine andere Gruppe, mit der sich die eigene Gruppe verbunden fühlt. Den Gegnern werden geradezu übermenschliche Eigenschaften angedichtet: Sie begehen überall und zu jeder Zeit verdeckte Verbrechen mit perfekter Tarnung. Sie verfügen über die Fähigkeit, Berichte über ihre Taten zu beeinflussen oder zu unterdrücken. Sie bewegen sich unerkannt in jeder Umgebung. Und sie werden zum bösen Spiegelbild der eigenen Gruppe:

Wenn man sich selbst als ehrlich begreift, sind die Gegner verlogen, sieht man sich als selbstlos und tugendhaft, so sind die Gegner egoistisch und grausam. In Gesellschaften mit einer strengen Sexualmoral gelten die Gegner als sittenlos. Ihre politischen Ziele sind denen der eigenen Gruppen entgegengesetzt.

Der Verschwörungsglauben schafft sich so sein eigenes Gegnerprofil, das *Dämonenstereotyp*. Es verzerrt das Gruppenstereotyp der

Gegner oft bis zur Unkenntlichkeit. Die Fiktion kann so weit gehen, dass vollkommen verschiedene Gruppen zu einem einzigen Stereotyp zusammenwachsen.

Der amerikanische Historiker David Brion Davis hat die Stereotypen in amerikanisch-evangelikalen, antifreimaurerischen, antikatholischen und antimormonischen Schriften untersucht und kam zu dem Ergebnis: »*Während Freimaurer, Katholiken und Mormonen in der Wirklichkeit wenig Ähnlichkeiten aufwiesen, verschmolzen sie als Feindbild zu einem einheitlichen Stereotyp.*«

Die wichtigsten Eigenschaften des Dämonenstereotyps sind: allgegenwärtig, mächtig, böse, unsichtbar, verschlagen. Je mehr dieser Eigenschaften das Stereotyp einer Gruppe aufweist, umso wahrscheinlicher wird sie zum Ziel eines Verschwörungsglaubens. Das Bild großer Geheimdienstorganisationen wie CIA, KGB oder Mossad entspricht dem Dämonenstereotyp nahezu vollständig. Deshalb ist es kein Wunder, dass diese Organisationen regelmäßig in Verschwörungslegenden und -theorien aller Art die Hauptrolle spielen. Dagegen mag der Bundesnachrichtendienst vielleicht unsichtbar sein, aber kaum jemand hält ihn für mächtig, allgegenwärtig oder verschlagen. In den aktuellen Verschwörungstheorien kommt er deshalb nicht vor.

Reduktive Hypothesen oder: Das unverstandene Wirkungsgeflecht

Die Dämonenhypothese leistet zweierlei für die Vereinfachung der Welt: Sie teilt alles in Gute und Böse auf und verschiebt die Sphäre der zufälligen und natürlichen Ereignisse in das Beziehungsgeflecht zwischen Menschengruppen. Diese wiederum sind als eindeutig gut oder eindeutig böse festgelegt. Vor diesem Hintergrund gewinnen auch unsinnig komplizierte Verschwörungstheorien eine erstaunliche Glaubwürdigkeit.

Unsere Welt besteht aber nicht nur aus zufälligen Ereignissen.

Viele Dinge sind auf komplexe Weise miteinander verknüpft. Nicht die Ungerechtigkeit des Zufalls, sondern die Probleme beim Überblicken eines vielfach vernetzten Wirkungsgeflechts lassen die Menschen dann einen Willen hinter der Welt vermuten. Ein fiktives Beispiel dazu:

Bürgermeister Müller möchte in seiner kleinen Stadt seine Wiederwahl sichern. Dazu muss er die Finanzen der Stadt in Ordnung halten, die öffentlichen Einrichtungen ausbauen, die Steuern niedrig halten und die Wohngebiete lebenswert gestalten, damit die Bürger ihn wählen.

Zwei Jahre vor der Wahl hat er folgende Alternativen: Er kann eine neue Mehrzweckhalle errichten lassen (das ist teuer, aber populär), eine Stahlbaufirma mit günstigen Bedingungen zur Ansiedlung bewegen (das bringt Arbeitsplätze und Steuern, ruft aber die Umweltschützer auf den Plan), das Stadtzentrum attraktiver gestalten (das lockt mehr Käufer in die Stadt, macht aber kurzfristig Dreck und verärgert so den Einzelhandel) oder er ergreift keinerlei Initiative, besucht aber jede Vereinsversammlung und wirbt dort für seine Wiederwahl (das macht sein Konkurrent allerdings auch).

Aus dem schmalen Stadtsäckel kann er nur eines der Projekte bezahlen. Bürgermeister Müller muss also eine Entscheidung treffen, obwohl er die Folgen nicht recht übersieht.

Politiker, Manager und in geringerem Maße alle Menschen befinden sich regelmäßig in dieser Situation. Mitten in einem Labyrinth, an einer Kreuzung mit vielen Wegen, sollen sie entscheiden, wohin sie gehen. Psychologen sprechen in diesem Fall von einer *komplexen Entscheidungssituation*.

Kommen wir auf Bürgermeister Müller zurück: Er entscheidet sich für die Mehrzweckhalle und leitet alles in die Wege, um aus seinem Projekt einen Erfolg zu machen. Im Einvernehmen mit dem Rat der Stadt beauftragt er ein örtliches Architekturbüro, einen wegweisenden Entwurf auszuarbeiten. Die Stadt besitzt glücklicherweise bereits ein passendes Grundstück. Es liegt schon lange brach, und die Kinder der Nachbarschaft spielen dort Fußball.

Müller spricht nun mit seinem Parteifreund Meier, dem größten Bauunternehmer der Stadt. »Der Bau muss zum Wahltermin fertig sein!«, schärft Müller ihm ein. »Schaffst du das?«

»Wenn nichts dazwischenkommt«, antwortet Meier etwas unbestimmt.

»Was soll denn dazwischenkommen?«, fragt Müller, aber darauf erhält er nur ein Achselzucken. Kurz darauf kommt schon die erste schlechte Nachricht: Das Architekturbüro hat nach den Vorstellungen des Bürgermeisters Pläne gezeichnet und eine Kostenrechnung erstellt. Die Stadt müsste danach für die Halle doppelt so viel bezahlen wie eingeplant. Die Anlieger der Halle haben außerdem eine Bürgerinitiative gegründet, um die Spielplätze für ihre Kinder auf dem Brachgrundstück zu erhalten. Die Lokalzeitung spricht spöttisch vom Größenwahn des Bürgermeisters.

»Das können wir auch billiger!«, sagt sich der Bürgermeister und setzt sich noch einmal mit dem Bauunternehmer zusammen. Sie einigen sich darauf, dass eine kleinere Halle mit eher konventioneller Architektur den Finanzrahmen nur geringfügig übersteigen würde. Meier erklärt sich bereit, ein besonders günstiges Angebot abzugeben, um seinem Parteifreund aus der Patsche zu helfen. Die Bürgerinitiative jedoch droht weiter mit Einsprüchen.

Zähneknirschend sagt der Bürgermeister eine großzügige Entschädigung und einen Abenteuerspielplatz für die Kinder zu. Das macht die Halle natürlich wieder teurer. Nach vielen Einzelgesprächen mit widerwilligen Ratsmitgliedern bekommt er den aufgestockten Etat für die Halle durch den Rat. Die Stadt muss dafür neue Schulden aufnehmen und die lästige Lokalzeitung spricht von einem überdimensionierten Prestigeprojekt.

Wie erwartet, gibt Bauunternehmer Meier das günstigste Angebot ab, und ein Jahr vor seiner geplanten Wiederwahl tut Bürgermeister Müller voller Stolz den ersten Spatenstich.

Kaum ist die Baugrube ausgehoben, steht Bauunternehmer Meier schon im Amtszimmer des Bürgermeisters und teilt ihm mit, dass das Grundwasser höher steht als erwartet. Er wird die Baugrube abpumpen müssen. Und der Keller braucht eine wasserdichte Hülle. Das Abpumpen ist nicht billig und senkt den Grundwasserspiegel der Nachbarschaft. Damit steigt die Gefahr von Setzrissen in den Häusern der Nachbarschaft. Für deren Beseitigung müsste wiederum die Stadt aufkommen. »Konntest du mir das nicht vorher sagen?«, fragt Müller gequält und gibt schließlich die Genehmigung. Fast wöchentlich bringt Meier dem Bürgermeister nun neue, kostentreibende Hiobsbotschaften. Er hat sein Angebot für den günstigsten möglichen Bauverlauf abgegeben. Komplikationen kann er nicht auffangen. Schließlich muss er Geld verdienen. Es dauert nicht lange, bis sich die beiden hoffnungslos zerstreiten. Meier zieht seine Leute und seine Geräte ab und fordert erst einmal Geld.

Die Wahl rückt unterdessen näher. Die Halle ist nicht einmal halb fertig. Der Etat ist überzogen. Die noch unbezahlten Handwerkerrechnungen füllen einen ganzen Aktenordner. Der Stadtkämmerer weigert sich, weitere Ausgaben mitzutragen, und mit dem Rat hat sich Müller längst überworfen. Der Bürgermeister kann seine Partei nicht überreden, ihn für eine weitere Amtszeit zu nominieren. Der Stadtkämmerer, den jetzt auch der Bauunternehmer Meier unterstützt, tritt an und übernimmt das Amt. Von seinem Vorgänger erbt er zerrüttete Stadtfinanzen und eine teure Bauruine. Um die Halle fertig zu bauen, müsste er sie abermals verkleinern. Dann wäre sie aber überflüssig, denn Hallen und Säle von annähernd solcher Größe gibt es in der Stadt schon…

»Ich bin Opfer einer Verschwörung«, wettert Ex-Bürgermeister Müller zu Hause zum wiederholten Mal (seine Frau hört schon gar nicht mehr hin). »Dieser Meier und seine Bande wollten mich von Anfang an weghaben, damit *sie* den Ruhm kassieren können!«

Müller scheiterte an der Komplexität des Hallenprojektes. Ihm selber erscheint es jedoch so, als hätte ihm jemand ständig und absichtlich Steine in den Weg gelegt. Deshalb glaubt er fest an eine Verschwörung seiner Gegner.

Der Psychologieprofessor Dietrich Dörner hat unter dem Titel *Die Logik des Mißlingens* ein unterhaltsames Buch über die häufigsten Ursachen für falsches Handeln in komplexen Entscheidungssituationen geschrieben. Das Buch beruht zum großen Teil auf Versuchen, die er und seine Mitarbeiter in den siebziger und achtziger Jahren selber durchgeführt haben. In Experimenten und Planspielen ließ er seine Versuchspersonen beispielsweise eine virtuelle Kleinstadt regieren oder ein realistisch erfundenes Entwicklungshilfeprojekt leiten. Er stellte dabei fest, dass viele Menschen mit *komplexen Systemen* nicht umgehen können. In ihnen treten ständig *Zielkonflikte* und unerwünschte Nebenwirkungen auf. Unter einem Zielkonflikt versteht man den Wunsch, mehrere Ziele zu erreichen, die nicht gleichzeitig verwirklicht werden können.

In unserem Beispiel befindet sich Bürgermeister Müller in einem ständigen Zielkonflikt, weil er die Finanzen der Stadt in Ordnung halten muss, aber die öffentlichen Einrichtungen ausbauen will, um sich beliebt zu machen. Sein Scheitern schiebt er einer Verschwörung von Neidern in die Schuhe und reduziert damit die komplexen Zusammenhänge auf eine einzige Ursache. Dietrich Dörner spricht in diesem Zusammenhang von einer *reduktiven Hypothese*.

Wenn die gescheiterten Konzepte auf Grundüberzeugungen, Lebenseinstellungen oder Ideologien beruhen, ist die Annahme einer Verschwörung geradezu vorprogrammiert. Die Argumentation lautet dann: Mein Konzept konnte überhaupt nicht scheitern, weil es richtig sein *musste*. Also hat es jemand sabotiert. Weltanschaulich begründete Diktaturen betreiben deshalb eine ständige Hatz nach vermeintlichen Saboteuren.

Plötzliche unverständliche Umbrüche oder von Menschen hervorgerufene Katastrophen provozieren nahezu immer einen Verschwörungsglauben als reduktive Hypothese. Beispiele dafür sind die Französische Revolution, die Ermordung Kennedys oder die Zerstörung des World Trade Centers. Der Zerfall Jugoslawiens erzeugte in Serbien eine erstaunliche Menge an abstrusen Verschwörungstheorien. Die Auflösung des Ostblocks und der Zerfall des Kommunismus hingegen produzierten keine Verschwörungstheorien. Der Umbruch kam zwar plötzlich, war aber nicht unverständlich. Der Sozialismus als Staatsdoktrin hatte schon vorher seine Glaubwürdigkeit verloren, und viele Menschen sahen den Umbruch als unvermeidlich an.

Wenn eine Regierung bestimmten Gruppen aufgrund reduktiver Hypothesen die Schuld an Niederlagen, Fehlschlägen oder Katastrophen zuweist, kann das fürchterliche Folgen für die angeblichen »Volksfeinde« haben.

Stalin schob die Fehler seiner Industrialisierung »Saboteuren«, »Trotzkisten« und »Faschistischen Agenten« in die Schuhe. Zur Zeit des großen Terrors konnte jeder unter dieser Beschuldigung verhaftet und umgebracht werden. Deutsche Nationalisten machten Juden und Bolschewisten für die Niederlage des Ersten Weltkriegs verantwortlich. Nero schob den Brand Roms den Christen in die Schuhe.

Blickt man in der Geschichte zurück, bleiben so extreme Übergriffe der Herrscher auf ihr Volk aber die Ausnahme. Kein Herrscher und keine Regierung kann auf Dauer ein Interesse daran haben, die Menschen in ihrem Herrschaftsbereich aufeinander zu hetzen. Zu groß ist die Gefahr, dass der damit verbundene Zerfall staatlicher Ordnung auch die Regierung oder den Herrscher in den Abgrund reißt.

Verschwörungsglauben als Eigenschaft normalen menschlichen Denkens

Menschen richten ihr Denken viel weniger an den Maßstäben der Logik und der Vernunft aus, als ihnen selbst bewusst ist. Der Glauben an den grundsätzlichen Vorrang der eigenen sozialen Gruppen ist eine Vorgabe unseres Unterbewusstseins. Daraus leitet sich die

Bereitschaft ab, anderen Gruppen schlechte Eigenschaften zu unterstellen, bis hin zur offenen oder verdeckten Feindschaft und der Vermutung, dass andere Gruppen sich gegen die eigene Gruppe verschworen hätten. Gegnerischen Gruppen werden nicht selten Eigenschaften böser Geistwesen zugeschrieben (Dämonenstereotyp). Ebenfalls eine grundlegende Eigenschaft menschlichen Denkens ist die Suche nach Regelmäßigkeiten, Abhängigkeiten und Gesetzen in unserer Umwelt. Daraus entsteht oft eine unzulässige Vereinfachung, die Annahme eines zentralen Hebels, der die Welt bewegt. Oder wissenschaftlich ausgedrückt: Die reduktive Hypothese.

Kombinieren wir die beiden Denkschemata, dann können wir einen Verschwörungsglauben als reduktive Hypothese ansehen, mit der eine Person oder Gruppe eigene Fehler und Rückschläge auf das unsichtbare und machtvolle Wirken anderer Personen oder Gruppen abzuschieben versucht.

6: Wahn und Wirklichkeit

Geisteskrankheiten als Ursache von Verschwörungstheorien

Als der Bojar und Stallmeister Iwan Fjodorow-Tscheljadnin am 11. September 1568 den Befehl erhielt, sich im Zaren-Palast, dem Kreml, einzufinden, musste er gewusst haben, dass sein Ende besiegelt war. Der inzwischen sechzigjährige Fürst hatte die Unberechenbarkeit des Zaren Iwan IV. und seine anhaltende Rachsucht über Jahre hinweg ertragen müssen. Fjodorow, einer der angesehensten und reichsten Bojaren (Fürsten) des russischen Reiches, stand seit Jahren in Ungnade. Er hatte die guten Jahre Iwans erlebt, seine Krönung als erster Zar Russlands, seine Reformen, seine siegreichen Kriege. Und er hatte die bösen Jahre erlebt, die dem Tod von Iwans erster Frau folgten, die Jahre, in denen der Zar seiner Grausamkeit freien Lauf ließ, während sein Misstrauen gegen die Menschen ständig wuchs. Er wusste, dass der Zar seinen Argwohn hinter einer perfekten Maske verbarg. Iwan vergaß keinen Verdacht, verzieh keinen Streit und überhörte keine Beleidigung. Sein überragender, vom Misstrauen vergifteter Verstand, seine Grausamkeit und sein Schauspieltalent sorgten dafür, dass niemand ihn wirklich einschätzen konnte.

Immer wieder schickte Zar Iwan seine Leibgarde, die Opritschniki, aus, um wirkliche oder vermeintliche Gegner unter den Edlen des Landes umbringen zu lassen. Die Opritschniki ermordeten nicht nur ihre Opfer, sondern auch deren Familien, ihren Hofstaat, ihre Wächter und ihr Gesinde. Es war eine unheimliche Truppe. Sie ritten oft in einer schwarzen Kutte über ihren Panzerhemden. Am Sattel trugen sie einen Besen und einen Hundskopf. Ihre Waffen waren die Axt und das Schwert.

Um den Terror zu beenden, hatten die Bojaren deshalb überlegt, ob sie nicht einem Vetter des Zaren, Wladimir Andrejewitsch, auf den Thron helfen sollten. Aber Wladimir zitterte vor dem grausamen Zaren und erzählte ihm von den Gerüchten. Iwan IV. fand jedoch keine Beweise für eine Verschwörung. Allein aufgrund von Gerüchten konnte er niemanden festnehmen, und er wagte es nicht, die einflussreichsten Bojaren einfach ermorden zu lassen. Also schickte er den unglücklichen Wladimir mit einem besonderen Auftrag zum Stallmeister Iwan Fjodorow-Tscheljadnin, dem anerkannten Führer der Bojaren. Wladimir fragte Fjodorow, wer ihn denn unterstützen würde, wenn er wirklich Zar werden wollte. Auf diese Weise entstand eine Liste mit dreißig Personen, die Wladimir an den Zaren weitergab. Iwan IV. machte eine Todesliste daraus.

Iwan Fjodorow-Tscheljadnin selbst war immer noch zu mächtig, als dass der Zar ihn direkt hätte angreifen können. Er belegte ihn nur mit einer ungeheuerlichen Geldstrafe und verbannte ihn auf eines seiner Güter. Viele andere Adelige hatten weniger Glück: Der Zar ließ sie ohne Gerichtsverfahren hinrichten. Die Opritschniki begannen jetzt, Fjorodows Land mit Terror zu überziehen. Sie plünderten seine Dörfer, erschlugen seine Wachen und folterten seine Diener. Der Zar persönlich führte eine Strafexpedition in die Hauptbesitzungen von Fjodorow in Beschizki Werch, an der Grenze zum Nowgoroder Land. Dort ließ er nach Verschwörern suchen. Er fand sie auf einfache Weise: Er verdächtigte einfach irgendwen und ließ ihn foltern, um die Namen von »Mitverschworenen« zu erfahren. Die Opritschniki waren einfallsreiche Folterknechte und erfuhren von ihren Opfern sehr schnell neue Namen. Wenn die Verhöre beendet waren, wurden die Opfer zum Tode verurteilt und hingerichtet, nachdem ihnen die Opritschniki vorher ihr gesamtes Vermögen abgenommen hatten. In Moskau ließ Iwan IV. die Vertrauten und Berater Fjodorows erschlagen, häufig mit ihrer gesamten Familie.

Der Hochverratsprozess gegen Fjodorow selbst jedoch kam nicht voran. Es fehlte an Beweisen, und der Metropolit Filip, der

Erzbischof von Moskau, stellte sich vor den Angeklagten. Aber auch Filips Einfluss begann zu schwinden. Im Herbst 1568 war klar, dass niemand mehr den ehemals einflussreichen und wohlhabenden Bojaren vor dem Zorn des Zaren schützen konnte. So verabschiedete sich Iwan Fjodorow-Tscheljadnin an jenem Morgen des 11. September 1568 feierlich von seiner Frau und seinen besten Freunden, bevor er in den Kreml ging. Nicht nur ihn, sondern auch viele andere hatte der Zar an diesem Morgen in den Kreml befohlen. Wie sich herausstellte, hatte Iwan nicht geplant, über seine Gegner zu Gericht zu sitzen. Stattdessen befahl er dem Bojaren, ein Zarengewand anzulegen und sich auf den Thron zu setzen. Dann zog er seinen Hut vor ihm, beugte sein Knie und sagte: »Nun hast du bekommen, was du gesucht und erstrebt hast, bist Großfürst von Moskau an meiner Statt. Jetzt bist du der Großfürst, also freue dich und genieße deine Macht, die du dir gewünscht hast.« Dann ließ er Fjodorow erstechen. Nach anderen Quellen stach er selber mehrfach mit einem Dolch auf ihn ein und ließ ihn von seinen Wachen endgültig töten. Seinen Leichnam schleppten die Opritschniki aus dem Palast und warfen ihn auf einen Haufen Unrat.

Diese Tat war der Anfang einer weiteren grausigen Mordserie an russischen Adeligen, kirchlichen Würdenträgern und allen, die mit ihnen in Verbindung standen. Tausende kamen ums Leben wegen einer Verschwörung, die es vielleicht nie gegeben hatte, an der sie aber sicher keinen Anteil hatten. Selbst ihr Tod aber war dem Zaren nicht Strafe genug. Er verweigerte ihnen Beichte und Kommunion vor dem Tode. Ihre Leichen durften nicht in geweihter Erde ruhen. Ihre Namen durften nicht mehr genannt werden. Selbst Seelenmessen ließ Iwan verbieten, denn seine Gegner sollten ewig in der Hölle schmoren.

»Grosny«, der Gestrenge, der Drohende, der Grausame, war der Beiname, den das Volk Iwan IV. gab. Im Deutschen heißt er Iwan der Schreckliche.

Ob Iwan tatsächlich unter einem Verfolgungswahn im medizinischen Sinne litt, ist heute, mehr als 420 Jahre nach seinem Tod, schwer nachzuweisen. Schon bei lebenden Patienten ist die Diagnose mitunter nicht einfach.

Was ist Wahn?

Das *Diagnostic and Statistical Manual of Mental Disorders* (4. Auflage, 1994, abgekürzt DSM-IV) der American Psychiatric Association grenzt Geisteskrankheiten gegeneinander ab und enthält kurze Definitionen der einzelnen Begriffe.

Ein Wahn ist demnach ein falscher Glaube, der auf der Grundlage einer unrichtigen Schlussfolgerung über die externe Realität zustande kommt. Dieser Glaube wird unbeirrbar aufrecht erhalten, obwohl nahezu alle anderen Menschen etwas anderes glauben und es unbestreitbare und offensichtliche Anhaltspunkte oder Beweise für das Gegenteil gibt.

Wichtig daran ist zunächst, dass ein Wahn ein *falscher* Glaube ist, an dem der Patient *unbeirrbar* festhält. Diese beiden Kriterien unterschreibt jeder Psychiater. Dann aber wird es schwierig:

Die DSM-IV-Definition sieht vor, dass dem Inhalt des Wahns unbestreitbare und offensichtliche Anhaltspunkte oder Beweise entgegenstehen sollen. Ein Psychiater ist aber kein Polizist oder Detektiv. Wie soll er überprüfen, ob der Patient verfolgt wird, seine Ehefrau ihn betrügt oder sein Arbeitgeber ihn unbedingt vor die Tür setzen will? Viele Wahninhalte sind unmöglich. Beispielsweise darf man sicher einen Wahn annehmen, wenn eine Patientin sich von Außerirdischen verfolgt fühlt, aber was ist, wenn sie glaubt, ihr geschiedener Mann lasse sie überwachen und sabotiere heimlich ihre Karriere? Darf ein Psychiater diese Vorstellung zum Wahn erklären, ohne sie überprüft zu haben?

Und wie passt eine religiöse Überzeugung in dieses Bild? Die Inhalte vieler religiöser Überzeugungen erscheinen anderen Menschen bizarr, dennoch lassen sich die Gläubigen nicht davon abbringen. Trotzdem wird man nicht von einem Wahn sprechen.

Andererseits gibt es auch einen Wahn mit religiösem Inhalt. Wenn beispielsweise jemand unbeirrbar glaubt, der Teufel habe seinen Nachbarn geholt und sei selbst in dessen Gestalt geschlüpft, handelt es sich nicht mehr um den Ausdruck des Glaubens, sondern um einen Wahn.

Die DSM-Definition besteht darauf, dass ein Wahn unbeirrbar aufrecht erhalten wird, *obwohl nahezu alle anderen Menschen etwas anderes glauben.* Dieser Nebensatz ist wichtig, denn Menschen sind im Allgemeinen *beirrbar*, das heißt, sie lassen sich vom Glauben und Denken ihrer Umgebung beeinflussen. Die geforderte Einsamkeit der Wahnidee ist also ein Anzeichen der Abschottung gegen äußeren Einfluss und zugleich ein Hinweis, dass der Wahnkranke die Idee nicht aus seiner Umgebung übernommen hat. Gerade in der Zeit des Internet hat diese Forderung aber ihre Tücken: Für viele Wahnideen finden sich im Internet Gleichgesinnte, die ihre Wahnsysteme gemeinsam ausbauen. Damit verschwimmt wieder die Grenze zwischen Normalität und Wahn. Wer kann schon vorhersagen, ob jedes Mitglied einer solchen Gemeinschaft auch allein »unbeirrbar« an seinem falschen Glauben festhalten würde?

Wie man sieht, hat die DSM-IV-Definition also durchaus ihre Schwächen. Eine grundlegende Frage lässt sie sogar ganz aus: Wo verläuft die Grenze zwischen gesunden und kranken (oder krank machenden) Ideen? Darf man die Hartnäckigkeit, die Unbeirrbarkeit, die Unüberzeugbarkeit zum Maßstab machen? Oder soll der Gesamteindruck entscheiden? Dann müssten wir die Intuition des behandelnden Psychiaters als Entscheidungskriterium akzeptieren. Leider entzieht sich die Intuition jeder Nachprüfung, und verschiedene Psychiater können durchaus zu verschiedenen Diagnosen kommen.

Der Psychologe A. S. David steht deshalb auf dem Standpunkt, dass eine vollständige Definition des Wahns unmöglich ist. Diese Meinung ist nicht so erschütternd, wie sie auf den ersten Blick erscheint. Bei genauem Hinsehen sind viele Begriffe des täglichen Lebens auf ähnliche Weise unscharf. Zum Beispiel ist ein Wald eine

Anhäufung von Bäumen. Aber wie viele Bäume müssen es mindestens sein und wie müssen sie angeordnet sein, damit man von einem Wald spricht? Reichen zehn Bäume für einen Wald, oder müssen es hundert sein? Wäre eine Situation denkbar, in der ein einziger Baum, den wir hinzufügen, eine Baumgruppe zum Wald macht? Beim Begriff Wahn kommt erschwerend hinzu, dass er sich lediglich auf ein Gedankenkonstrukt in einem anderen Gehirn bezieht. Einen Wahn kann man nicht sehen, er ist eine Schlussfolgerung aus dem Bericht des Wahnkranken, der oft heftig bestreitet, krank zu sein. Wir müssen deshalb eine breite Grauzone zwischen geistiger Gesundheit und Wahn akzeptieren, eine feste und eindeutige Grenzziehung ist unmöglich.

Wahn als Symptom einer anderen Erkrankung

Der Wahn ist eine so genannte *inhaltliche* Denkstörung. Nicht der Vorgang des Denkens an sich ist gestört (hier spricht man von einer *formalen* Denkstörung), sondern das Ergebnis ist falsch. Irgendwo reißt sich ein Denkinhalt, eine Vorstellung, eine Idee von der Wirklichkeit los und führt ein unkontrollierbares Eigenleben. Diese Wahnidee kann um sich greifen und den Alltag des Patienten überschatten. Dann stört sie seine Beziehungen zu anderen Menschen, beherrscht sein Denken und verändert sein Gefühlsleben. Ein Wahn kann vielerlei Ursachen haben. Wahnideen treten regelmäßig als Begleiterscheinung von anderen Psychosen, zum Beispiel von Schizophrenien und Depressionen auf. Diese Psychosen sind durch eine formale Denkstörung oder eine Störung des Gefühlslebens gekennzeichnet. Die inhaltliche Denkstörung stellt sich erst als Reaktion darauf ein.

Eine Depression bewirkt eine alles verfinsternde, niedergedrückte Stimmung mit gleichzeitiger Antriebsarmut. Ein depressiver Patient fühlt sich innerlich abgestorben, im Extremfall kann er sogar überzeugt sein, er existiere gar nicht mehr (das so genannte

Cotard-Syndrom). Oftmals hindert nur die Antriebsarmut den Depressiven daran, sich umzubringen; er möchte sterben, aber er bringt nicht die Energie auf, Hand an sich zu legen. Bei einer Schizophrenie geraten die höheren Funktionen des Gehirns noch stärker aus dem Gleichgewicht als bei einer Depression. Das Gefühlsleben, die Wahrnehmung und der Vorgang des Denkens selbst verlieren ihre Ordnung und ihren Zusammenhang. Bei der Schizophrenie treten Sinnestäuschungen (Halluzinationen) auf, das Gefühl für die eigene Person ist beeinträchtigt, und das Denken ist entweder verlangsamt oder im Gegenteil auf chaotische Art und Weise beschleunigt. Der Denkzusammenhang geht verloren, die Gedanken lassen sich nicht mehr steuern, kreisen um ein bestimmtes Thema, wiederholen sich ständig oder reißen plötzlich ab. Dem Erkrankten kann diese Störung durchaus bewusst sein; er leidet darunter, aber er kann nichts dagegen unternehmen. Die Grenze zwischen dem Ich und der Außenwelt wird durchlässig, die Außenwelt beginnt die Innenwelt zu durchdringen und zu bestimmen. Gleichzeitig wechselt die Stimmung ohne angemessene äußere Ursache, Misstrauen stellt sich ein und Wahnideen kommen auf. Das Interesse an der Außenwelt lässt nach oder erlischt, der Kontakt zu anderen Menschen reißt ab. Die Wahnideen der Schizophrenen sind oft bizarr, schnell wechselnd, logisch nicht nachvollziehbar und uneinfühlbar.

Nicht alle diese Symptome müssen gleichzeitig auftreten, deshalb kann die Diagnose im Einzelfall schwierig sein. Wahnsymptome, Störungen des Gefühlslebens und des Antriebs, formale Denkstörungen und Störungen des Ich-Empfindens treten in unterschiedlichen Kombinationen auf. Fast immer quälen die Erscheinungen den Patienten und machen ihm Angst. Auch körperliche Leiden oder Vergiftungen können die Funktion des Gehirns so sehr stören, dass die Symptome einer Schizophrenie auftreten. Mit der erfolgreichen Behandlung der Grundkrankheit verschwinden jedoch meist auch die Gefühls- und Denkstörungen.

An diesem kurzen Exkurs lässt sich bereits ablesen, wie heikel das Gleichgewicht im menschlichen Gehirn ausbalanciert ist. Es muss sinnliches Wahrnehmen, Fühlen, Denken und Handeln störungsfrei zusammenführen, um daraus ein sicheres Abbild der Wirklichkeit konstruieren zu können. Der Kybernetiker Heinz von Foerster stellt dazu fest: »*Das Nervensystem ist so organisiert (bzw. organisiert sich selber so), dass es eine stabile Realität errechnet.*«

Wenn ein Teilbereich des Gehirns fehlerhaft arbeitet, versucht das Gesamtsystem immer noch, eine stabile Realität zu errechnen – mit teilweise bizarren Ergebnissen.

Im Zuge einer Schizophrenie oder nach einer Hirnverletzung gelangen manche Menschen zu der Überzeugung, Doppelgänger, Roboter oder Aliens hätten ihre Angehörigen beseitigt und unbemerkt deren Platz eingenommen. Diese bizarre Wahnvorstellung ist als Capgras-Syndrom bekannt. Namensgeber ist der französische Psychiater Jean Marie Joseph Capgras, der diesen Wahn zusammen mit seinem Kollegen Jean Reboul-Lachaux im Jahre 1923 erstmals wissenschaftlich beschrieben hat. Seitdem hat man diese Wahnvorstellung immer wieder gefunden. Seit einigen Jahren gibt es Hinweise darauf, dass ihr ein Abriss der Verbindung zwischen Erinnerung und Gefühl zugrunde liegt. Normalerweise erkennen wir eine Person, weil wir das von den Augen gelieferte Bild mit dem Bild in der Erinnerung vergleichen. Mit der Erkennung verbinden wir bestimmte Gefühle. Bei guten Freunden und nahen Verwandten stellt sich ein Gefühl der Vertrautheit und Zugehörigkeit ein. Bei einigen Menschen mit Capgras-Syndrom konnten Forscher zeigen, dass trotz sicherer Erkennung das Vertrautheitsgefühl nicht aufkommt. Die sonst enge Verbindung zwischen diesen beiden Gehirnleistungen ist bei ihnen zerrissen.

Der Patient sieht und erkennt seine Angehörigen, aber sie erscheinen ihm nicht vertraut. Sein Gehirn errechnet jetzt eine widersprüchliche, instabile Realität. Sein Bild von der Außenwelt gerät ins Wanken. Die Vorstellung, seine Angehörigen seien durch genau gleich aussehende Fremde ersetzt worden, stabilisiert seine innere

Abbildung der Realität wieder – auf Kosten einer bizarren Annahme über die Außenwelt. Bei Capgras-Patienten wäre also der Wahn nicht Ausdruck einer »unrichtigen Schlussfolgerung über die externe Realität« (DSM-IV), sondern der verzweifelte Versuch des Gehirns, die Stabilität seiner errechneten Realität zu wahren.

Ähnliches beobachtet man bei Depressionen. Anders als die Melancholie ist die echte Depression eine schwere Erkrankung mit einer tief herabgedrückten Stimmung, aber der Unfähigkeit, Trauer oder Freude zu empfinden. Gleichzeitig bemerken die Patienten, dass der Gang ihrer Gedanken gehemmt ist und sie sich zu nichts mehr entschließen können. Daraus entspringen Wahnideen, mit denen die Kranken ihre Stimmung zu erklären versuchen. Sie sehen sich von Verarmung bedroht (Verarmungswahn), glauben todkrank zu sein (hypochondrischer Wahn) oder betrachten alles Handeln und Streben als hoffnungslos und sinnlos (nihilistischer Wahn). Hier steht die depressive Stimmung am Anfang, die wahnhafte Erklärung ist die Folge der Grundkrankheit. Am Anfang des Wahns muss also nicht unbedingt eine falsche Bewertung der externen Realität stehen, sondern es kann ebenso gut ein Versuch des Gehirns sein, eine innere Störung auszugleichen.

Ein Verfolgungswahn entsteht also zum Beispiel aus dem unbestimmten Gefühl, beobachtet, abgehört oder manipuliert zu werden. Im Rahmen einer Schizophrenie leiden die Patienten oft unter dem Gefühl, ihre Gedanken würden ihnen aus dem Kopf gesogen oder abgehört; was sie denken, werde laut und sei allen zugänglich, ohne dass sie sich dagegen wehren können. Im Laufe der Erkrankung bauen die Patienten ihr zunächst unbestimmtes Missempfinden zu einem mehr oder weniger bizarren Wahnsystem aus. Hatte ein Kranker zum Beispiel zu Beginn seiner Krankheit nur das unbestimmte Gefühl, abgehört und mit krank machenden Strahlen beschossen zu werden, kann er nach einigen Wochen bereits genau erklären, dass die NASA ihn mit unsichtbaren Mikrophonen abhört und ihn vernichten will, weil er gesehen hat, dass außerirdische Wesen die Stadtverwaltung von Stuttgart übernommen haben.

Mit der Behandlung der Grundkrankheit verschwinden auch die Wahnsysteme. Sie leben nicht aus eigenem Recht, und sobald das Gehirn des Kranken sein Gleichgewicht wieder erreicht, haben sie ihre Rolle ausgespielt.

Der reine Wahn

Wahnideen können auch auftreten, ohne dass eine andere Störung des Seelenlebens erkennbar wäre. In diesem Fall wirkt der Patient durchaus klar und orientiert. Oft versteht er es sogar, vernünftig klingende Beweisketten zur Untermauerung seines Wahns anzuführen. Alle Urteile und Wahrnehmungen außerhalb des Wahnsystems können vollkommen normal sein. Der Verfolgungswahn Iwans des Schrecklichen ist vermutlich eine Folge der buchstäblich mörderischen Verhältnisse am Zarenhof während seiner Jugend. Er neigte ohnehin zum Misstrauen gegen seine Umwelt und die ständige, durchaus begründete Angst vor Angriffen auf sein Leben verstärkten diesen Zug seiner Persönlichkeit immer weiter. Woher aber stammt der – viel häufigere – Verfolgungswahn bei Menschen, die niemals wirklich verfolgt wurden?

Das ist oft schwer festzustellen, denn die meisten Wahnkranken suchen erst dann einen Arzt auf, wenn ihr Wahn unerträglich wird – für sie selbst oder für ihre Umgebung. Sicher ist, dass manche Menschen ihren Mitmenschen von vornherein misstrauen. Wenn dieser Zug die Persönlichkeit extrem dominiert, sprechen Mediziner und Psychologen von einer *paranoiden Persönlichkeitsstörung*.

Es ist schwer, mit solchen Menschen umzugehen. In jeder Bemerkung suchen sie nach einer Kränkung, in jeder Handlung nach einer Zurückweisung. Sie wirken nach außen hin oft gefühlsarm, abweisend, streitsüchtig und humorlos. In ihrem Inneren aber fühlen sie sich fortwährend von der Außenwelt verletzt. Sie neigen zu übersteigerter Eifersucht, denn sie trauen auch ihren Ehepartnern nicht mehr.

Menschen mit dieser Persönlichkeitsstörung neigen dazu, alle Arten von Verschwörungstheorien zu erfinden, zu übernehmen oder auszugestalten. Die Definition der Weltgesundheitsorganisation für die paranoide Persönlichkeitsstörung nennt dieses Verhalten ausdrücklich als eines der Krankheitszeichen: »*Inanspruchnahme durch Gedanken an Verschwörungen als Erklärung für Ereignisse in der näheren Umgebung und in aller Welt.*«

Noch ein Wort zu der Definition einer Persönlichkeitsstörung: Jede Persönlichkeit bestimmt sich erst durch ihre besonderen Charakterzüge. Von einer Störung sollte man erst sprechen, wenn die beherrschenden Charakterzüge das Zusammenleben mit anderen Menschen erheblich stören und wenn der Betreffende oder seine Umgebung darunter leiden. Nicht jeder misstrauische Mensch muss gleich eine Charakterstörung haben. Erst wenn das Misstrauen seine Beziehung zu anderen Menschen ernsthaft beeinträchtigt, spricht man von einer paranoiden Persönlichkeitsstörung. Wenn ein solcher Mensch sich in eine Idee verrennt (Mediziner sprechen von einer *überwertigen Idee*), entsteht eine so genannte *fanatische Persönlichkeit*. Der Kampf gegen ein wirkliches oder vermeintliches Unrecht ist das Kennzeichen einer *querulatorischen Persönlichkeit*.

Erst wenn die überwertige Idee unkorrigierbar wird, von Argumenten und Gegenbeweisen nicht mehr erreicht werden kann, spricht man von einem Wahn. Je länger der Wahn anhält, desto genauere Gestalt nimmt er an, und desto schwerer ist er von außen zu beeinflussen. Mit der Zeit bauen viele Wahnkranke ihren Wahn zu einem Wahnsystem aus, in das sie alle Ereignisse ihrer Umgebung einbeziehen.

Mediziner nennen diese chronische, anhaltende Wahnerkrankung eine *Paranoia*. Hat man den Patienten erst einmal dazu gebracht, über seinen Wahn zu sprechen (das ist nicht einfach, denn er bringt auch seinem Arzt zunächst Misstrauen entgegen), dann weiß er oftmals lange und mit vielen Einzelheiten und Beweisen vom anhaltenden Kampf gegen seine Verfolger zu erzählen. Ein unbedarfter Zuhörer – und sogar der behandelnde Arzt – kann oft genug kaum feststellen, wo die Wirklichkeit endet und der Wahn anfängt. Wahnsysteme können eine erstaunliche innere Logik entwickeln, mit der sie jedes Ereignis der äußeren Welt fugenlos in ihr Gedankengebäude einpassen.

Leiden Autoren von Verschwörungstheorien im medizinischen Sinne unter einem Wahn?

David Icke behauptet, die Welt werde von außerirdischen intelligenten, mehr als drei Meter großen Reptilien beherrscht. Wir können sie aber nicht sehen, weil sie ihre Gestalt ändern können und zum Zwecke der Weltherrschaft die äußere Form von Königen und Präsidenten angenommen haben. Jan Udo Holey erklärt in seinem Buch *Wer hat Angst vorm schwarzen Mann?*, er habe durch ein Medium mit dem Tod selbst gesprochen. Der erwies sich als sehr auskunftsfreudig und hat ihm mehr als 200 Fragen beantwortet. Zuvorkommenderweise hat er dabei, sozusagen letztinstanzlich, viele bisherige Thesen von Holey bestätigt. Hat Jan Udo Holey Halluzinationen oder ist er auf einen Betrüger hereingefallen? Hat er am Ende alles erfunden, weil er annehmen durfte, dass die Auskünfte des lebendigen Todes einer ausreichenden Anzahl von Menschen den Buchpreis von 19,70 € wert sind?

Wenn Sie einen verantwortungsvollen Arzt danach fragen, wird er Ihnen sagen, dass er den Patienten selbst untersuchen muss, um eine Diagnose zu stellen. Und darüber darf er nur mit dem Patienten selbst sprechen. Krankheit ist Privatsache.

Der Martha-Mitchell-Effekt

Wie schwer es sein kann, Wirklichkeit und Wahn sicher auseinander zu halten, zeigt die Geschichte von Martha Mitchell, der Frau des ehemaligen amerikanischen Justizministers John Mitchell. Er war ihr zweiter Ehemann, sie hatte ihn mit 38 Jahren im Jahre 1957 geheiratet, als er noch ein gut verdienender Anwalt in New York war. John Mitchell wurde in den folgenden Jahren einer der engsten Mitarbeiter von Richard Nixon. Die beiden hatten sich kennen gelernt, als ihre Anwaltskanzleien sich zusammenschlossen. Nach seiner Wahl zum Präsidenten ernannte Nixon seinen Vertrauten John Mitchell zum Justizminister, und die Familie Mitchell zog nach Washington. Bei den Journalisten im Umfeld der Regierung machte sich Martha Mitchell bald einen Namen. Während die meisten Ehefrauen von hohen Regierungsbeamten sich an die ungeschriebene Regel hielten, die Politik ihren Männern zu überlassen und sich auf Wohltätigkeitsveranstaltungen und Spendengalas zu beschränken, sagte Martha Mitchell der Presse unverblümt ihre Meinung. Sie wartete nicht, bis sie gefragt wurde, sondern rief die Reporter selbst an, vorzugsweise zwischen Mitternacht und Morgendämmerung. Ihre politischen Ansichten waren überwiegend unterhaltsam und immer stramm republikanisch. Sie erklärte ihren Gesprächspartnern beispielsweise: »Erwachsene möchten geführt werden. Sie reagieren eben auf Disziplin.« Demonstranten gegen den Vietnamkrieg bezeichnete sie als »sehr liberale Kommunisten«. Sie telefonierte vorwiegend vom blauen Wandtelefon ihres Badezimmers aus, »damit John nichts merkt«. So erfuhr John Mitchell die politischen Kommentare seiner Frau oft genug erst aus der Zeitung.

In Marthas Geburtsstadt Pine Bluff im tiefsten Arkansas wären ihre Ansichten vielleicht nicht ungewöhnlich gewesen, in Washington aber gerieten ihre Auftritte zur Peinlichkeit. Einer ihrer ehemaligen Lehrer sagte einem *Time*-Reporter: »Martha hatte einen guten Intellekt, wenn sie davon Gebrauch machte. Das tat sie aber nie. Sie war ein hübsches, fröhliches kleines Mädchen ohne Verstand.«

Ihre Anhänger liebten ihre Geradlinigkeit, und sie bekam stapelweise Fanpost. Die Presse attestierte ihr einen gewissen »unterbelichteten Charme«. Man munkelte auch, ihre nächtlichen Telefonate seien oft genug von einer übergroßen Anzahl abendlicher

Drinks beflügelt gewesen. Niemand nahm ihre Ansichten wirklich ernst. John Mitchell nannte seine Frau nachsichtig ein »unguided missile«.

Dann kam das Jahr 1972. Die erste Amtszeit von Präsident Nixon endete mit Ablauf des Jahres und im November standen Präsidentschaftswahlen an. Die Republikaner nominierten Nixon für eine zweite Amtszeit, und John Mitchell trat vom Amt des Justizministers zurück, um Direktor des Wiederwahlkomitees zu werden. Am 17. Juni 1972 verhaftete die Polizei in Washington fünf Einbrecher beim Versuch, im Wahlhauptquartier der demokratischen Partei Abhöranlagen anzubringen. Die Demokraten hatten ihre Wahlkampfzentrale im vornehmen Watergate-Hotel eingerichtet.

John Mitchell war zu dieser Zeit mit seiner Frau in Kalifornien unterwegs, um für Nixons Wiederwahl Geld aufzutreiben. Er flog sofort nach Washington und ließ Martha unter der Obhut des Sicherheitsoffiziers Steve King in einem Gästehaus der Regierung zurück. Als sie annahm, dass er schlief, rief sie bei der UPI-Reporterin Helen Thomas an und schüttete ihr Herz aus. Sie drohte, dass sie ihren Mann verlassen werde, wenn er sich nicht aus dem »dreckigen Geschäft« der Politik zurückziehe. Weiter kam sie jedoch nicht. Helen Thomas hörte plötzlich Geräusche eines Kampfes, dann war die Leitung tot. Der Sicherheitsoffizier hatte die Telefonschnur aus der Wand gerissen. Dann ließ er Martha Mitchell gewaltsam ein Beruhigungsmittel spritzen und schloss sie in ihr Zimmer ein, wie sie später erzählte. Wollte er verhindern, dass sie etwas ausplauderte? Bis heute ist dieser Zwischenfall nicht geklärt.

John Mitchell trat im Juli als oberster Wahlkampfmanager zurück, versöhnte sich mit seiner Frau und lebte mit ihr für einige Monate in einem luxuriösen Apartment in Manhattan. Nixon gewann die Präsidentschaftswahl im November mit großem Vorsprung. Im März 1973 kochte der Watergate-Skandal hoch, als einer der Einbrecher erklärte, die Abhöraktion sei von John Mitchell und dem Präsidentenberater John Dean in Auftrag gegeben worden.

Während Nixon zunächst die Fassade des von seinen Beratern hintergangenen Ehrenmannes wahren konnte, zog sich die Schlinge um John Mitchell unerbittlich zusammen. Das ließ Martha keine Ruhe, und in einem ihrer berühmten Nachtanrufe erklärte sie der UPI-Reporterin Helen Thomas: »Wenn mein Mann irgendetwas über den Einbruch wusste, dann wusste Mr. Nixon auch darüber Bescheid.« Sie forderte, Nixon solle zurücktreten. Martha Mitchell wiederholte die Vorwürfe in weiteren Telefongesprächen. Sie sprach oft mit schleppender Stimme, was ihrem Südstaatenakzent, ihrem Alkoholkonsum oder einer Kombination davon zugeschrieben wurde. Sie sah eine riesige Verschwörung unter Einschluss des Präsidenten, für die ihr Mann den Südenbock spielen sollte. Außer Helen Thomas wollte ihr niemand glauben. Schließlich verließ ihr Mann sie. Ihre beiden Kinder stellten sich auf seine Seite.

Im Laufe des Jahres 1973 stellte sich heraus, dass Richard Nixon nicht nur den Watergate-Einbruch, sondern eine ganze Reihe weiterer illegaler Aktionen angestoßen oder gutgeheißen hatte. Im Mai 1974 beschloss der Kongress, ein Amtsenthebungsverfahren gegen den Präsidenten einzuleiten. Nixon trat am 8. August 1974 als Präsident der Vereinigten Staaten von Amerika zurück, um seiner Absetzung zuvorzukommen.

Knapp zwei Jahre später, am 18. Juni 1976, starb Martha Mitchell in einem Washingtoner Krankenhaus an Knochenmarkkrebs. Ihr geschiedener Mann und ihre Tochter weigerten sich bis zum Schluss, sie zu besuchen, erkundigten sich aber bei den Ärzten immer wieder, wie es ihr ging.

Im Jahre 1975 wurde John Mitchell für seine Verbrechen im Zusammenhang mit der Watergate-Affäre zu 2½ bis 8 Jahren Gefängnis verurteilt. Von 1977 bis 1979 verbrachte er 19 Monate im Gefängnis und wurde dann auf Bewährung entlassen.

Richard Nixon entging einer Anklage. Sein Nachfolger im Amt, Gerald Ford, unterschrieb am 8. September 1974 einen Erlass, mit dem er den ehemaligen Präsidenten von jeder Strafverfolgung im Zusammenhang mit der Watergate-Affäre ausnahm.

Martha Mitchells Vorwürfe gegen Richard Nixon waren, entgegen der Ansicht vieler Journalisten und Politiker, keine Anzeichen einer Geisteskrankheit, sondern entsprachen der Wahrheit. Martha Mitchell litt nicht unter Wahnideen, sondern hatte auf ihre ganz besondere Art intuitiv die richtigen Schlüsse gezogen.

Seit Ende der achtziger Jahre nennt man die Fehldiagnose einer rational begründeten Überzeugung als Wahnidee deshalb den *Martha-Mitchell-Effekt*.

7: Der heimliche Kampf um die Macht

Verschwörungen und Verschwörungstheorien als Elemente staatlicher Macht

Wissen Sie, warum Sie verhaftet worden sind?« Mit dieser Frage pflegten in der Zeit der großen Säuberung in der UdSSR die Untersuchungsbeamten der politischen Polizei ihr Verhör zu eröffnen. Die meisten Gefangenen verneinten, ohnehin zu erschüttert, um einen klaren Gedanken zu fassen. »Nun, dann nennen Sie mir die Hypothese, die Sie sich für den Grund Ihrer Verhaftung aufgestellt haben«, fuhr der Untersuchungsbeamte fort. Damit brachte er den Gefangenen in ein Dilemma. Sollte er eine Antwort verweigern? Damit würde er eine feindliche Haltung gegenüber der Politischen Polizei und natürlich gegenüber der Partei zeigen. Was sollte er also sagen? Jetzt begann der Untersuchungsbeamte, Andeutungen zu machen. Man habe erfahren, dass es in dem Werk, in dem er arbeite, ein Sabotagekomplott gegeben habe. Der Fünfjahresplan sei hintertrieben worden. Ob der Gefangene vielleicht davon wusste? Vielleicht sagte der Untersuchungsbeamte auch, dass *gewisse Anzeichen* darauf hindeuteten, dass es in der Umgebung des Häftlings eine Verschwörung gegen die Spitze der Partei gegeben habe. Ob er denn gar nichts davon mitbekommen habe?

In den Spätzeiten der großen Säuberung, also in den Jahren 1937 und 1938, konnten erfahrene Gefangene in den völlig überfüllten Zellen den Neulingen bereits vor dem ersten Verhör erzählen, was die Verhörspezialisten erwarteten, welches Verbrechen oder Komplott sie gestehen mussten, um der schlimmsten Behandlung zu entgehen. Wer nicht gestand, musste mit Folter rechnen. Man ließ ihn über Wochen stundenlang in einer engen Zelle unbeweglich auf einer Stelle stehen, bis seine Füße unförmig anschwollen, man verprügelte ihn, ließ ihn mehrere Nächte hintereinander nicht schlafen oder verweigerte ihm die Nahrung. Die Untersuchungsbeamten waren auf Geständnisse angewiesen, denn es gab keine Indizien, keine Beweismittel und keine verwertbaren Zeugenaussagen. Dennoch gab es ein Soll, das erfüllt werden musste. Ein Soll an Verhaftungen, ein Soll an Verurteilungen, ein Soll an Erschießungen. Wenn ein Untersuchungsbeamter nicht fleißig genug Geständnisse erpresste, fand er sich sehr schnell unter den Gefangenen wieder. Der große Terror war eine Industrie, die Geständnisse herstellte. Er erzeugte ein Paralleluniversum von Verschwörungen und Mordkomplotten, das mit der wirklichen Welt nichts gemeinsam hatte.

Die unmittelbare Vorgeschichte der großen Säuberungen begann 1933. Stalins eiserner Zugriff auf das Land und die Partei begann sich zu lockern. Der erste Fünfjahresplan war gescheitert. Die Zwangskollektivierung sowie die Deportationen und Erschießungen der Kulaken, der selbstständigen Bauern, hatte das Land 1932/33 in eine Hungersnot von unvorstellbarem Ausmaß gestürzt. Mehrere Millionen Menschen waren verhungert. Stalin verschanzte sich im Kreml oder in seiner Datscha und ließ sich von einer mehr als 1000 Mann starken Leibgarde abschirmen. Auch seine Außenpolitik blieb erfolglos: Der Versuch, in Deutschland einen kommunistischen Umsturz herbeizuführen oder wenigstens tatkräftig zu unterstützen, schlug fehl. Stattdessen hatten dort die Nationalsozialisten die Macht ergriffen. Angesichts dieser Misserfolge ließ Stalins Rückhalt in der Partei deutlich nach.

In dieser Situation entwickelte sich der Leningrader Parteichef Kirow immer mehr zum innerparteilichen Rivalen. Er verkörperte alle Eigenschaften, die Stalin fehlten. Er war noch jung (Stalin hatte 1929 seinen 50. Geburtstag gefeiert), wirkte fröhlich, warmherzig, offen und volksnah. Stalin hingegen zeigte sich meist misstrauisch, verschlossen und abweisend. Kirow trat für die Versöhnung der Parteiflügel ein, Stalin hatte stets versucht, Gegner und Rivalen zu vernichten. Jede Versöhnung betrachtete er als Machtverlust. Die Delegierten des XVII. Parteitags der KPdSU wählten Kirow mit nur drei Gegenstimmen in das Zentralkomitee, Stalin hingegen fehlten 270 Stimmen. In den Jahren 1933 und 1934 baute Kirow seine Position stetig aus, gestützt auf die mächtige Leningrader Parteiorganisation. Offiziell deckte der Personenkult um Stalin alle Differenzen zu. Trotzdem hatte Kirow gute Chancen, dem Diktator seine absolute Macht zu entreißen. Da geschah etwas Unerhörtes: Am 1. Dezember 1934 wurde Kirow von einem Attentäter im Leningrader Parteigebäude erschossen. Der Mörder wurde noch am Tatort verhaftet, ein Wirrkopf namens Leonid Nikolajew. Irgendjemand, eventuell Stalins Geheimdienst-Chef Jagoda, hatte ihm eine Waffe verschafft und ihn auf Kirow angesetzt. Seltsamerweise fehlten in Kirows Amtssitz am 1. Dezember die sonst obligaten Wachen. Ob Kirows Ermordung auf Stalins Befehl oder mit seinem Einverständnis in Szene gesetzt wurde, ist immer noch unklar. Sicher ist allerdings, dass Stalin den Tod seines Rivalen entschlossen ausnutzte. Er nahm ihn zum Anlass für die so genannte Große Tschistka (Säuberung), auch Großer Terror genannt.

Noch am Abend des Mordtages gab Stalin einen Notstandserlass heraus, in dem er sich selbst mit weitgehenden Vollmachten ausstattete. Er versprach dem Attentäter Nikolajew Gnade, wenn er gestand, den Mord an Kirow im Auftrag eines Leningrader und Moskauer »konspirativen Zentrums« verübt zu haben. Nikolajew gestand und wurde mit 13 angeblichen Komplizen hingerichtet. Wenige Wochen später ließ Stalin Grigori Sinowjew, Lew Kamenew und 17 weitere Männer der »moralischen Verantwortung« für das Attentat anklagen. Sinowjew und Kamenew hatten mit Stalin zusammen nach Lenins Tod die Partei angeführt, aber Stalin hatte sie in den zwanziger Jahren entmachtet und ihrer Posten enthoben. Jetzt sah er die Gelegenheit, sie endgültig zu vernichten. Die Anklage der »moralischen Verantwortung« war an den Haaren herbeigezogen, aber sie führte erwartungsgemäß zu Schuldsprüchen für alle Angeklagten. Die Leningrader Parteiorganisation ließ Stalin 1935 ebenfalls gründlich »säubern«. Hunderte von Kirows Gefolgsleuten verschwanden im Gefängnis. In Moskau und im übrigen Land herrschte dagegen weitgehend Ruhe. Man hatte den Bauern nach der Katastrophe der Zwangskollektivierung gestattet, ein Stück Land für sich selbst zu bearbeiten und die Erträge zu verkaufen. Die Massenverhaftungen der politischen Gegner hörten erst einmal auf. Die bürgerlichen Intellektuellen ließ man einigermaßen in Ruhe. Insgeheim aber bereitete Stalin den großen und endgültigen Schlag gegen seine Gegner vor. Dazu gehörte auch, dass er seinen entmachteten Gegner Leo Trotzki zu einem dämonischen Widersacher mit einer gigantischen subversiven Organisation aufbaute.

Leo Trotzki war einer der führenden Köpfe der Bolschewiki zur Zeit der Revolution. Ihm verdankten die Bolschewiki den militärischen Sieg im russischen Bürgerkrieg. Stalin hatte Trotzki im Jahre 1925 entmachtet, 1928 nach Kasachstan verbannt und 1929 schließlich außer Landes bringen lassen, wo er ihn weiter verfolgen ließ. Trotzkis Aufrufe an die russischen Kommunisten verhallten ungehört. Er hatte nie eine große Gefolgschaft gehabt; trotz seiner unbestrittenen Erfolge im Bürgerkrieg und seiner intellektuellen Brillanz war er einsam geblieben. Ihm fehlte die Fähigkeit, Menschen zu begeistern; er wirkte arrogant, unduldsam und besserwisserisch. Gleichzeitig war er dogmatisch bis zur Engstirnigkeit und unfähig zum Kompromiss. Während Stalin seine Machtposition abseits jeder Ideologie zielstrebig ausbaute, gefiel sich Trotzki in ideologischen Volten und griff jeden an, der ihm eventuell hätte helfen können. Als Stalin ihn endlich verjagte, hatte er bereits mit den Exponenten aller wesentlichen Machtströmungen in der Partei gebrochen. Seine eigene Gefolgschaft erwies sich als zu schwach. Von Stalin unter massiven Druck gesetzt, löste sie sich bis zu Trotzkis Ausweisung weitgehend auf.

Trotzkis These von der »permanenten Revolution« aber hatte im Ausland durchaus Anhänger. Sie halfen ihm erst einmal, sich im Exil einzurichten. In der Türkei, später dann in Frankreich, Norwegen und Mexiko entwickelte Trotzki eine unermüdliche schriftstellerische Tätigkeit. Er verfasste Streitschriften, Analysen, Verteidigungen und Polemiken. Er schuf eine Unzahl von marxistisch-leninistischen Luftschlössern, an denen er unbelehrbar festhielt und über die er jede fruchtbare Diskussion verweigerte. Auf diese Weise verprellte er immer mehr seiner Anhänger. Er sah sich als Wissenschaftler und Analytiker, als einsamen Propheten und als einzigen Leuchtturm der wahren Lehre. In der gesamten Zeit seines Exils zählte Trotzkis aktive Anhängerschaft eher nach Hunderten als nach Tausenden. In der UdSSR unterstützte ihn kaum noch jemand.

Trotzki führte also eindeutig nicht jene riesige subversive Organisation an, die ihm die stalinistische Propaganda unterstellte – und Stalin wusste das. Er hatte Trotzki in ein dichtes Netz von sowjetischen Agenten eingehüllt und verfolgte jede seiner Bewegungen. Aber nach der Logik der Propaganda musste dem »Genie Stalin« ein teuflischer Widersacher entgegengestellt werden, dem man alle Fehlschläge des Systems anlasten konnte. Also baute Stalin Trotzki planmäßig als eine Art dämonischen Gegenpol auf.

Die Vorhut des gesellschaftlichen Fortschritts unter der Führung des »Genies Stalin« machte keine Fehler, so lautete ein Glaubenssatz der Kommunistischen Partei. Trotzdem wurden ständig und überall Produktionszahlen verfehlt oder entstanden Versorgungsengpässe. An der Partei konnte es nicht liegen, also musste ein tausendarmiger, über das ganze Land verbreiteter, teuflischer Gegner daran schuld sein: der Trotzkismus. Ihn galt es mit allen Mitteln zu bekämpfen. Denunziation wurde Pflicht, wer nicht denunzierte, machte sich mitschuldig. Das galt auch für enge Familienmitglieder. Seit 1935 erlaubte Stalin die Todesstrafe bereits für Kinder ab zwölf Jahren.

Stalin wusste zwar, dass Trotzki ihm nicht gefährlich werden konnte, aber er war sicher, dass von allen Seiten Ränke gegen ihn geschmiedet wurden. Sein eigener Weg an die Spitze der Partei war mit Lügen, Intrigen und Verschwörungen gepflastert. Er hatte seinen Aufstieg und die Festigung seiner Macht nach einem immer gleichen Muster betrieben: Er umgab sich zunächst mit Menschen, die ihm etwas schuldeten und die gefährliche oder schmutzige Arbeiten zuverlässig für ihn erledigten. Dann baute er eine Organisation auf, die ihn mit Informationen versorgte und seine Weisungen ausführte. Gleichzeitig betrieb er zielstrebig die Vernichtung seiner Gegner und Rivalen. Er schmiedete Bündnisse und brach sie, wann immer es ihm sinnvoll erschien. Nichts anderes erwartete er von seinen Gegnern. Aus seinen Äußerungen kann man schließen, dass sein Machtverständnis sich auf die Regel »Fressen oder gefressen werden« gründete. Stalin kannte kein Miteinander, nur den brüchigen Waffenstillstand im ewigen Stellungskrieg um die überlegene Position, die dem Sieger den entscheidenden Schlag ermöglichte. Er verfolgte seine Gegner grundsätzlich bis zu ihrem Tod. Sein Sicherheitsbedürfnis erlaubte keine Kompromisse, es gab nur das ICH oder SIE, bis zur letzten Konsequenz. Dazu kam eine andere Facette seiner Persönlichkeit: Stalin war außerordentlich intelligent, hatte aber nie einen Berufsabschluss gemacht. Seit er mit 19 Jahren aus dem Priesterseminar geworfen worden war, betrieb er hauptberuflich die Revolution. Wie viele intelligente Menschen ohne Ausbildung neigte er dazu, seine Fähigkeiten zu überschätzen. Wenn er also nach ausgiebigem Aktenstudium, der Befragung von Experten und eigenen Überlegungen eine Anweisung gab, dann hielt er sie für unbedingt richtig und durchführbar. Nach dieser Logik mussten alle Rückschläge auf böser Absicht beruhen. Diese Selbstüberschätzung, verbunden mit seinem beständigen Misstrauen und seiner skrupellosen Tatkraft, legte schließlich das Fundament für sein Terrorregime.

Er vergaß nie, dass die Partei Kirow mehr geliebt hatte als ihn. Deshalb bereitete er im Geheimen den ganz großen Schlag gegen die eigene Partei vor. Im Sommer 1936 begann der erste von drei Schauprozessen, die sich bis zum März 1938 hinzogen. Stalin hatte sie ausdrücklich so arrangieren lassen, dass sie Aufsehen erregten: Sie sollten beweisen, dass auch in höchsten Parteikreisen Verräter, Spione, Trotzkisten, Saboteure, Abweichler, Oppositionelle und

Terroristen Verschwörungen gegen die Partei angezettelt hatten. In Wahrheit existierte kein einziges dieser Komplotte, die Vorwürfe waren allesamt frei erfunden.

Mit den Schauprozessen begann die Zeit des großen Terrors, beschönigend auch »große Säuberung« genannt. Stalin ließ erst die Altkommunisten verhaften, dann die Kader, dann einfache Parteimitglieder und zum Schluss fast wahllos alle Menschen, die irgendwie aufgefallen waren. Von 139 Mitgliedern und Kandidaten des Zentralkomitees von 1934 wurden 98 hingerichtet. Gleichzeitig »enthauptete« Stalin die von Trotzki aufgebaute Rote Armee, um sie als Machtzentrum auszuschalten. Von 1937 bis 1941 verlor das Militär 43 000 Offiziere. Im günstigen Fall wurden sie einfach entlassen, meist aber deportiert oder erschossen. Die Prozesse gegen die Armee ließ Stalin meist geheim führen; die Zerstörung des Offizierskorps sollte nicht öffentlich bekannt werden.

Auch die dem Volkskommissariat des Inneren (NKWD) unterstellte Geheimpolizei GPU, also die Vollstreckerin des Terrors, blieb nicht verschont. In den Jahren 1937 und 1938 wurde gleich mehrfach fast das gesamte Personal verhaftet. In nur zwei Jahren dienten bis zu zehn Generationen von Geheimpolizisten in der GPU-Zentrale, bis schließlich die Folterknechte ebenso viel Angst um ihr Leben hatten wie ihre Opfer.

Mehr als 2,5 Millionen Menschen wurden in den Jahren 1937/1938 verhaftet und zu den absurdesten Geständnissen gezwungen. Immer ging es um Verschwörungen, um geheime trotzkistische oder antisowjetische Organisationen, oder um Spionage. Den Geständnissen nach hatten beispielsweise unzählige Menschen vorgehabt, Stalin und andere Parteiführer umzubringen. Tatsächlich starb Stalin im Jahre 1953 eines natürlichen Todes, ohne dass je ein Anschlag auf sein Leben verübt wurde. Es wirkt wie eine bittere Ironie, dass Stalin seine Untertanen zwang, ihn als Übermenschen zu verehren, während er sie gleichzeitig zu Hunderttausenden in seinen Gefängnissen foltern ließ, damit sie zugaben, wie sehr sie ihn hassten.

> *Das Ausmaß des Terrors*
> Im Jahre 1963, 10 Jahre nach Stalins Tod, legte der KGB einen Bericht vor, nach dem im Zuge der großen Säuberung der Jahre 1935–1938 etwa 1,5 Millionen Menschen verhaftet, 1,3 Millionen durch Sondergerichte verurteilt und 681 692 erschossen worden waren. Diese Zahlen sind sicherlich als unterste Grenze zu betrachten. Bis 1990 ließen Stalins Nachfolger mehr als 2 Millionen Urteile aufheben und den Betroffenen »ihren guten Namen wiedergeben«.

Stalins Vorgehen wirft ein grelles Licht auf den Einsatz von Verschwörungen und Verschwörungstheorien im Umfeld der Macht. Folgende Punkte fallen dabei besonders auf:

- Stalin zettelte während seines Aufstiegs zur alleinigen Macht immer wieder Verschwörungen an.
- Er nutzte den Vorwurf der Verschwörung als Waffe gegen seine Rivalen. Er warf ihnen dabei den Verrat an der gemeinsamen Sache vor, nicht etwa den Versuch, ihn zu stürzen.
- Er baute Trotzki als dämonischen Gegner auf, um den so hervorgerufenen Verschwörungsglauben für eine Unzahl von Verschwörungslegenden und Verschwörungstheorien zu nutzen. Das ermöglichte es ihm, Fehler seines Regimes als Sabotageakte einer feindlichen Macht darzustellen.
- Die Geständnisse von mehreren Millionen Menschen, Verschwörungen gegen Stalin und die Partei geplant zu haben, sind falsch. Sie sind das Ergebnis der industriellen Produktion falscher Geständnisse.

Verschwörungen im Umkreis der Macht

Die Zentren staatlicher Macht sind der ideale Nährboden für Intrigen und Verschwörungen aller Art. Als Verschwörung möchte ich dabei eine Intrige bezeichnen, die den üblichen Rahmen sprengt, also nach Ziel oder Methode die ungeschriebenen Regeln der Machtintrigen verletzt oder vorsätzlich Gesetze missachtet. Je größer die Macht, desto größer die Versuchung, sie auf illegale, unmoralische oder nicht regelrechte Weise zu erreichen oder zu erhalten. Dabei lassen sich zwei gegensätzliche Ziele unterscheiden:

1. Die Erlangung der Macht durch Verschwörung: Die Verschwörer haben dabei keinen oder nur begrenzten Zugang zu staatlichen Einrichtungen, der Justiz oder den Zwangsmitteln der ausführenden Gewalt. Sie müssen also versuchen, die Machthaber auszuschalten, bevor diese die staatlichen Machtmittel gegen sie anwenden können. In einer Demokratie mit Regeln für den geordneten Übergang der Macht reicht es aus, die bisherigen Inhaber der Macht zu diskreditieren, also ihren Ruf soweit zu beschädigen, dass sie die nächste Wahl verlieren. In einem diktatorischen oder monarchischen Regime bedeutet eine Verschwörung zur Erlangung der Staatsmacht immer einen Staatsstreich. Natürlich müssen die Verschwörer auch imstande sein, die Macht tatsächlich zu übernehmen. So wären die Initiatoren der Pulververschwörung selbst bei einem Erfolg ihres Sprengstoffanschlags kaum an die Regierung gekommen, sehr viel wahrscheinlicher hätten sie ein Massaker an den Katholiken in England ausgelöst. So findet man Verschwörungen zur Erlangung der Macht vorwiegend im Vorhof der Macht, also bei denen, die am ehesten die Regierung übernehmen können, wenn die gegenwärtigen Machthaber fallen.

2. Die Erhaltung oder Erweiterung der Macht durch Verschwörung: Verschwörer, die bereits an der Regierung sind, können die staatlichen Machtmittel für ihre Verschwörungen einsetzen, und

zwar gegen die jeweils anerkannten Regeln und Gesetze des Machtwechsels. Dazu zählt auch der Versuch, zusätzliche Machtmittel unter Kontrolle zu bringen. Die Machthaber gehen dabei ein beträchtliches Risiko ein: Richard Nixon und seine Berater haben mit illegalen Mitteln seine Wiederwahl betrieben und hatten damit zunächst Erfolg. Die Reporter Woodward und Bernstein deckten aber die Machenschaften der Verschwörer auf und erzwangen Nixons Rücktritt. Mehrere seiner Berater erhielten empfindliche Gefängnisstrafen.

In der Praxis gehen die beiden Arten der Verschwörung oft ineinander über, weil die tatsächliche Macht nur selten in einer Hand vereint ist. Ein starker Staat begünstigt Verschwörungen zum Machterhalt, ein schwacher Staat solche zur Erlangung der Macht.

Verschwörungen der Staaten gegeneinander

Dieses Thema führt uns in die schattenhafte Welt der Geheimdienste und der Geheimdiplomatie. Täuschungen, geheime Absprachen, Spionage, Falschinformationen und Kriegslisten sind so alt wie die Menschheit. Im Jahre 9 plante etwa der Römische Kaiser, die germanischen Stämme zwischen Rhein und Elbe mit Abgaben zu belegen und in ihrem Herrschaftsbereich das römische Recht einzuführen. Der Cheruskerfürst Arminius, offiziell ein Verbündeter Roms, brachte heimlich eine Koalition von germanischen Stämmen zusammen, um gegen die römische Vorherrschaft zu kämpfen. Arminius lockte die Truppen des römischen Statthalters Varus mit der Falschmeldung über einen Aufstand in unbekanntes Gelände und griff sie dort mit den Truppen seiner Koalition überraschend an. Vorher hatte er einen Teil der germanischen Hilfstruppen der Römer heimlich auf seine Seite gezogen. Sie marschierten zwar mit den Römern, stellten sich aber in der Schlacht gegen sie. Mit dieser Kriegslist gelang es den germanischen Stämmen, die taktisch und waffentechnisch weit überlegenen römischen Legionen nicht nur zu besiegen, sondern fast vollständig zu vernichten.

In der heutigen Zeit unterhält praktisch jedes Land der Welt seine eigenen Nachrichtendienste, um Staatsgeheimnisse zu schützen und die Geheimnisse anderer auszuforschen. Sie heuern Informanten, Verräter und Spione an, platzieren »Maulwürfe« und »Schläfer«, brechen in Panzerschränke und Datenbanken ein, sabotieren Industrieanlagen und ermorden gelegentlich auch Menschen. Sie produzieren gefälschte Dokumente und decken Fälschungen anderer Staaten auf. Nichts prägt die öffentliche Vorstellung einer immerwährenden Verschwörung so sehr wie dieses stille und verbissene Ringen.

Politiker und Regierungen machen sich unbeliebt, wenn sie Gesetze oder moralische Grundsätze absichtlich verletzen. Ein Geheimdienst dagegen baut seinen Ruf gerade auf illegalen Handlungen auf. Der israelische Geheimdienst Mossad verdankt seinen Nimbus als bester Geheimdienst der Welt nicht zuletzt den zahlreichen Morden an Gegnern Israels. Aber auch für Geheimdienste gibt es einen informellen Rahmen geduldeter Gesetzesübertretungen. Wer sich darüber hinwegsetzt, schadet seinem Land. Die politischen Morde des iranischen Geheimdienstes an iranisch-kurdischen Oppositionspolitikern am 17. September 1992 im Berliner Lokal »Mykonos« belasteten die deutsch-iranischen Beziehungen mehr als ein Jahrzehnt lang und schadeten dem internationalen Ruf des Irans.

Auch der französische Geheimdienst darf morden, wenn die Morde nicht in Frankreich stattfinden und keine französischen Staatsbürger treffen. Am 10. Juli 1985 versenkten Agenten des französischen Geheimdienstes im Hafen von Auckland in Neuseeland das Greenpeace-Schiff »Rainbow Warrior« mit zwei Sprengladungen. Sie verhinderten damit, dass Greenpeace die französischen Atomwaffenversuche auf dem Mururoa-Atoll störte. Ein portugiesischer Fotograf an Bord des Schiffes starb bei dieser Aktion. Die neuseeländische Polizei verhaftete zwei von sechs unmittelbar Beteiligten, die Übrigen konnten flüchten. Daraufhin schaltete sich die französische Regierung ein und verlangte, dass die beiden Attentäter nicht vor Gericht gestellt werden dürften, weil sie lediglich Befehle ausgeführt hätten. Die neuseeländische Regierung jedoch betrachtete das Vorgehen der Franzosen als Akt des Terrorismus und lehnte eine Freilassung ab. Nachdem die Attentäter in Neuseeland verurteilt worden waren, übte die französische Regierung massiven wirtschaftlichen und politischen Druck auf Neuseeland aus, um eine Überstellung der beiden nach Frankreich zu bewirken. Nach einer Schamfrist von einigen Monaten gab Neuseeland nach und schob die beiden Attentäter nach Frankreich ab.

Für die französische Regierung entwickelte sich die Aktion zu einer politischen Katastrophe. Nachdem die Verantwortlichen monatelang jede Kenntnis der Aktion geleugnet hatten, brachten die französischen Zeitungen im Laufe des Jahres 1985 immer mehr Beweise für eine direkte Beteiligung der Regierung ans Licht. Ende September 1985 musste der Verteidigungsminister Hernu zurücktreten. Trotzdem hatte die Aktion in Frankreich keine juristischen Folgen: Keiner der Beteiligten, weder die Befehlshaber noch die Ausführenden, wurden je vor Gericht gestellt.

Überhaupt kommen Exzesse geheimdienstlicher Verbrechen kaum jemals zur Anklage. Die CIA verschleppt Terrorverdächtige (sofern sie nicht amerikanische Staatsbürger sind) in befreundete Staaten wie Syrien, Jordanien, Ägypten oder Afghanistan, um sie dort foltern zu lassen. Das ist selbstverständlich von amerikanischen Gesetzen nicht gedeckt, aber die Regierung stützt diese Praxis, und die Kontrollorgane haben bisher (bis Februar 2006) nicht eingegriffen. Der Buchautor und ehemalige CIA-Mitarbeiter Michael Scheuer erklärte dazu dem Journalisten Stephen Grey: »*Menschenrechte – das ist doch ein sehr flexibler Begriff. Das hängt doch auch irgendwie davon ab, nach wie viel Heuchelei dir gerade zumute ist.*«

Nur in einem einzigen Fall ist es bisher gelungen, einen hochrangigen Geheimdienstbeamten wegen seiner Verbrechen zu belangen, und dies auch nur durch besondere Umstände: Zwischen 1949 und 1964 verschleppte der Auslandsgeheimdienst HVA der DDR etwa 400 namentlich bekannte Personen gegen ihren Willen in die DDR. In manchen Fällen wollte die DDR-Spitze missliebige Regimekritiker ausschalten, in anderen Fällen Geflüchtete zurückholen und einsperren oder die Verschleppten zu Aussagen zwingen, die sich propagandistisch ausnutzen ließen. Menschenraub war nach dem Buchstaben des DDR-Strafgesetzbuches strafbar, allerdings standen die Staatsspitze und die SED über dem Gesetz. Das änderte sich jedoch mit dem Zusammenbruch der DDR und der Wiedervereinigung.

Im Jahre 1997 klagte die Bundesanwaltschaft den langjährigen Chef des DDR-Auslandsgeheimdienstes Markus Wolf in vier ausgewählten Fällen wegen Freiheitsberaubung an, die in zwei Fällen zusätzlich mit vorsätzlicher Körperverletzung und Nötigung verbunden war. Am 28. Mai 1997 verurteilte das Oberlandesgericht Düsseldorf den Angeklagten zu zwei Jahren Haft auf Bewährung; ein mildes, eher symbolisches Urteil. Markus Wolf sah das allerdings nicht so. Er habe sich als Bürger und Funktionsträger des anderen deutschen Staates streng an Auftrag, Verfassung und Gesetze gehalten, erklärte er nach der Urteilsverkündung indigniert.

Geheimdienste verstoßen zweifelsfrei gegen Gesetze, aber deshalb müssen sie nicht an einer bestimmten Stelle ein bestimmtes, ungeklärtes Verbrechen verübt haben. Die CIA würde einen Staatspräsidenten ermorden, wenn die Regierung der Vereinigten Staates es ihr befiehlt. Deshalb muss sie aber nicht Präsident Kennedy erschossen haben. Der britische Auslandsgeheimdienst MI6 kann sicherlich einen tödlichen Autounfall arrangieren. Das beweist aber nicht seine Beteiligung am Tod von Lady Diana.

In erstaunlich vielen Fällen erfährt die Öffentlichkeit nach vielen Jahren doch noch von »erfolgreichen« Verbrechen der Geheimdienste. Entweder rühmen sich die Beteiligten in ihren Memoiren ihrer früheren Taten oder eine spätere Regierung möchte Klarheit über die Vergangenheit schaffen. In vielen anderen Fällen jedoch lässt sich keine Gewissheit mehr schaffen. Der angebliche Selbstmord von Uwe Barschel (der ehemalige Ministerpräsident von Schleswig-Holstein wurde unter verdächtigen Umständen in einem Genfer Hotel tot aufgefunden) ist nur ein Beispiel von vielen. Bei den kriminellen Aktionen der Geheimdienste berühren sich also echte Verschwörungen und Verschwörungstheorien. Das gilt für fast alle Dienste weltweit. Trotzdem kommen in den meisten Verschwörungstheorien nur zwei Geheimdienste vor: Der Mossad und die CIA. Die meisten Menschen in Europa und in den USA haben dagegen von den Abkürzungen FSK und DGSE nie etwas gehört (Der FSK ist der russische, der DGSE der französische Auslandsgeheimdienst), obwohl diese Dienste keineswegs weniger aktiv sind.

Das Misstrauen der Mächtigen

Im Umfeld der Macht entstehen ständig Verschwörungen – und zerfallen wieder, meist ohne Spuren zu hinterlassen oder Folgen nach sich zu ziehen. Je stärker die Machtkonzentration an einer Stelle ist, desto sicherer sind die Menschen dort davon überzeugt, dass sie ein ständiges Ziel von Verschwörungen sind. Der Verschwörungsglauben ist geradezu die Religion der Mächtigen. Sie wittern hinter jedem Ereignis, sei es auch noch so klein, eine Verschwörung und setzen die so gewonnenen Verschwörungslegenden zu ständig aktualisierten Verschwörungstheorien zusammen. Solche Theorien sind fließende Gedankenkonstrukte, vage Planungen von Zügen und Gegenzügen wie bei einem Schachspiel, virtuelle Landkarten mit Wegen, Umleitungen und Nebenwegen.

Jeder Abgeordnete, Minister, Ministerpräsident, Kanzler oder Präsident entwickelt und verwirft in nahezu jeder wachen Minute Szenarien für Verschwörungstheorien. Oder konkret formuliert: Alle Mächtigen überlegen ständig, wer sich mit wem gegen sie verbündet haben könnte, und wie sie dagegen vorgehen.

Im Grunde ist das nichts anderes als eine verfeinerte Variante der

Rangkämpfe, wie sie bei Primaten allgemein üblich sind. Nur verlagern die Teilnehmer einen Teil der Auseinandersetzung in ihren Kopf.

Um eine Verwechslung mit den eher auf Vorurteilen basierenden »klassischen« Verschwörungstheorien zu vermeiden, möchte ich hier lieber von *Verschwörungsplanspielen* sprechen.

»Ein Abgeordneter verbringt mindestens ein Drittel seiner Zeit damit, Intrigen abzuwehren, ein weiteres Drittel damit, selber welche zu spinnen und den Rest der Zeit mit sinnvoller Arbeit«, erklärte mir einmal ein Abgeordneter des Deutschen Bundestages. Das meinte er nicht etwa scherzhaft oder ironisch.

Die vorgezogenen Wahlen zum Deutschen Bundestag im September 2005 entsprangen möglicherweise einer Verschwörungstheorie des Bundeskanzlers Gerhard Schröder und des SPD-Vorsitzenden Franz Müntefering. Sie erwarteten Bündnisse von SPD-Abgeordneten gegen die durch die verlorene Landtagswahl in Nordrhein-Westfalen geschwächte Bundesregierung. Es bestehe, so wurde Gerhard Schröder im Nachrichtenmagazin *Der Spiegel* zitiert, »ein erhöhtes Erpressungspotenzial«.

Je gewaltsamer ein Regime ist und je weniger ein regelmäßiger Machtwechsel vorgesehen ist, desto erbitterter und gefährlicher werden die Rangkämpfe in der Hierarchie und umso tödlicher wird es für diejenigen, die der Alleinherrscher oder die herrschende Gruppe einer Verschwörung verdächtigt. Ein übermäßig misstrauischer Alleinherrscher wird früher oder später die Bevölkerung drangsalieren. Wenn er, wie Stalin, zugleich als Genie verehrt werden will, erzeugt er einen unauflöslichen Widerspruch. Das Volk kann auf die zunehmende Unterdrückung nur mit Passivität reagieren, was den Herrscher noch misstrauischer macht. Dieser Teufelskreis endet entweder mit einem erfolgreichen Aufstand oder mit einem Massaker des Alleinherrschers an allen, die ihm eventuell gefährlich werden können. Diese Gesetzmäßigkeit lässt sich bereits bei den römischen Kaisern Caligula, Nero oder Commodus nachweisen. Anders als Stalin wurden sie allerdings tatsächlich Opfer eines Komplotts. Nachdem sie eine ganze Reihe von Adeligen wegen vorgeblicher Verschwörungen hingerichtet oder zum Selbstmord gezwungen hatten, entschied der verbliebene Rest, dass er mit einer echten Verschwörung weniger zu verlieren hätte.

Das Misstrauen gegen die Mächtigen

Verschwörungstheorien gegen die Mächtigen befassen sich mit dem Verdacht des organisierten Missbrauchs staatlicher Macht. Die Gegner des amerikanischen Präsidenten George W. Bush haben ihm und seiner Partei vorgeworfen, heimlich die Präsidentschaftswahlen der Jahre 2000 und 2004 verfälscht zu haben. Im Jahre 2000 ging es dabei um das wahlentscheidende Ergebnis im Bundesstaat Florida, bei der Wahl 2004 galt der Verdacht dem Hersteller der Wahlcomputer. Er soll die Ergebnisse massiv zugunsten der Republikaner beeinflusst haben. Beide Vorwürfe sind unbewiesen, aber sie spiegeln das weit verbreitete Misstrauen vieler Amerikaner gegen die Regierung Bush und ihr konservatives Umfeld wider.

Der vorhergehenden liberalen Regierung von Bill Clinton hingegen warfen die Konservativen, Teile der strenggläubigen protestantischen Kirchen und die rechtsextremen Milizen vor, dem Land die Freiheit nehmen zu wollen, es der UNO auszuliefern, das Recht auf das Tragen von Waffen einschränken zu wollen oder christliche Werte zu verraten. Darin zeigt sich, dass es in den USA zwei Kulturen gibt: Die urbane, kosmopolitische der Liberalen und die streng an protestantisch-christlichen Werten ausgerichtete, gegen eine starke Zentralherrschaft gerichtete Lebensweise der Konservativen. Beide Gruppen belauern sich misstrauisch und unterstellen der jeweils anderen Seite, die amerikanischen Grundwerte zu verraten.

Das Misstrauen gegen die Mächtigen ist immer dort besonders stark, wo die Macht einer anderen Gruppe gehört, der man sich selbst nicht zugehörig fühlt. In Staaten mit mehreren Staatsvölkern oder mit mehreren, deutlich unterschiedenen Kulturen und Lebensweisen ist dieses Misstrauen deshalb allgegenwärtig. Die Verschwörungstheorien und Verschwörungslegenden, die sich dort entwickeln, verraten mehr über das Weltbild derer, die daran glauben, als über die tatsächlichen Ziele derer, denen sie den unredlichen Umgang mit der Macht vorwerfen.

Verschwörungstheorien in der internationalen Politik

Hier sollte man zwei Begriffe sorgfältig trennen: Zum einen die Verschwörungsplanspiele der Geheimdienste und zum anderen die Verschwörungstheorien, die Machthaber und Regierungen gegen äußere Feinde in Stellung bringen. Die Planspiele der Geheimdienste gelten der Abwehr einer realen Gefahr oder der Durchführung aktiver illegaler Maßnahmen gegen andere Staaten. Diese Planspiele dürfen den Boden der Realität nicht verlassen, sonst ist die Arbeit des Geheimdienstes wertlos.

Verschwörungstheorien dienen dagegen der Disziplinierung des Volkes, das angesichts einer erfundenen oder überzeichneten äußeren Bedrohung zur Unterstützung der Regierung genötigt wird. Mit dem Kampf gegen den heimlich vorgehenden, alles zersetzenden Feind begründete Stalin seinen Terror, und auch spätere sozialistische Regime konstruierten einen von äußeren Kräften unterstützten Gegner, der »ständige Wachsamkeit« erforderte. In der DDR lautete die Parole: »Der Klassenfeind schläft nicht!«

Eine Regierung betreibt ein riskantes Spiel, wenn sie das Volk gegen einen vorgeblichen Feind aufhetzt. Sie kann ihre Glaubwürdigkeit verlieren, wenn in Wahrheit keine Bedrohung vorgelegen hat. Andererseits löst sie natürlich eine Gegenreaktion aus, was den Konflikt weiter aufheizen kann. Im Extremfall provoziert die Regierung einen Krieg, um die äußere Bedrohung glaubhaft zu machen und das Volk hinter sich zu bringen. Ein Beispiel dafür aus neuerer Zeit ist der Falklandkrieg. Zur Ablenkung von den wachsenden Problemen im eigenen Land besetzte die argentinische Militärjunta unter General Galtieri im April 1982 die britischen Falklandinseln. Diese kleine Inselgruppe liegt etwa 600 km vor der argentinischen Küste im Atlantik und besitzt den Status einer britischen Kronkolonie. Argentinien hat die britische Oberhoheit nie anerkannt und erhebt historisch begründete, völkerrechtlich jedoch aussichtslose Besitzansprüche. Die Militärjunta machte daraus ein Thema der nationalen Ehre und ließ die Inselgruppe militärisch »erobern«.

Das führte, wie die Junta erwartet hatte, zu einer Aufwallung des argentinischen Nationalstolzes. Nicht erwartet hatte die Junta die harte Reaktion der Briten. Sie zeigten keine Bereitschaft zu Verhandlungen und eroberten die Insel bis Mitte Juni 1982 zurück. Die argentinischen Militärs hatten damit auf ihrem ureigensten Gebiet, dem der Kriegführung, so offensichtlich versagt, dass ihre Stellung unhaltbar wurde. General Galtieri trat als Staatspräsident zurück. Das Regime ebnete den Weg für demokratische Wahlen im Oktober 1983. Die vielfachen Menschenrechtsverletzungen und mehr als 10 000 politischen Morde unter der Militärdiktatur beschäftigten das Land jedoch noch mehrere Jahrzehnte lang.

Verschwörungstheorien als Grundlage politischer Entscheidungen

Es ist keineswegs so, dass Machthaber und Regierungen Verschwörungstheorien nur absichtlich unter das Volk streuen. Sie können, genau wie alle anderen Menschen auch, selbst von einem Verschwörungsglauben, einer Verschwörungslegende oder einer Verschwörungstheorie überzeugt sein und danach handeln. In einer Demokratie wacht die unabhängige Presse darüber, dass die Regierung den Kontakt zur Wirklichkeit nicht verliert – jedenfalls in der Theorie. Was aber geschieht, wenn Teile der Presse und ein großer

Teil der Bevölkerung dem gleichen Verschwörungsglauben anhängt wie die Regierung? Präsident George W. Bush begründete die Besetzung des Irak im Jahre 2003 unter anderem mit Saddam Husseins Unterstützung der islamistischen Terroristen und dem Verdacht, das irakische Regime verstecke atomare, biologische oder chemische Massenvernichtungswaffen. Die US-Regierung konnte keine Nachweise für diese Anschuldigung erbringen, trotzdem teilte die Mehrheit der konservativen Presse und etwa die Hälfte der Bevölkerung den Verschwörungsglauben der Regierung.

US-Experten haben ihre intensive Suche nach Massenvernichtungswaffen im Irak inzwischen erfolglos beendet. Die vor der Besetzung des Irak mit großer Geste vorgelegten »Beweise« der CIA erwiesen sich als falsch. Auch konnten die Amerikaner nicht nachweisen, dass Saddam Hussein islamistische Terroristen unterstützt oder gar angeführt hat. In seinem Buch *Against all Enemies* berichtet Richard A. Clarke, ehemaliger Cheforganisator der US-Antiterrorpolitik, dass Präsident Bush und seine Mitarbeiter von Anfang an fest davon überzeugt waren, dass vom Irak terroristische Aktionen gegen die USA ausgingen, obwohl die Geheimdienste keinerlei Erkenntnisse darüber vorlegen konnten. Colin Powell, US-Außenminister zur Zeit der Besetzung des Irak, erklärte am 8. September 2005 dem Fernsehsender ABC, er habe nie Beweise gesehen, die Saddam Hussein mit den Anschlägen auf das World Trade Center und das Pentagon am 11. September 2001 in Verbindung brachten.

Osama Bin Laden und Saddam Hussein leiteten gemeinsam den Terrorkampf gegen die USA, so lautete der Verschwörungsglauben der US-Regierung. Die Politikwissenschaftlerin und Nahostexpertin Laurie Mylroie hat diesen Glauben zu einer Verschwörungstheorie ausgebaut. In ihrem Buch *Study of Revenge: Saddam Hussein's Unfinished War Against America* beschuldigte sie Saddam Hussein, hinter allen großen Terroranschlägen gegen US-Einrichtungen zu stecken – angefangen vom Sprengstoffanschlag auf das World Trade Center im Jahre 1993 bis zu den verheerenden Attacken vom 11. September 2001.

Das Buch erschien zuerst im Jahre 2000 und dann erneut im Oktober 2001 im Verlag des American Enterprise Institute, einer konservativen Einrichtung mit starkem Einfluss auf die Bush-Regierung. Richard A. Clarke bezeichnet Mylroies Theorie als »vollkommen unwahr«, dennoch hat sie die US-Politik erkennbar beeinflusst, weil sie den zugrunde liegenden Verschwörungsglauben scheinbar wissenschaftlich absicherte.

Die USA hat die Entscheidung, den Irak zu besetzen, teuer bezahlt. Die anhaltende Stationierung der Truppen kostet viel Geld, viele Menschenleben und viel internationales Ansehen. Die erhoffte Schwächung des Terrorismus ist ausgeblieben.

Die Regierung der USA unter George W. Bush begann die Besetzung des Iraks auch aufgrund eines Verschwörungsglaubens. In den Berichten der Geheimdienste nahm sie nur das zustimmende Material wahr, während sie alle widersprechenden Fakten ignorierte. Diese Art der selektiven Wahrnehmung führt zuverlässig zu politischen Fehlschlägen und im schlimmsten Fall zur Katastrophe. Das deutlichste Mahnmal für eine solche Katastrophe sind der Fall der ersten deutschen Republik und Hitlers vorsätzlich ausgelöster Weltkrieg. Beide Ereignisse sind untrennbar mit einer der folgenreichsten Verschwörungslegende des 20. Jahrhunderts verknüpft: Der Dolchstoßlegende.

Die Dolchstoßlegende

Das Ende kam nicht plötzlich, aber dennoch unerwartet. Am 29. September 1918 forderte General Ludendorff von der Regierung des Deutschen Reiches die sofortige Aufnahme von Waffenstillstandsverhandlungen, weil er eine Fortführung des Krieges für aussichtslos hielt. Ludendorff war sicher, dass seine erschöpften Truppen die nächste Offensive der Franzosen, Engländer und Amerikaner nicht mehr würden zurückschlagen können. Außerdem verlangte er ausdrücklich, dass die demokratischen Mehrheitsparteien des Reichstages (Zentrum, SPD, Fortschrittspartei und Nationalliberale) in die Reichsregierung aufgenommen würden.

Die Meldung von der Bitte um Waffenstillstandsverhandlungen ohne Vorbedingungen zerschlug im Deutschen Reich die letzten Hoffnungen auf einen Siegfrieden oder wenigstens einen Verständigungsfrieden. Große Teile der Bevölkerung glaubten bis dahin noch immer, dass der Sieg oder ein »ehrenvoller« Frieden noch erreichbar war. Hatte man nicht mit Russland zu hervorragenden Bedingungen einen Separatfrieden geschlossen? Hatten Deutsche und Österreicher nicht die italienischen Truppen am Alpenrand besiegt, mehrere hunderttausend Soldaten gefangen genommen und waren bis weit in die Poebene vorgerückt?

Im Oktober und November 1918 brach in Deutschland mehr zusammen als die Hoffnung auf einen Sieg im blutigsten europäischen Krieg seit Menschengedenken. Die gesamte alte Ordnung zerfiel. Auftände erschütterten das Reich. Der Kaiser dankte ab. Am 9. November rief Philipp Scheidemann in Berlin die Republik aus.

Auch den Alliierten war klar, dass die Deutschen den Krieg verloren gegeben hatten. Sie stellten harte Forderungen: Deutschland musste Elsass-Lothringen aufgeben, seine Armeen sofort aus Frankreich und Belgien zurückziehen, alle linksrheinischen Gebiete demilitarisieren, alle U-Boote abliefern und große Mengen Kriegs- und Transportmaterial übergeben. Alle alliierten Kriegsgefangenen waren sofort freizulassen, deutsche Kriegsgefangene blieben zunächst in Gewahrsam. Die britische Blockade der deutschen Seehäfen blieb bestehen. Alle diese Bedingungen waren nicht verhandelbar.

Der Zentrumspolitiker Matthias Erzberger setzte als Vertreter der eben geborenen Republik am 11. November 1918 seine Unterschrift unter den Waffenstillstandsvertrag. Angesichts der Aufstände im Reich und der Meuterei der Marine blieb ihm keine Wahl. Es ist bemerkenswert, dass die beiden obersten Militärs, Feldmarschall Hindenburg und General Ludendorff, nicht gezwungen wurden, das Dokument ihres Scheiterns zu unterschreiben.

Bereits unmittelbar nach dem Ende des Ersten Weltkriegs am 11. November 1918 verbreitete sich in Deutschland die These, dass die deutschen Truppen niemals militärisch besiegt worden seien, sondern wegen der mangelnden Unterstützung der zivilen Kräfte in Deutschland kapitulieren mussten. Bis Ende 1918 kam das Wort vom »Dolchstoß in den Rücken der kämpfenden Truppe« auf. Der sozialdemokratische Reichspräsident Friedrich Ebert begrüßte die heimkehrenden Soldaten am 10. Dezember 1918 in Berlin mit den Worten: *»Kein Feind hat euch überwunden! Erst als die Übermacht der Gegner an Menschen und Material immer drückender wurde, haben wir den Kampf aufgegeben.«*

In Wahrheit aber konnte Deutschland den Krieg bereits nach der Marneschlacht im September 1914 militärisch nicht mehr gewinnen.

Bei Kriegsbeginn mobilisierten die Mittelmächte Deutschland und Österreich 3,8 Millionen Soldaten, die Alliierten 5,8 Millionen. Ferner mussten die Mittelmächte sowohl im Osten als auch im Westen kämpfen. Um diesen Nachteil auszugleichen, planten die deutschen Militärs, durch das neutrale Belgien zu marschieren, um die starken französischen Festungen an der deutschen Grenze zu umgehen. Auf diese Weise wollten sie in wenigen Wochen Paris einnehmen und Frankreich zum Waffenstillstand zwingen. Danach sollten alle Truppen gegen Russland geführt werden, denn die russische Kriegsmaschinerie lief so langsam an, dass sie in den ersten Kriegswochen kaum handlungsfähig war. Der Plan musste ohne Abstriche gelingen, denn schon ein teilweiser Misserfolg führte zwangsläufig in den Untergang. Wenn es dem Deutschen Reich nicht gelang, Frankreich *vollständig* zu besiegen, bevor Russland angriff, konnte Deutschland weder an der einen noch an der anderen Front genügend Truppen aufbieten, um den Gegner niederzuwerfen.

Der Überfall auf das neutrale Belgien zog England in den Krieg. Die Regierung in London wollte unter keinen Umständen zulassen, dass die Scheldemündung in die Hand einer Großmacht fiel.

Die deutsche Offensive im Westen blieb bereits an der Marne stecken, weit vor Paris. England verschiffte Truppen und Material nach Belgien und Frankreich und blockierte den deutschen Seehandel durch den Ärmelkanal. Russische Truppen griffen Ostpreussen an. Damit war das Deutsche Reich in einen Zweifrontenkrieg verwickelt. Die Militärführung konnte an keiner Front eine ausreichende Übermacht für einen durchschlagenden Angriff aufbauen, ohne andere Fronten gefährlich zu entblößen.

Als Lenin am 3. März 1918 mit dem Reich einen Separatfrieden schloss, um seine innenpolitischen Gegner besser bekämpfen zu können, waren die USA bereits in den Krieg eingetreten. Die Entlastung der deutschen Truppen durch die Aufhebung der Ostfront kam zu spät. Eine letzte große Offensive der deutschen Truppen im März 1918 durchbrach zwar die gegnerischen Linien, lief sich aber unter ungeheuren Verlusten nach 60 Kilometern fest. Ab dem Frühjahr landeten die USA jeden Monat 250 000 Mann frische Truppen in Frankreich, um die erschöpften Soldaten Frankreichs und Englands zu unterstützen. Die englische Seeblockade strangulierte die Wirtschaft des Deutschen Reiches und machte sowohl die Versorgung der Bevölkerung als auch die Kriegsproduktion immer schwieriger. Ab Mitte 1918 begann Österreich-Ungarn auseinanderzubrechen. Die militärische Lage des Deutschen Reichs war aussichtslos geworden.

Während des gesamten Krieges erwarteten große Teile der deutschen Bevölkerung einen militärischen Sieg oder wenigstens einen ehrenvollen Frieden mit beträchtlichen Annexionen. Die Oberste Heeresleitung unter Ludendorff und Hindenburg leistete tatsächlich Erstaunliches. Die Stärke der deutschen Truppen reichte aber niemals aus, um Niederlagen eines Gegners auszunutzen und entscheidende Schläge zu führen. Ludendorff war ein exzellenter Handwerker des Krieges, aber er führte den Krieg um des Krieges willen. Er sah seine Aufgabe darin, auf dem Schlachtfeld zu siegen. Die Regierung und die Wirtschaft hatten ihm dazu die Mittel bereitzustellen. Von den Politikern ließ er sich nicht in sein Handwerk hineinreden. Nach der Reichsverfassung war das Militär dem Kaiser als oberstem Kriegsherrn direkt unterstellt. Es wäre ausschließlich Sache des Kaisers gewesen, den Krieg zu stoppen, denn der Kaiser war auch Oberhaupt der Regierung und ernannte höchstpersönlich ohne Mitwirkung des Reichstages den Reichskanzler, der zugleich der einzige Minister der Regierung war. Kaiser Wilhelm II. aber war dieser Verantwortung nicht gewachsen. Ab 1916 schlug er sich immer mehr auf die Seite von Ludendorff und ließ es zu, dass die Oberste Heeresleitung die Politik des Deutschen Reiches bestimmte und die zaghaften Versuche eines Verständigungsfriedens sabotierte.

Für die Militärführung gab es nur Sieg oder Niederlage, auch zu einem Zeitpunkt, als ein Sieg kaum noch erreichbar war.

In der Heimat hatte die schlechte Versorgungslage bis Anfang 1918 zu einer galoppierenden Inflation mit einer zunehmenden Verarmung besonders der Arbeiter, kleinen Selbstständigen und Staatsbediensteten geführt. Die Menschen hungerten, in den Städten mehr als auf dem Land. Ein umfangreicher Schwarzhandel war entstanden. Einige wenige »Kriegsgewinnler« hatten sich ungeheuer bereichert, während alle anderen verarmten. Die Russische Revolution drohte auf das Deutsche Reich überzugreifen. Trotzdem schürte die nationalistische Presse immer noch die Hoffnung auf einen »ehrenvollen« Frieden. Viele Menschen im Deutschen Reich klammerten sich daran, dass die fürchterlichen Opfer der letzten vier Jahre nicht vollständig umsonst gewesen waren.

Mit der Unterzeichnung des Waffenstillstands brach für sie eine Welt zusammen. Was lag näher, als den ANDEREN die Verantwortung aufzudrücken? Die ANDEREN, das war die frühere Opposition und jetzige demokratische Regierung. Die Deutschnationalen Parteien verwiesen darauf, dass Teile der Bevölkerung und der jetzt staatstragenden Parteien die Soldaten an der Front im Stich gelassen, oder sogar ihre Niederlage betrieben hatten.

Ihre Kronzeugen waren Ludendorff und Hindenburg. Bereits

wenige Monate nach dem von ihm erzwungenen Waffenstillstand wies Ludendorff jede Verantwortung für die Niederlage weit von sich. Zusammen mit Hindenburg bestand er darauf, dass Flotte und Heer planmäßig sabotiert worden seien. Hindenburg erklärte unter Berufung auf einen britischen General, das deutsche Heer sei »von hinten erdolcht worden«. Damit gab er den Deutschnationalen ihr Stichwort. Die deutsche Armee, so lautete ihre von nun an ständig wiederholte Parole, sei »im Felde unbesiegt« gewesen. Teile der Zivilbevölkerung aber hätten sie »von hinten erdolcht«. Der Vorwurf richtete sich gegen die SPD, die Fortschrittliche Volkspartei, teilweise auch die katholische Zentrumspartei und auf breiter Front gegen die Juden. Ihnen wurde gleichzeitig unterstellt, sie hätten sich als »Kriegsgewinnler« am Leiden des Volkes bereichert und vor dem Militärdienst gedrückt. Der Vorwurf gegen die Juden entbehrte jeder Grundlage, sie hatten ebenso gekämpft und gelitten wie alle anderen Deutschen auch. Teile der radikalen Linken brüsteten sich zudem damit, ihre revolutionären Aktionen hätten das Kriegsende erzwungen, und stützten damit gewollt oder ungewollt die Behauptungen der Deutschnationalen.

Die Demokraten wehrten sich gegen die Dolchstoßlegende so gut sie konnten. Es gelang ihnen, die These vom »Dolchstoß in den Rücken« schlüssig zu widerlegen, aber sie erreichten mit ihren Argumenten nur einen Teil der Bevölkerung. Im Laufe der zwanziger Jahre verfestigte sich bei den Deutschnationalen der Glaube an die Dolchstoßlegende, während sie bei den demokratischen Parteien der Weimarer Republik als widerlegt galt. Anfang der dreißiger Jahre waren die Argumente ausgetauscht und die Emotionen abgekühlt. Als unmittelbarer Anlass für den Siegeszug der NSDAP und die Machtergreifung Hitlers im Jahre 1933 taugt die Dolchstoßlegende deshalb nicht.

Unter zwei Aspekten trug sie dennoch entscheidend zum Ende der Weimarer Republik und zum Zweiten Weltkrieg bei:

- Sie schädigte das Ansehen der demokratischen Politiker von Anfang an. Auf allen Regierungen der Weimarer Republik lastete das Stigma, als Handlanger ausländischer Mächte die Niederlage im Ersten Weltkrieg absichtlich herbeigeführt zu haben.
- Hitler glaubte fest daran, dass der deutschen Armee der Sieg »gestohlen« worden war. Er strebte einen neuen Krieg an und wollte diesmal sicherstellen, dass die Heimat den Soldaten nicht in den Rücken fiel.

Die Spitze des Naziregimes war davon überzeugt, dass Deutschland einen neuen Krieg gewinnen würde, wenn das Volk die Soldaten einmütig unterstützte. Deshalb begann Hitler unmittelbar nach der Machtergreifung mit der Aufrüstung für einen Revisionskrieg und der Vorbereitung der zivilen Kriegsstrukturen. Der ehemalige General Ludendorff verlangte in seinem 1935 erschienenen Buch *Der totale Krieg* zur Aufrechterhaltung der Moral unter anderem: … Sperrung des Grenzverkehrs gegen neutrale Staaten, Versammlungsverbote, Festnahmen wenigstens der Häupter der ›Unzufriedenen‹, Überwachung des Eisenbahnverkehrs und des Rundfunkwesens und natürlich eine scharfe Pressezensur.

Damit nahm er vorweg, was die Nationalsozialisten im Zweiten Weltkrieg tatsächlich umsetzten.

Die Dolchstoßlegende hat Hitlers Machtergreifung gefördert und damit zum Zweiten Weltkrieg und zum Massenmord an den Juden beigetragen; als alleinige oder auch nur maßgebliche Ursache taugt sie aber nicht. Sie hat das Grauen nicht allein verschuldet, aber sie hat ihm den Weg gebahnt. Der Vorwurf trifft damit auch diejenigen, die die Legende unbedacht oder wider besseres Wissen verbreitet haben.

8: Wir bauen eine Verschwörungstheorie

Eine praktische Anleitung zum Schreiben von Verschwörungstheorien

In diesem Kapitel möchte ich Ihnen zeigen, wie einfach es ist, eine Verschwörungstheorie zusammenzubauen. Sie hat vermutlich keine Aussicht auf Verbreitung, weil sie nicht auf gängigen Vorurteilen oder einem bestehenden Verschwörungsglauben fußt, dafür ist sie aber durchaus nicht abstruser als andere Theorien (nun ja, sie ist eigentlich völlig abstrus).

Zunächst brauchen wir einen passenden Verschwörungsglauben. Das geht schnell, denn ein Verschwörungsglauben ist eine recht vage Angelegenheit. Fangen wir mit einer passenden Geheimgesellschaft an. Ich möchte sie Obskuraten nennen, die Dunkelmänner (vom Lateinischen *viri obscuri*). Damit bilden sie einen hübschen Gegensatz zu den Illuminaten, den Erleuchteten.

Es ist eine alte Regel der Spannungsliteratur, dass ein Buch eine Prämisse haben sollte, die es beweist. Diese Prämisse steht im Hintergrund, wir schreiben sie nicht in das Buch. Sie ist der Leitfaden, an dem wir uns beim Schreiben orientieren. In unserem Falle lautet die Prämisse: Dunkelmänner als Nachfahren der Neandertaler beherrschen die Welt, jedenfalls beinahe.

Sie halten sich, wie ihr Name schon sagt, vorwiegend im Dunkeln auf und sind deshalb schwer zu finden. So weit der Verschwörungsglauben. Jetzt müssen wir noch einige Ereignisse umdeuten, damit sie zu diesem Glauben passen, also Verschwörungslegenden basteln.

Und schließlich entwickeln wir daraus unsere Theorie.

Wenn wir dabei einige einfache Regeln berücksichtigen, kommt am Ende eine sehr lesbare Geschichte heraus. Dabei müssen wir uns nicht an die Wahrheit halten, wir wollen schließlich etwas beweisen, nicht etwas untersuchen. Also sammeln wir alles auf, was unsere These stützt, und lassen alles unter den Tisch fallen, was ihr widerspricht. Schließlich sind nicht wenige Theorien mit wissenschaftlichem Anspruch genauso entstanden.

1. Regel: Prämisse der Verschwörungstheorie ist ein einfach formulierter Verschwörungsglauben.

Jetzt wollen wir erst einmal Interesse wecken. Dazu werfen wir Fragen auf und versprechen, sie im Zuge des weiteren Ausbaus der Theorie zu beantworten. Wenn Sie zunächst die Theorie auf sich wirken lassen wollen, lesen Sie nur die Zeilen zwischen den Linien.

Warum sind die Neandertaler ausgestorben? Oder sind sie überhaupt nicht ausgestorben? Schließlich hat niemand nachgewiesen, dass es sie nicht mehr gibt. Wo kommen die Sagen von den ungeheuer starken, klugen und zauberkräftigen Zwergen her? Und woher das Wort Zwerge? Es existiert in allen germanischen Sprachen, aber sein Ursprung ist dunkel.

Das hört sich nicht schlecht an.
Definieren wir also die zweite Regel:

2. Regel: Tragen Sie Unerklärtes zusammen, werfen Sie Fragen auf, bezweifeln Sie bisherige Erklärungen.

Als Nächstes müssen wir unsere Neandertaler etwas aufbauen. Schließlich glaubt uns noch niemand, dass unsere Politiker ihre Anweisungen von grunzenden, flachköpfigen Urmenschen entgegennehmen.

Neandertaler haben mindestens 150 000 Jahre lang überlebt, die ältesten Fossilien sind 180 000 Jahre alt, die jüngsten gefundenen 28 000 Jahre. Sie waren vital und lebenskräftig, verbreiteten sich über ganz Europa, Westasien und den vorderen Orient. Sie sind in dieser langen Zeit nicht etwa degeneriert, im Gegenteil, die Skelettfunde zeigen eindeutig, dass sie sich immer weiter entwickelt haben. Ihre Gehirne wurden immer größer, und sie verfügten über ungeheure Körperkräfte.

Als die Wissenschaftler daran gingen, die Hirnschädel der Neandertaler mit denen moderner Menschen zu vergleichen, erlebten sie eine Überraschung: Schon vor 100 000 Jahren waren die Gehirne der Neandertaler größer als die der heutigen Menschen! Mehr noch: Es sind im Verhältnis zur Körpergröße die größten Gehirne, die man jemals bei irgendwelchen Lebewesen unseres Planeten gefunden hat!

Wie groß wären ihre Gehirne heute? Die Gehirne der modernen Menschen sind seit dieser Zeit um fast 20 Prozent gewachsen, heutige Neandertaler müssten demnach deutlich intelligenter sein als jeder moderne Mensch.

Der Großteil der Informationen ist nachprüfbar richtig, wenn auch für unsere Zwecke etwas zurechtgeschnitzt. Nur die Schlussfolgerung ist falsch: Die Größe des Gehirns ist kein Beweis für Intelligenz. Aber die meisten Menschen würden das anstandslos akzeptieren. Daraus können wir die dritte Regel ableiten:

3. Regel: Bei der Wahrheit bleiben und nachprüfbare Zahlen verwenden, wo immer es geht. Gewagte Schlussfolgerungen möglichst unauffällig einflechten.

Jetzt müssen wir etwas improvisieren. Wir wollen schließlich nachweisen, dass die Neandertaler nicht ausgestorben sind, sondern heimlich die Welt beherrschen. Also säen wir zunächst Zweifel an den Erkenntnissen der Wissenschaftler:

Die Geschichte der Neandertalerbeschreibungen ist eine Geschichte der Irrtümer. Das begann bereits bei den Knochen aus dem Neandertal. Der Bonner Anatom und Medizinprofessor August

Mayer hielt in grotesker Verkennung aller anatomischen Details die Knochen für die Überreste eines Deserteurs der Kosakenarmee, die 1814 am Rhein gelagert hatte! Der berühmte Pathologe Rudolf Virchow stimmte ihm zu. Der englische Geologe William King meinte, die »Dumpfheit« eines Schimpansen müsse in dem gefundenen Schädel gesteckt haben. Der französische Anthropologe Marcellin Boule erklärte die Neandertaler zu verkrümmten Dummköpfen mit gebeugten Knien und schiefem Hals. Später dichtete man ihnen einen Bärenkult an und machte sie zu Menschenfressern.

Bis hierher stimmt alles. Der Boden ist bereitet, und wir können unsere Interpretation hinzufügen und gegen die Wissenschaft polemisieren.

Alles das war falsch, wie wir inzwischen wissen, geboren aus der Arroganz »etablierter« Wissenschaftler. Wenn uns die heutigen Wissenschaftler sagen, die Neandertaler seien ausgestorben, dann halten wir ihnen entgegen, dass sie genauso falsch liegen wie ihre früheren Kollegen – und wir werden es beweisen. Wie früher übersehen die Wissenschaftler auch heute alle Tatsachen, die ihr Weltbild gefährden könnten.

Wenn die Neandertaler wirklich vor 28 000 Jahren von den »überlegenen« modernen Menschen ausgerottet wurden, wie erklärt man sich einen Neandertalerschädel aus Spanien mit vielen modernen Merkmalen, der erst 24 500 Jahre alt ist? Und überhaupt: Die Neandertaler waren optimal an das kalte Leben im eiszeitlichen Europa angepasst und dann sollen sie ganz plötzlich ausgestorben sein? Will man uns wirklich weismachen, sie sollten dem jämmerlich frierenden Homo sapiens unterlegen gewesen sein, auf ihrem eigenen Terrain? In Israel, in der Höhle von Jebel Qafzeh, lebten Homo sapiens und Neandertaler mehr als 20 000 Jahre Tür an Tür, ohne sich gegenseitig zu stören. Und da sollen eingewanderte Homo sapiens den Neandertaler ausgerechnet in seinem heimatlichen Europa in wenigen 1000 Jahren ausgerottet haben? Da kann etwas nicht stimmen – und es stimmt auch nicht.

Man könnte das natürlich noch weiter ausführen. Eine echte Verschwörungstheorie würde jetzt vielleicht noch spannende Berichte von Ausgrabungen einflechten. Vergessen Sie bitte nicht, der letzte Absatz ist Polemik und Spekulation. Wissenschaft hat immer mit offenen Fragen zu kämpfen. Aber das muss uns nicht kümmern, denn wir benutzen die Wissenschaft nur als Steinbruch.

Machen wir also weiter und begeben wir uns vom Reich der Spekulation ins Reich der Sage:

Die Neandertaler sind keineswegs verschwunden, und unsere Vorfahren wussten das genau. Wenn wir vor 2000 Jahren einem Bewohner Mitteleuropas, einem Germanen oder einem Kelten, gesagt hätten, wir suchen kleine Wesen, vielleicht einen Kopf kleiner als Menschen, mit großem Kopf, breiter Nase, vermutlich sehr klug und von erstaunlicher Körperkraft, was hätte er wohl gesagt? Er hätte wahrscheinlich geantwortet: »Sie suchen einen Zwerg!« Die Mythologie aller mitteleuropäischen Völker kennt Zwerge, und sie entsprechen genau dem Bild vom Neandertaler! Aber lassen wir noch einmal unsere Vorfahren sprechen: »Zwerge, ja klar, die gibt es! Aber sicher doch! Sie wohnen in den Bergen, sie graben nach Erzen, nach Gold, nach Edelsteinen. Unglaublich geschickte Handwerker sind das! Niemand baut bessere Waffen! Haben Sie das Schwert unseres Königs gesehen? Es soll von Zwergenhandwerkern stammen. Nein, ich habe noch nie einen gesehen, sie zeigen sich nicht. Ich bin auch nicht scharf drauf, ehrlich gesagt.«
Unser Vorfahr senkt an dieser Stelle die Stimme und sagt leise: »Sie sind zauberkräftig, wissen Sie! Und ungeheuer stark! Man sagt, sie sollen manchem Betrüger den Kopf abgerissen haben! Mit bloßen Händen! Wenn Sie mich fragen: das sind Ammenmärchen. Aber

bitte! Wer weiß das schon.« Dann sieht er sich um, als könne einer der Zwerge zuhören, beugt sich vor und flüstert: »Sie sollen unermessliche Schätze hüten! Gold! Edelsteine! Ihre Berghöhlen glitzern davon, sagt man! Fragen Sie den Priester, der weiß mehr darüber!«

Das Wort »Zwerg« gibt es in allen germanischen Sprachen, aber es lässt sich von keiner indoeuropäischen Wurzel ableiten. Was schließen wir daraus? Offenbar stammt es nicht aus dem Indogermanischen. Die Ureinwohner Nordeuropas kannten es, und die Germanen haben es übernommen. Wohin man auch kommt: Die Legenden europäischer Völker schreiben den Zwergen eine erstaunliche Menge von gemeinsamen Eigenschaften zu: Sie sind muskelstark, klug, klein und geschickte Handwerker. Sie treiben Bergbau. Sie können sich unsichtbar machen. Sie haben einen großen Schädel mit groben Zügen, breiter Nase und einem wuchernden Bart.

Ihre Frauen sind dagegen vergleichsweise schmal gebaut mit durchaus feingeschnittenen Gesichtszügen. In der Tat haben Archäologen vor einiger Zeit den Schädel einer Neandertalerfrau ausgegraben und festgestellt, dass ihr Schädel bedeutend zierlicher war!

Ist das nicht erstaunlich? Wir hängen den Steckbrief eines Neandertalers aus und stellen fest: Die Menschen kennen ihn! So verschieden die Legenden der Völker auch sind, im Bezug auf Zwerge sind sie sich einig. Dabei trieben die Germanen selber keinen Bergbau. Sie gewannen weder Silber noch Buntmetalle, aber alle ihre Legenden kennen den Beruf des Bergmanns und das Zwergenvolk, das ihn ausübt!

Kann das Zufall sein?

Halten wir hier einen Moment an. Zwerge als Neandertaler? Ist das nicht etwas weit hergeholt? Nicht unbedingt, diese Idee wird tatsächlich diskutiert und bezieht auch die skandinavischen Trolle mit ein. Das passt natürlich nicht in unsere Theorie, denn wir wollen die Neandertaler als hoch intelligent darstellen. Trolle stolpern durch die Welt der nordischen Sagen aber als muskelbepackte menschenfressende Dumpfbacken. Also erwähnen wir sie besser gar nicht erst.

Machen wir weiter und prügeln noch etwas auf die Wissenschaft ein, das macht sich immer gut:

> Die etablierten Wissenschaftler schauen offenbar nur selten über ihren Tellerrand. Als der Hobbyarchäologe Schliemann Homer ernst nahm und Troja ausgrub, schlug ihm die geballte Ablehnung der Fachwissenschaftler entgegen – bis er sie alle widerlegte.

Diese wiederholten Angriffe auf die Wissenschaft stimmen das Publikum auf Thesen ein, die einer wissenschaftlichen Analyse oder einer genauen Recherche nicht standhalten.

4. Regel: Stellen Sie etablierte Methoden und Erkenntnisse immer wieder neu in Frage. Greifen Sie die Wissenschaftler (bei politischen Verschwörungstheorien: die Journalisten) pauschal und scharf an. Lehnen Sie ihre Schriften als parteiisch oder borniert ab.

Wir sollten persönliche Angriffe möglichst vermeiden, weil sich der Betroffene womöglich zur Wehr setzen würde, und das könnte teuer werden. Pauschale Angriffe hingegen sind bei kluger Formulierung rechtlich nicht angreifbar. Jetzt transferieren wir die Neandertaler erst in die geschichtliche Zeit und dann in die Gegenwart. Dazu müssen wir die Regeln der Logik etwas dehnen:

> Auch darin sind sich alle Sagen einig: Die Höhlen der Zwerge glänzten vor Gold und Edelsteinen. Wir dürfen also annehmen, dass die Neandertaler es gelernt haben, Höhlen in die Berge zu graben, um sich dort Wohnungen einzurichten, Bodenschätze abzubauen und Metalle zu verhütten. Aber waren die Neandertaler

nicht längst verschwunden, als der Bergbau erfunden wurde? Nichts da! Was glauben Sie, wie alt sind die ältesten Spuren von Bergwerken in Europa? 5000 Jahre? Falsch! 10 000 Jahre? Auch falsch! 20 000 Jahre? Nein: Die ältesten Bergwerke und Tagebaue sind 35 000 Jahre alt! Die bärenstarken Neandertaler wären ideale Arbeiter dafür gewesen. So spezialisierten sie sich: Sie wurden außerordentlich geschickte Bergleute und Schmiede.

Die Menschen werden für die überlegenen Waffen und Werkzeuge sicherlich gute Preise bezahlt haben, so dass die Neandertaler tatsächlich wohlhabend wurden. Aber sie waren offenbar stets in der Minderheit gegenüber den Menschen und zogen es vor, in ihren unangreifbaren Behausungen zu bleiben und, wenn eben möglich, ihre Spuren zu verwischen. Und das tun sie noch immer, denn es kann kein Zweifel bestehen, dass sie nach wie vor existieren.

---

5. Regel: Verbinden Sie scheinbar (oder tatsächlich) nicht zusammenhängende Ereignisse, Indizien oder Aussagen zu einem neuen Sinnzusammenhang.

Dies ist eine der wichtigsten Regeln für Verschwörungstheorien, wie übrigens auch für Spannungsromane. Gute Thriller verändern durch überraschende neue Erkenntnisse ständig den Fortgang der Geschichte. So gewinnt das Bild im Kopf der Leser ständig neue, schillernde Facetten. Das größte Rätsel sollte am Schluss stehen, und die Lösung sollte die Leser möglichst atemlos und doch zufrieden zurücklassen. Wenn Sie das schaffen, haben Sie eine Chance, dass Ihr Buch ein Bestseller wird, ganz gleich, ob Sie einen Spannungsroman schreiben oder eine Verschwörungstheorie spinnen.

Wir werden jetzt eine Reihe von Ereignissen zusammenstellen, mit denen wir belegen, dass Neandertaler immer noch existieren:

»Folgen Sie der Spur des Geldes!«, sagte die geheimnisvolle Nachrichtenquelle *Deep Throat* den beiden Reportern, die den Watergateskandal aufdeckten. Das war ein guter Ratschlag, und deshalb werden wir das auch tun. Nehmen wir einmal an, die Neandertaler haben wirklich riesige Schätze angehäuft. Bei ihrer Handwerkskunst und ihren bergmännischen Fähigkeiten wäre das durchaus wahrscheinlich. Dann sollte doch ihr Reichtum irgendwo wieder auftauchen. Folgen wir der Spur des Geldes und sehen wir nach, ob irgendjemand plötzlich unermesslich reich geworden ist in den Gebieten der Neandertaler, also in Nordeuropa, in den Pyrenäen oder in den Alpen.

Wir brauchen nicht lange zu suchen: Julius Caesar war nicht nur ein genialer Feldherr, sondern auch ein großer Bankrotteur. Es war ihm gelungen, bis 61 v. Chr. in seiner Amtszeit als Konsul so viele Schulden anzuhäufen, dass seine Gläubiger ihn nicht aus Rom abreisen lassen wollten, um seine Statthalterschaft in Spanien anzutreten. Erst als Crassus, der reichste Mann Roms, für ein Drittel seiner Schulden die Bürgschaft übernahm, konnte Caesar sein Amt antreten. Halten wir fest: Selbst der reichste Mann Roms konnte Caesars Schulden nicht mehr bezahlen, sie überstiegen tatsächlich jedes damals vorstellbare Maß. Crassus, der kühle Geschäftsmann, muss aber gewusst haben, dass Caesar seine Schulden bezahlen würde, sonst hätte er niemals riskiert, für ihn zu bürgen. Innerhalb eines Jahres in Spanien (in der Provinz Iberia) war Caesar nicht nur schuldenfrei, sondern auch noch reich. Er muss in Spanien auf eine gigantische Geldquelle gestoßen sein! Zeit seines Lebens war Caesar danach von einer iberischen Leibgarde umgeben, die er erst kurz vor seinem Tod entließ. Es sollen seltsame, gedrungene und breitnasige Gestalten von ungeheurer Körperkraft gewesen sein. Woher hatte Caesar so plötzlich das Geld? Es ging nicht um ein Taschengeld, sondern nach heutigem Wert um einen zweistelligen Millionenbetrag. Auch später warf Caesar mit Geld nur so um sich. Es ist etwa belegt, dass er während seiner

Zeit in Gallien seinem erklärten Gegner Cicero großzügig ein Darlehen von zweihunderttausend Denaren (etwa hunderttausend Euro) gab (Propyläen Weltgeschichte, Band 4, Seite 265). Beträchtliche Teile seiner Armee bezahlte er selber. In Rom beklagten sich seine Gegner derweil, dass sich Caesar mit Barbaren umgab und auch noch von ihnen beraten ließ! Auch hier lesen wir wieder von gedrungenen, breitnasigen Gestalten, die mit Kelten oder Germanen so gar keine Ähnlichkeit haben.

Der Text über Caesar ist eine Mischung zwischen Wahrheit, Halbwahrheit und Erfindung. Caesars Ausgaben und Schulden waren in der Tat legendär, seine Geldquellen aber sind durchaus bekannt. Die reichen Silberminen in Südspanien sorgten für seine Entschuldung, mehr aber auch nicht. Reich war er nie. Und später schaffte er es immer wieder, Mäzene für seine politischen Ambitionen zu finden. Während der Gallischen Feldzüge plünderte er die eroberten Städte und die unterworfenen Völker schamlos aus und verwendete das Geld für seine Zwecke. Die gedrungenen Berater sind frei erfunden. Die Spanische (Iberische) Leibgarde ist hingegen historisch belegt, nicht aber, wie ihre Mitglieder aussahen. Daraus lässt sich eine weitere Regel aufstellen:

6. Regel: Verdrillen Sie Wahres, Halbwahres und Erfundenes zu einem unentwirrbaren Knäuel. Der Aufwand für die Nachrecherche wird dadurch so groß, dass sich kaum jemand die Mühe macht.

Praktisch alle Verschwörungstheorien nutzen diese Technik. Das macht es enorm aufwendig, sie zu widerlegen. Man muss nicht nur beweisen, dass einzelne Tatsachen falsch sind, sondern auch noch, dass sie den Gesamteindruck hoffnungslos verzerren.

Jetzt ziehen wir unser Indiziennetz weiter zusammen:

Gleichzeitig begann in Rom eine unglaubliche unterirdische Bautätigkeit. Es entstand eine ganze Stadt unter der Erde, getarnt als Wasserleitungen, Abwassersysteme oder Nekropolen (unterirdische Begräbnisstätten). Sie haben sicher schon von den berühmten Katakomben gehört? Vom zweiten bis zum fünften Jahrhundert wurden sie von den ersten Christen als Begräbnisstätten und geheime Treffpunkte angelegt, sagen die Lehrbücher. Schaut man aber genauer hin, steht da verschämt: Sie bauten dafür vorchristliche unterirdische Gangsysteme aus.

Jetzt entsteht langsam das Bild des tatsächlichen Geschehens: Caesar hat sein Geld, diese unzähligen Millionen, die er nachweislich ausgegeben hat, von den »Zwergen«, den »bärenstarken Barbaren«, erhalten. Dafür hat er ihnen Wohnung und Schutz in Rom zugesagt. Sie hatten sich mit einem kleinen Teil ihres Goldes in das Zentrum der damaligen Welt eingekauft. »Barbaren« fielen in Rom damals nicht besonders auf, Rom war eine Weltstadt. Aber sie wollten kommen und gehen, wie es ihnen beliebte, und so bauten sie ihre Behausungen unter der Erde, wie sie es gewohnt waren.

Im Laufe der Zeit entstanden über sechzig Katakombensysteme mit mehr als hundert Kilometer Audehnung. Allein die Katakomben des Kallixtus haben eine Gesamtlänge von über zwanzig Kilometern! Viele davon sind so hervorragend gebaut und belüftet, dass sie nach fast 2000 Jahren immer noch begangen werden können! Sie müssen von exzellenten Bergleuten gebaut worden sein. Angeblich sollen sie aber von frühen Christen heimlich und ohne besonderen Sachverstand vorangetrieben worden sein. Es kommt aber noch sonderbarer:

In den Katakomben sollen die Toten der frühen christlichen Gemeinden liegen, insgesamt mehr als 500 000! Aber: Warum sollten die Menschen solche gigantischen Gangsysteme bauen, nur um dort in Wandnischen ihre Toten zu beerdigen? Es gab in Rom schließlich auch Friedhöfe. Mit ungeheurem Aufwand bis zu 30

Meter tiefe Tunnelsysteme zu graben, nur um Tote zu beerdigen, macht einfach keinen Sinn. Nein: Die einfachste und zugleich beunruhigendste Erklärung ist tatsächlich, dass es eine Wohnstätte war. Die römischen Machthaber müssen beschlossen haben, dass es eine exzellente Tarnung ist, die unterirdische Stadt mit ihren reichen, kraftvollen und klugen Bewohnern zu einer Totenstadt zu erklären. Das hält Neugierige sehr wirksam fern. Übrigens dürfen Touristen nur einen sehr kleinen Teil der Katakomben besichtigen, die größten Bereiche sind hingegen gesperrt. Was ist dort? Die offiziellen Antworten darauf sind äußerst vage, und wer zu neugierig ist, macht sich verdächtig.

Auch andere Städte haben gigantische Unterstädte, riesige Katakombensysteme, die immer noch gangbar sind. Unter Paris gibt es uralte Katakomben mit einer Gesamtlänge von über 300 Kilometern Länge! Einen Teil davon hat die Stadt zur Besichtigung freigegeben. Sie können sich also gerne selbst davon überzeugen. Unter dem Opernhaus gibt es einen wirklichen unterirdischen See (der wahre Kern des Buches und Musicals *Das Phantom der Oper*). Hinzu kommen über 200 Kilometer U-Bahntunnel. In Berlin gibt es ungezählte Tunnel, Hohlräume und Verbindungsgänge, von denen viele für die Öffentlichkeit gesperrt sind. In Montreal existiert eine hochmoderne Stadt (Underground City) unter der Erde mit 1600 Geschäften, 200 Restaurants, 1600 Wohnungen und zehn U-Bahnstationen. Die Gesamtlänge der Tunnels beträgt fast dreißig Kilometer.

Auch in kleineren Städten existieren Tunnelsysteme. So gibt es unter der Stadt Bayreuth alte Tunnelsysteme unbekannten Ursprungs von mehreren Kilometern Länge.

Seltsamerweise macht niemand wirklich ein Thema daraus. Haben die Herrscher früherer Zeiten den Nachfahren der Neandertaler ein Wohnrecht eingeräumt, damit sie Gold von ihnen bekamen? Oder Hinweise auf Bodenschätze? Fürsten brauchen immer Geld, und es ist ihnen gleichgültig, woher sie es bekommen. So konnten die Obskuraten, die Dunkelmänner, immer mehr Einfluss auf den Lauf der Welt gewinnen, immer mehr Herrschaft an sich reißen.

Wie alle guten Erzählungen muss auch eine Verschwörungstheorie die Leser überraschen. Die vielen weitgehend unbekannten Tatsachen zum Thema der unterirdischen Gänge, Tunnel und Höhlen unter Städten halten die Spannung in der Geschichte. Ansonsten folgt auch dieser Absatz wieder der Regel, Wahrheit und Erfindung miteinander zu verknäueln. Die Katakomben von Rom waren wirklich vorwiegend Nekropolen, Totenstädte. Ihre Entstehung ist gut dokumentiert. Die Katakomben unter Paris sind Steinbrüche. Es war billiger, den reichlich vorhandenen Kalkstein unter der Stadt abzubauen als ihn von weither heranzuschaffen. Im achtzehnten Jahrhundert sanken ganze Straßenzüge ab, weil die darunter liegenden Höhlen einstürzten. Daraufhin wurde der Abbau eingestellt. Die Höhlen dienten auch zur Aufnahme von Leichen, als die Friedhöfe der Stadt schließlich zu klein wurden. Zwar haben die Ärmsten der Armen zeitweise in den Kalkhöhlen gehaust, reiche Neandertaler aber sind dort unbekannt. Die Tunnel unter Bayreuth waren niemals bewohnt.

Die Underground City in Montreal besteht zum beträchtlichen Teil aus Tunneln zwischen Gebäudekomplexen der Innenstadt. Im harten kanadischen Winter können die Menschen dort einkaufen oder bummeln, ohne den eisigen Temperaturen ausgesetzt zu sein.

An dieser Stelle möchte ich noch einmal daran erinnern, dass es einer Verschwörungstheorie niemals darum geht, die Wahrheit herauszufinden, sondern darum, einen Verschwörungsglauben zu beweisen. Dazu klaubt sich der Autor von überall her Bruchstücke zusammen und verklebt sie zu einer Einheit. Als Kleber dienen ihm die Handlungsmotive, die er den angesprochenen Gruppen und Einzelpersonen unterstellt.

So haben wir den Neandertalern nachgesagt, sie wollten die Menschen beherrschen und sie wollten unter der Erde wohnen.

Fast alle Verschwörungstheorien arbeiten so. Wenn ich behaupte, dass eine Organisation im Hintergrund bei den verschiedensten Anlässen die sichtbaren Akteure wie Marionetten tanzen lässt, muss ich ein passendes Motiv dafür vorweisen können, sonst glaubt mir bald keiner mehr.

7. Regel: Eine Verschwörungstheorie lebt davon, Motive für das Handeln von Personen und Gruppen zu erfinden. Über die Motive verbindet sie typischerweise die einzelnen Verschwörungslegenden miteinander.

Die Neandertaler legen großen Wert darauf, sich unauffällig im Hintergrund zu halten. Aber wenn man genau hinsieht, gibt es doch Hinweise auf die »Dunkelmänner«. Spätrömische Schriftsteller schreiben von so genannten »viri obscuri«. Im 16. Jahrhundert erschienen in Deutschland anonym die geheimnisvollen Dunkelmännerbriefe. Karl Marx erwähnt einen »vir obscurus« als Gegner seiner Ideen. Nicht umsonst wurde der Ausdruck »Dunkelmänner« immer mehr zum Synonym für geheimnisvolle Drahtzieher im Hintergrund.

Aus dem 16. Jahrhundert stammt die seltsame Voynich-Handschrift. Sie soll die medizinische und astronomische Weisheit des »Zwergenvolkes« enthalten. Der deutsche Kaiser Rudolf II., ein bekannter Förderer von Kunst und Wissenschaft, war deshalb bereit, den ungeheuren Preis von 600 Dukaten dafür zu bezahlen. Die Handschrift ist mit einer unbekannten Schrift in einer unbekannten Sprache geschrieben. Kaiser Rudolf hat sie den besten Gelehrten seiner Zeit zur Entschlüsselung vorgelegt, aber niemand konnte auch nur eine Zeile davon lesbar machen. Bis heute trotzt die Handschrift allen Entschlüsselungsversuchen, obwohl sich bis ins 20. Jahrhundert hinein die besten Experten der Welt daran versucht haben. Erstaunlich ist das große Interesse der amerikanischen Regierung am Inhalt des Manuskripts: Sie setzte in den fünfziger Jahren ein Team der National Security Agency (NSA) auf das Manuskript an. Es wurde von William F. Friedman geleitet, der als einer der besten Kryptologen (Geheimschriftexperten) aller Zeiten gilt. Das Team scheiterte. Selbst mit den besten Computerprogrammen hat bis zum heutigen Tage niemand dem Manuskript sein Geheimnis entreißen können. Man fragt sich natürlich: Warum interessiert sich die amerikanische Regierung so brennend für den Inhalt eines mehr als 400 Jahre alten Manuskripts? Was weiß sie darüber? Sie wird es uns wohl nicht sagen.

Im Mittelalter und in der frühen Neuzeit verdingten sich großköpfige Zwerge als Berater von Königen und Fürsten. Sie traten bald so häufig auf, dass sie zur Klischeefigur von Komödien und zur Zielscheibe von Satiren wurden. Sie galten als missgünstig, verschlagen und intrigant, gleichzeitig aber als überaus intelligent, als glänzende Schachspieler und begabte Diplomaten. Da haben wir wieder unsere »Dunkelmänner«, wir müssen nur genau hinsehen. Etwa ab dem 19. Jahrhundert haben sie sich immer mehr auf Geldgeschäfte verlegt. Der englische Premierminister Harold Wilson beschuldigte im Jahre 1956 die »Gnomen von Zürich«, gegen das englische Pfund zu spekulieren. Diesen Ausdruck hatte niemand vorher jemals benutzt. Was wusste Harold Wilson?

Dunkelmänner sind bis zum 19. Jahrhundert Feinde des Fortschritts, »Hinterwäldler«. In diesem Sinne ist auch die Bemerkung von Karl Marx gemeint. Die heutige Bedeutung »Drahtzieher im Hintergrund« ist erst im 19. Jahrhundert aufgekommen. Die Dunkelmännerbriefe sind zwei berühmte satirische Schriften aus dem 16. Jahrhundert. Großköpfige Zwerge als Fürstenberater waren weder häufig, noch waren sie eine Klischeefigur.

Die Voynich-Handschrift hingegen gibt es wirklich. Sie ist um das Jahr 1600 entstanden und im Stil ihrer Zeit reichhaltig farbig illustriert. Die Bilder zeigen allerlei unbekannte Pflanzen, badende Frauen und astrologische Symbole. Sprache und Schrift sind vollkommen unbekannt. Es gibt weltweit kein zweites Dokument in dieser Schrift. Die Handschrift soll angeblich dem deutschen Kaiser Rudolf II. für 600 Dukaten (mehr als 10 000 Euro nach heutigem Wert) verkauft worden sein. Einiges spricht dafür, dass sie extra zu diesem Zweck hergestellt wurde, also eine hervorragend ausgearbeitete Fälschung ist. Andererseits ähnelt die Länge, Verteilung und statistische Häufigkeit der Worte durchaus echten Sprachen. Es gibt eine ganze Reihe von mehr oder weniger abstrusen Übersetzungsversuchen, von denen keiner auch nur im geringsten überzeugen kann. Der weltbekannte Kryptologe William F. Friedman hat sich aus privatem Interesse an das Manuskript gesetzt und hat es tatsächlich nicht entschlüsseln können. Es gibt jedoch keine Hinweise, dass die US-Regierung sich jemals für das Manuskript und seinen Inhalt interessiert hat. In der Geschichte des Manuskripts ist nirgendwo von einem Zwergenvolk die Rede.

Diesen Zusammenhang habe ich erfunden, damit das Manuskript besser in die Theorie passt.

Und das Zitat von Harold Wilson? Nun, Harold Wilson war für seine Bonmots berühmt. Die »Gnomen von Zürich« ist eines der bekanntesten davon. Es zielt nicht auf die Körpergröße der Schweizer Bankiers ab, sondern auf ihre Macht und Verschwiegenheit. Zitate wie die von Marx und Harold Wilson verschaffen einer Verschwörungstheorie natürlich wesentlich mehr Glaubwürdigkeit. Einige Verschwörungstheoretiker bemühen sich deshalb um einen Zitatstil, der eine wissenschaftliche Qualität ihrer Arbeit vortäuschen soll. Hinter jedem zweiten Satz steht eine hochgestellte Zahl, die auf eine Fußnote verweist. Das Nachverfolgen der Quellen führt dann fast immer zur Ernüchterung: Entweder ist die Quelle nicht aussagekräftig (etwa ein Lexikoneintrag mit einer bloßen Definition) oder sie ist selber eine wenig fundierte Spekulation.

Neuerdings verwenden Autoren von Verschwörungstheorien auch gerne Internetquellen. Mathias Bröckers zitiert in seinem Buch *Verschwörungen, Verschwörungstheorien und Geheimnisse des 11. September* zum allergrößten Teil Internetlinks als Referenzen. Viele seiner zentralen Aussagen belegt er mit Verweisen auf Internet-Adressen, die seine Schlussfolgerungen bestätigen, aber deren

Autoren mit der Prämisse angetreten sind, zu beweisen, dass die US-Regierung an den Anschlägen auf das World Trade Center beteiligt war. Diese Seiten sind untereinander ausgiebig verlinkt. Versuche, die endgültige Herkunft einer Aussage festzustellen, führten oft genug auf eine einzige nicht mehr überprüfbare Behauptung zurück, die dann in leicht abgewandelter Form an vielen Stellen wieder auftaucht. Beliebt ist auch folgende Vorgehensweise: Der Autor verwendet eine Quelle mit ähnlicher Ausrichtung, zitiert sie aber nicht, sondern übernimmt deren Zitate. Das spart Arbeit und wirkt trotzdem sehr belesen.

Eindrucksvoll wirken Quellenangaben wie »Protokoll der Sitzung der Regierung Ihrer Majestät vom 2. Mai 1909«. Wer soll sich das beschaffen? Andere Beispiele: »New York Times, 2. Februar 1923« oder »Winston Churchill, 1929«. Solche Zitate haben den Vorteil, nicht überprüfbar zu sein.

Wenn man sich mit viel Mühe tatsächlich eine *New York Times* vom 2. Februar 1923 beschafft und nach drei Stunden feststellt, dass der zitierte Halbsatz in keinem einzigen Artikel vorkommt, ist noch nicht bewiesen, dass die *New York Times* ihn überhaupt nicht geschrieben hat. Er kann einen Tag früher oder später dort gestanden haben, oder am 2. Februar eines anderen Jahres.

Tages- und Wochenzeitungen leben davon, dass sie aktuelle Nachrichten bringen. Dazu gehören auch Berichte über Verschwörungslegenden, die in den Artikeln meist durchaus als Gerüchte gekennzeichnet sind. Darauf wird der Autor einer Verschwörungstheorie aber nicht unbedingt eingehen, ihm hilft es schon, wenn er auf den Artikel verweisen kann. Absolute Glücksfälle für die Autoren von Verschwörungstheorien sind kommentarlose Wiedergaben von Verschwörungslegenden in seriösen Zeitungen oder in seriösen Fernsehsendungen. Die entsprechenden Beiträge haben gute Chancen, immer wieder neu zitiert zu werden, auch wenn die Zeitung später davon abrückt.

Auch angebliche Zitate von berühmten Persönlichkeiten sind so gut wie nicht zu widerlegen. Wie soll man nachweisen, dass Winston Churchill einen bestimmten Satz nicht gesagt hat? Bei der unendlichen Fülle von echten und falschen Zitaten wäre das eine unlösbare Aufgabe. Daraus können wir eine Regel ableiten:

8. Regel: Zitieren Sie! Zitieren Sie häufig, zitieren Sie Berühmtheiten, zitieren Sie bekannte Zeitungen! Zitate wirken eindrucksvoll, wissenschaftlich und belesen. Wenn Sie andere Verschwörungsbücher benutzen, zitieren Sie direkt deren Quellen.

Warum verfälschen die Autoren von Verschwörungstheorien ihre Quellen in so unverschämter Weise? Dafür gibt es zwei wesentliche Ursachen: Zum einen begreifen die Verschwörungstheoretiker ihre Zitierweise nicht als Verfälschung. Aus ihrer Sicht versuchen sie lediglich, eine Verschwörung zu beweisen, von deren Existenz sie fest überzeugt sind. Dafür suchen sie nach Belegen oder Bruchstücken von Belegen. Ihre Zitate gelten ihnen als Beweis, dass auch andere Menschen, Politiker, Journalisten, Wissenschaftler davon wissen, aber daran gehindert werden, ihr Wissen offen zuzugeben, oder sogar mit der Verschwörung im Bunde sind.

Zum anderen ist die Technik des richtigen Zitierens außerordentlich schwierig. Menschen neigen generell dazu, einer Bestätigung ihrer Meinung sehr viel mehr Aufmerksamkeit zu widmen als einer Ablehnung. Ein Gramm Zustimmung wiegt eben mehr als eine Tonne Kritik. Auch seriöse Wissenschaftler schreiben den Arbeiten, die sie zitieren, gelegentlich eine falsche oder übertriebene Bedeutung zu. Denn auch sie wollen oft aus den zitierten Arbeiten eine Unterstützung für ihre eigene Meinung herauslesen. Diese Wahrnehmungsverzerrung betrifft alle Menschen, nicht nur die Autoren von Verschwörungstheorien.

Zurück zu unserem Beispiel:

In den fünfziger Jahren, parallel zum plötzlichen Interesse der US-Regierung am Voynich-Manuskript, bekamen Erforscher des UFO-

Phänomens vielfach ungebetenen Besuch von seltsamen Männern in schwarzen Anzügen, bald als »Men in Black« bekannt. Sie liefen seltsam, sprachen ein fremdartig klingendes, sehr exaktes Englisch und warnten Neugierige davor, weitere UFO-Nachforschungen anzustellen. Und sie verfügten über die seltsame Fähigkeit, plötzlich aufzutauchen und auf unmögliche Art zu verschwinden. Ein UFO-Forscher unter dem Pseudonym Michael Elliot berichtet, dass ihn ein Man-in-Black in einer öffentlichen Bibliothek heimsuchte. Während er mit ihm sprach, schien die ganze Bibliothek wie ausgestorben zu sein. Eindringlich erklärte der Man-in-Black, das UFO-Phänomen sei das wichtigste Ereignis des Jahrhunderts. Dann legte er Elliot die Hand auf die Schulter und verschwand, und zwar buchstäblich, denn er war von einem Augenblick auf den anderen nicht mehr zu sehen.

Elliot bekam panische Angst und sah sich nach Hilfe um, aber die gesamte Bibliothek schien menschenleer, selbst die Aufsicht war verschwunden. Er setzte sich, um sich zu erholen, und als er sich nach einiger Zeit wieder umsah, war alles normal! Menschen suchten Bücher zwischen den Regalen, und die aufsichtführenden Angestellten saßen auf ihren Plätzen, als wäre nichts geschehen. Andere berichten von ähnlichen Phänomenen. So sollen die Men-in-Black in schwarzen Limousinen vorfahren, die später auf unmögliche Weise in Sackgassen verschwinden.

Offensichtlich verfügten die Men-in-Black über die Macht, die Wahrnehmung von Menschen direkt zu beeinflussen, also über telepathische Fähigkeiten. Die Zwerge der Sage können sich ebenfalls unsichtbar machen; nahezu alle Legenden betonen dies ausdrücklich. Wenn die Nachfahren der Neandertaler die enorme Größe ihres Gehirns noch weiter steigern konnten, dann wäre es wahrscheinlich, dass sie eine Form der außersinnlichen Wahrnehmung und Verständigung entwickelt haben. Sie haben gelernt, uns Bilder aufzuzwingen, die wir sehen sollen. Wie sehen sie wirklich aus? Warum erscheinen sie in der Form von Männern in schwarzen Anzügen? Warum versuchen sie die Erforschung der UFOs zu unterbinden? Manchmal erschienen sie mit dem Symbol einer unbekannten, vermutlich geheimen US-Bundesbehörde am Revers. Was weiß die US-Regierung darüber? Sie hat sich nie dazu geäußert.

Die Menschen können in den Augen der Dunkelmänner nicht mehr als sprechende Affen sein, die sich ungeheuer vermehrt haben und ihnen die Welt wegzunehmen drohen. Jahrhundertelang haben sie uns, die Menschen, gegeneinander gehetzt, damit wir nicht einig gegen sie vorgehen. Wollen sie jetzt mit den Außerirdischen zusammen über die Menschen herrschen? Dann müssen wir bald handeln! In meinem nächsten Buch werde ich weitere aktuelle Begegnungen beschreiben und vom verzweifelten Kampf der uns wohlgesinnten Fraktion der Dunkelmänner gegen die Weltherrschaft der Aliens berichten, ein Kampf, der alle uns bekannten Dimensionen sprengt.

Die Dämonisierung des Gegners gehört selbstverständlich in jede Verschwörungstheorie. Der Konflikt zwischen uns und den *anderen* bestimmt die Prämisse der Verschwörungstheorie. Die Vorwürfe gegen die *anderen* in real existierenden, einflussreichen Verschwörungstheorien sind meist wesentlich brutaler als in unserem Beispiel.

9. Regel: Dämonisieren Sie den Gegner! Unterstellen Sie ihm finsterste Absichten, unfairste Methoden, entsetzlichste Verbrechen und eine ungeheuerliche Macht! Und vergessen Sie nicht, eine Schwäche zu erfinden! Jeder anständige Dämon hat eine Achillesferse.

In Ihrem eigenen Interesse sollten Sie nicht vergessen, einen Aufruf ans Ende Ihres Buches zu setzen. Das kann ein Spendenappell sein, ein Anstoß zur Gründung einer Interessengruppe oder die Ankündigung eines weiteren Buches mit noch grässlicheren Enthüllungen. Schließlich wollen Sie mit Ihrer Theorie auch Geld verdienen.

10. Regel: Eine gute Verschwörungstheorie enthält mindestens einen Aufruf zum Mitmachen oder einen Ausblick auf weitere Enthüllungen.

Zum Schluss noch einmal eine deutliche Klarstellung: Die Theorie, die ich hier als Beispiel ausgebreitet habe, ist vollständig erfunden. Sie ist garantiert wahrheitsfrei und soll lediglich zeigen, wie einfach es ist, aus einer Reihe unverbundener Tatsachen eine beliebige Verschwörungstheorie zu konstruieren. Die Regeln sind dabei als Erfolgsrezepte zu sehen, nicht als unverrückbare Naturgesetze. Sie werden lediglich mit Ihrer Verschwörungstheorie mehr Erfolg haben, wenn Sie sich daran halten.

Übrigens: Wenn Sie wirklich wissen wollen, ob es heute noch Neandertaler geben könnte, wenden Sie sich bitte an einen Experten.

Ich weiß es nämlich nicht. Ehrlich.

9: Die Protokolle der Weisen von Zion

Die einflussreichste Verschwörungstheorie des zwanzigsten Jahrhunderts

In der ersten Hälfte des neunzehnten Jahrhunderts kam es in Deutschland und Österreich zu einer langsamen Aufhebung der gesetzlichen Restriktionen gegen Juden. Ziel war die völlige rechtliche Gleichstellung (Emanzipation der Juden), denn im Zeitalter der Aufklärung erschien eine Diskriminierung nach Religionszugehörigkeit nicht mehr zeitgemäß. Das revolutionäre Frankreich hatte die rechtliche Gleichstellung bereits 1791 beschlossen. Die alten Vorwürfe der Brunnenvergiftung, des Ritualmords und des Hostienfrevels gegen die Juden betrachteten die Gelehrten und Staatstheoretiker des neunzehnten Jahrhunderts in ihrer überwiegenden Mehrheit als Auswüchse des finsteren Mittelalters.

Doch jetzt kamen neue Vorwürfe auf. Juden drängten in die Berufe, die ihnen vorher verschlossen waren, sie wurden Ärzte, Rechtsanwälte und Journalisten. Sie hatten auch gute Erfolge in ihrem traditionellen Tätigkeitsbereich, dem Handel und dem Bankwesen sowie in der zunehmenden Industrialisierung. Konservative und klerikale Kreise in ganz Europa beobachteten diese Entwicklung mit Misstrauen. Schriften gegen die Juden und die Judenemanzipation begannen zu kursieren. Sie warfen den Juden vor, die Revolutionen in Frankreich und Russland ausgelöst zu haben, Geheimgesellschaften zu fördern oder selbst zu bilden, durch internationale Geldspekulation ganze Völker zu ruinieren, Kriege auszulösen und den Kommunismus zu unterstützen.

Besonders in den christlich begründeten Schriften mischte sich die Polemik gegen die Juden mit der gegen die Freimaurer. Das Bindestrichattribut »jüdisch-freimaurerisch« tauchte immer häufiger auf. Außer dass klerikale Kreise sie als Gegner auserkoren hatten, verband die beiden Gruppen sehr wenig. Die Freimaurer waren eine von England ausgehende Gemeinschaft, die für ihre auf Toleranz und Humanität aufbauende Geisteshaltung bekannt war. Im achtzehnten Jahrhundert verbreiteten sie sich über ganz Europa, von den staatlichen und kirchlichen Autoritäten misstrauisch beobachtet. Die Symbolik ihrer inneren Rituale ist für Außenstehende geheim und soll die Gesetzmäßigkeiten des Universums widerspiegeln. Viele junge Adelige und Bürgerliche wurden Mitglieder von Freimaurerlogen, darunter auch der Kronprinz von Preußen und spätere König Friedrich II. Innerhalb der Logen gab es keine Standesunterschiede, es galt nur die innere Hierarchie. Private übernationale Organisationen mit hochrangigen und einflussreichen Mitgliedern hatte es vorher in diesem Ausmaß nicht gegeben. Die Freimaurerbewegung löste deshalb heftige Reaktionen aus. Bis heute gilt die Mitgliedschaft in einer Freimaurerloge als unvereinbar mit der Mitgliedschaft in der katholischen Kirche. Auch staatliche Stellen und konservative Kreise betrachteten die Logen mit Misstrauen. Es entstand eine lebhafte Literatur über die Freimaurer mit teilweise abenteuerlichen Spekulationen über ihre Rituale und Absichten.

Sowohl die katholische Kirche als auch die russisch-orthodoxe Kirche gaben sich im neunzehnten Jahrhundert ausgesprochen fortschrittsfeindlich und antiliberal. Dazu gehörte auch die Verdammung des Freimaurertums und ein kaum verhüllter, in Russland sogar ausgesprochen aggressiver Antisemitismus. Das Misstrauen gegen die Juden war auch in der evangelischen Kirche weit verbreitet, in Deutschland beispielsweise tat sich besonders der Berliner Hofprediger Adolf Stoecker hervor.

Der neu aufkommende wirtschaftliche Wettbewerb mit jüdischen Konkurrenten belebte auch im Bürgertum den Antisemitismus. In Russland begann mit der Ermordung des Zaren Alexander II., eines vorsichtigen Modernisierers, im Jahre 1881 das reaktionäre Regime seines Sohns Alexander III. Unter den Attentätern seines Vaters war auch die Jüdin Gesja Helfman. Dies lieferte den Vorwand für einen staatlich sanktionierten Antisemitismus.

Die Regierung ließ einen großen Teil der Moskauer Juden (etwa 12 000) vertreiben. Der Rest blieb, jedoch unter äußerst schwierigen Lebensbedingungen. In ganz Russland häuften sich die Pogrome. Die Polizei ging meist nicht dagegen vor oder beteiligte sich sogar daran. Hetzschriften gegen Juden und Freimaurer erschienen um die Jahrhundertwende in nie gekannter Zahl. In dieser Situation erschien in Russland das bisher erfolgreichste antisemitische und antifreimaurerische Pamphlet der jüngeren Geschichte: *Die Protokolle der Weisen von Zion*.

Im Jahre 1903 veröffentlichte die rechtsradikale St. Petersburger Zeitung *Znamja* (Das Banner) in mehreren Fortsetzungen vom 28. August bis 7. September eine Schrift unter dem Titel *Programm der Eroberung der Welt durch die Juden*. Der Herausgeber Pawel Kruschewan war ein übler Antisemit, der bereits an der Anstiftung eines Pogroms in Kischinjow beteiligt war. Diese Schrift protokollierte angeblich eine Sitzung des »Weltbundes der Freimaurer und Weisen von Zion«, auf der die Teilnehmer die Übernahme der Weltherrschaft vorbereiteten und die Struktur eines jüdischen Weltstaates entwarfen. Der unbekannte Autor bediente alle antisemitischen Stereotypen seiner Zeit. Er brandmarkte die Juden als Kommunistenfreunde, Lügner, Kapitalisten, Terroristen, Christenfeinde und Unterdrücker. Allerdings hatte die Zeitung eine geringe Auflage, und die Schrift fand wenig Beachtung.

Eine deutlich erweiterte Fassung erschien zwei Jahre später unter dem Titel *Die Protokolle der Weisen von Zion* als Anhang zur zweiten Auflage des Buches *Das Große im Kleinen* des religiösen Schriftstellers Sergej Nilus. Das apokalyptisch angehauchte Buch warnte vor dem bald zu erwartenden Antichrist. Da passten die *Protokolle* als »Beleg« für eine jüdische Weltverschwörung natürlich gut ins Bild. Um die Person des Sergej Nilus haben sich eine ganze Reihe Legenden gebildet. So soll er ein orthodoxer Priester oder ein Mönch gewesen sein, ein Wandermönch gar, ein religiöser Fanatiker. Neuere Forschungen, inbesondere von Michael Hagemeister, zeichnen ein anderes Bild. In Wirklichkeit war Nilus als studierter Jurist kurze

Zeit im Staatsdienst tätig, um sich dann auf sein Landgut zurückzuziehen. Seine religiösen Traktate fanden in Russland eine große Leserschaft. Heute sind sie wieder in kirchlichen Buchhandlungen des Landes zu haben. Mit seinem Gut hatte er nicht so viel Glück wie mit seinen Büchern: Er wirtschaftete es völlig herunter und lebte später als religiöser Schriftsteller in verschiedenen Klöstern.

Die *Protokolle der Weisen* im Anhang seines Buches *Das Große im Kleinen* machten den russischen Zensoren einiges Kopfzerbrechen. Man konnte sie durchaus als Kritik an den zeitgenössischen Zuständen im Zarenreich lesen – und das hätten die Zensoren natürlich verbieten müssen. Doch Nilus gelang es schließlich, sein Buch mitsamt Anhang zu veröffentlichen und damit einiges Aufsehen zu erregen. Die *Protokolle* in der Fassung von Nilus verbreiteten sich nach der Russischen Revolution in nur wenigen Jahren über die ganze Welt.

Vorlagen und Entstehung

Die Vorgeschichte der *Protokolle* liegt im Dunkeln. In weiten Teilen beruhen sie offensichtlich auf dem Werk *Dialogue aux enfers entre Machiavel et Montesquieu* (Dialog in der Hölle zwischen Machiavelli und Montesquieu) des französischen Schriftstellers Maurice Joly. Darin erläutert Machiavelli dem staunenden Montesquieu den amoralischen Gebrauch der Macht in der modernen Welt. Joly hatte seinen Text als Satire auf die Regierung von Napoleon III. geschrieben. Er legte Machiavelli genau die Dinge in den Mund, die Napoleon III. tatsächlich tat. Vorsichtshalber ließ Joly sein Werk im Jahre 1864 anonym in Belgien veröffentlichen, aber die Polizei in Frankreich ermittelte ihn trotzdem sehr bald als Autor. Seine gelungene Satire war der französischen Justiz 15 Monate Gefängnis wert.

Der Autor der *Protokolle* passte die Schrift von Joly den russischen Verhältnissen an; etwa 40 Prozent der *Protokolle* sind als direktes Plagiat anzusehen. Hinzu kamen Motive aus dem 1868 erschienenen Kolportageroman *Biarritz* des deutschen Autors Hermann Goedsche. Unter dem Pseudonym Sir John Retcliffe schrieb der erzkonservative preußische Journalist Goedsche zwischen etwa 1835 und 1870 eine ganze Reihe von Kolportageromanen mit teilweise grausamen und pornographischen Inhalten. Er vertrat dabei eine konsequent antidemokratische und – schon für seine Zeit – reaktionäre Linie. Trotzdem waren seine Romane populär. In *Biarritz* lässt er Vertreter der zwölf Stämme Israels nachts auf dem jüdischen Friedhof in Prag zusammenkommen und über ihre Fortschritte bei der Erringung der Weltherrschaft berichten. Sie wissen nicht, dass zwei heimliche Zuschauer Zeuge der Sitzung werden. Die beiden hören entsetzt, dass die Juden unter anderem vorhaben, die Börsen zu beherrschen, den Adel in Schulden zu stürzen, die Industrie gegen das Handwerk zu stärken, Staat und Kirche zu trennen, Revolutionen anzufachen, Juden den Zugang zum öffentlichen Dienst zu ermöglichen, sich mit Christen zu vermischen, um deren Rasse zu verschlechtern, die Presse zu übernehmen und Kriege zu führen.

Die Szene ist völlig überzogen. Goedsche legte den Juden verschiedene Forderungen der zeitgenössischen Liberalen in den Mund, die angeblich die Christenheit unter die Herrschaft der Juden zwingen würden. Dazu kommen erste Ansätze der antisemitischen Rassenideologie. Goedsche war in seinen Romanen übrigens schnell zur Hand, anderen Gruppen böse Absichten zu unterstellen. Im Roman *Biarritz* waren es die Juden, in anderen Romanen die Engländer, die Franzosen, die Freimaurer, die Jesuiten oder die Sozialdemokraten – solche Gruppen also, denen ein reaktionärer protestantischer Preuße äußerstes Misstrauen entgegenbrachte.

Die Darstellung der Juden als grausam, verschlagen und zynisch wirkt selbst im Rahmen eines Trivialromans lächerlich. Trotzdem wurde diese Szene als angeblich wahrer Bericht ab den siebziger Jahren des neunzehnten Jahrhunderts in ganz Europa veröffentlicht. Den Anfang machte ein russisches Pamphlet im Jahre 1870. Die bei Goedsche noch getrennten Reden der einzelnen Stämme wurden dabei zur »Rede des Rabbi« zusammengefasst, und Goedsches Pseudonym »Sir John Retcliffe« mutierte zu »Readclif«, der entweder als Oberrabbiner oder als tragischer antisemitischer Held auftrat.

Aus einer französischen Satire und einem deutschen Schauerroman also montierte der Autor der *Protokolle* knapp die Hälfte seines Textes.

Seine Identität kennen wir bis heute nicht, deshalb gibt es eine ganze Reihe von Theorien. Nach der gängigsten hat Pjotr Ratschkowski, der Leiter des Russischen Auslandsgeheimdienstes, die *Protokolle* gefälscht oder fälschen lassen, um im Auftrag reaktionärer Kreise die Reformpolitik des russischen Finanzministers Sergej Witte anzugreifen. Ratschkowski zog es vor, in Paris zu wohnen, und richtete auch seine Behörde dort ein.

Eventuell hat auch der russische Publizist Elia de Cyon, ein erbitterter Feind Wittes, eine erste Fassung der *Protokolle* geschrieben, die Ratschkowski dann vollendete. Zwei Zeugen wollen eine französische Urschrift der *Protokolle* gesehen haben. Allerdings sind ihre Aussagen zweifelhaft.

Der italienische Slawist Cesare de Michelis kam nach einer akribischen Untersuchung der frühesten verfügbaren russischen Ausgaben der *Protokolle* zu dem Ergebnis, dass es wahrscheinlich kein französisches Original gegeben hat. Vielmehr wurde die Urschrift seiner Auffassung nach in russischer Sprache verfasst, und zwar wegen der auffälligen Ausdrucksweise vermutlich von einem Südrussen oder Ukrainer. Außerdem wären die *Protokolle* kaum geeignet gewesen, dem Finanzminister zu schaden. Dafür waren sie zu langatmig und zu verworren. Die Einführung des Goldstandards (Bindung der Währung an den Goldpreis), eines der zentralen Projekte von Witte, erscheint zwar in den *Protokollen* als perfide Erfindung der Juden, aber an sehr unauffälliger Stelle. Hätte Ratschkowski Witte wirklich angreifen wollen, hätten ihm bessere Mittel zu Gebote gestanden. Im Übrigen war Ratschkowski ein Protegé von Witte, und Wittes Sturz hätte ihm sehr schaden können. Angesichts der verschachtelten Intrigen in der russischen Regierung und am Zarenhof wäre es zwar denkbar, dass Ratschkowski heimlich die Seiten gewechselt hatte, aber letztlich ist das Szenario nicht unbedingt überzeugend.

Waren die *Protokolle* vielleicht ausdrücklich als Fortsetzungsgeschichte für die Zeitung *Znamja* geschrieben worden, um das kränkelnde Blättchen interessanter zu machen? Möglich wäre es: Die *Protokolle* gliedern sich in 24 einzelne Sitzungen, die inhaltlich abgeschlossen sind. Ihrer Form nach sind die *Protokolle* durchaus als Fortsetzungsgeschichte geeignet. Es gibt allerdings keine konkreten Hinweise darauf, dass sie tatsächlich vom Herausgeber der Zeitung in Auftrag gegeben wurden. *Znamja* profitierte auch nicht vom Abdruck der *Protokolle:* Die Zeitung blieb unbedeutend und wurde bald eingestellt.

Zwei Jahre später, im Dezember 1905, veröffentlichte Sergej Nilus eine erweiterte und aktualisierte Version der *Protokolle*. Es war weder die erste noch die einzige Ausgabe, aber die bekannteste und am häufigsten übersetzte.

Der Inhalt

Formal handelt es sich bei den *Protokollen* um 24 einzelne »Sitzungen«, die wiederum in unterschiedlich viele Abschnitte gegliedert sind. Ein anonymer Redner stellt darin das Programm einer Organisation vor, die er in einer kurzen Vorrede »unser Bund« nennt, ohne sie näher zu beschreiben. Er gibt sich indirekt als Jude zu erkennen, weil er zwischen »uns« und »den Gojim (Nichtjuden)« unterscheidet. Ein inhaltlicher Zusammenhang zwischen den Sitzungen und selbst zwischen den Abschnitten fehlt in vielen Fällen, ein logischer Aufbau ist nicht auszumachen. Die Texte sind als Vortragsmanuskripte mit persönlicher Anrede der Zuhörer gestaltet.

Der anonyme Vortragende lässt sich in den ersten zwölf Sitzungen im Wesentlichen über den Niedergang der christlichen Staaten aus, die Schwäche des Königtums und die Einführung der Demokratie. Er behauptet, die Juden hätten all dies zur Schwächung der Nichtjuden absichtlich verursacht. Dagegen lobt er die Zarenherrschaft: »*Nur eine von Jugend an zur Autokratie erzogene Persönlichkeit kann die Prinzipien der großen Richtlinien der Staatskunst erkennen und anwenden.*« Der russische Zar war ein sogenannter Autokrat, ein unumschränkter Alleinherrscher. Über die Demokraten sagt er dagegen: »*Sie werden kein anderes Ziel erreichen, als das ganze Volk zu verderben.*« Der Autor lässt den Vortragenden alle Schrecken der Moderne aufzählen, genauer gesagt: alles, was ein reaktionärer russischer Monarchist zu Beginn des zwanzigsten Jahrhunderts dafür hielt.

Dazu gehört unter anderem: die Herrschaft der Massen, die Macht von Gewerbetreibenden und Industrie, der Reichtum von Banken und Spekulanten, die Bestechlichkeit der Beamten, der Niedergang des Adels, die Schwäche des Zaren, die zersetzende Wirkung von Marx, Darwin und Nietzsche, die Pressefreiheit, der gewachsene Einfluss der Liberalen, das unverschämte Auftreten reicher Emporkömmlinge. Das alles schreibt er dem Einfluss der Juden zu, die damit die Nichtjuden schwächen und ihre Weltherrschaft vorbereiten wollen.

Über die Methoden zur Erlangung der Weltherrschaft äußert er sich widersprüchlich:

- In der dritten Sitzung sollen aufgehetzte Massen allen Widerstand hinwegfegen, in der fünften Sitzung dagegen soll das Volk mittels endloser Reden, dem Säen von Streit und der Erziehung zur Entschlusslosigkeit so lange ermüdet werden, bis es freiwillig die Herrschaft an den Judenkönig abtritt.
- In der siebten Sitzung will der Vortragende Streit zwischen die Staaten Europas tragen und die Diplomatie restlos verwirren. Wenn ein Staat den Juden Widerstand leistet, sollen die Juden seine Nachbarn zum Krieg gegen ihn aufstacheln. Wenn alle

Staaten Widerstand leisten, sollen die Juden einen Weltkrieg entfesseln. Und wenn alles nichts hilft, will der Vortragende »amerikanische, japanische und chinesische Geschütze« zu Hilfe rufen, um die nichtjüdischen Staaten Europas niederzuzwingen.
- In der zehnten Sitzung hingegen sollen mit den Juden verbündete Freimaurerlogen sowie das allgemeine Wahlrecht und »das Gift der Liberalität« die Staaten Europas so weit schwächen, dass der jüdische König sie kampflos übernehmen kann. Die Freimaurerlogen sollen alle Verfassungen beseitigen und heimlich die Alleinherrschaft übernehmen.
- In einer weiteren Variante schließlich sollen die Völker durch Unruhen, Streit, Seuchen und Kriege dazu gebracht werden, die Herrschaft freiwillig in jüdische Hände zu legen (ebenfalls zehnte Sitzung).

Der zweite Teil der *Protokolle* befasst sich mit dem Aufbau des künftigen Königreichs Zion. Darin soll die Justiz unbestechlich, die Beamten ehrlich und fleißig sein (bei strengen Strafen für Fehlverhalten). Die Presse ist gleichgeschaltet. Die Massen werden gut gefüttert und unterhalten, um sie ruhig zu stellen. Geheimbünde sind verboten, jede Opposition wird unterdrückt. Der Geldverkehr ist genau geregelt. Die Arbeitslosigkeit wird beseitigt, die Trunksucht verboten, der Luxus reglementiert, jeder hat seinen zugewiesenen Platz. Schwache Könige müssen abdanken, schwache Königssöhne auf Thronansprüche verzichten. Der unbekannte Autor der *Protokolle* breitet hier das Idealbild eines paternalistisch-autokratischen Staates aus – so ideal, dass es bereits zur Karikatur wird. Der König und seine Berater regieren weise und gerecht. Wer aufmuckt, wird streng bestraft, wer sich fügt, hat sein gutes Auskommen.

Wollte der Autor dem Zaren den Aufbau eines autokratisch-totalitären Wohlfahrtsstaates empfehlen, um sein Reich zu stabilisieren? Oder zeichnet er das Judenreich als Modell einer perfiden und fast unüberwindbaren Fremdherrschaft? Allein aus dem Text kann man das nicht entscheiden.

Insgesamt zeigen die *Protokolle* die Welt aus der Sicht eines reaktionären Monarchisten in Russland zu Beginn des zwanzigsten Jahrhunderts. Er klagt über den Niedergang alter Werte und Herrschaftsformen und über die eklatante Charakterschwäche des Zaren Nikolaus II. Daher stammt wohl die Anspielung auf den Ausschluss schwacher Königssöhne von der Thronfolge. All das lastet der Autor den Juden an. Diese Schuldzuweisung war im antisemitisch geprägten Umfeld russischer Nationalisten zu dieser Zeit durchaus nicht ungewöhnlich. Nun könnte man vielleicht annehmen, dass der Autor, aufbauend auf der Satire von Maurice Joly, eine scharfe Kritik an den russischen Verhältnissen schreiben wollte und die Juden nur vorgeschoben hat. Davon könnte er sich versprochen haben, die russische Zensur zu umgehen, die eine direkte Kritik vermutlich nicht genehmigt hätte. Jedoch enthalten die *Protokolle* einige wüste antisemitische Ausfälle in der Form von Selbstbezichtigungen des Vortragenden.

»Von uns geht das Schreckgespenst, der allumfassende Terror aus« und *»Wir verfügen über ungeheuren Ehrgeiz, brennende Habgier, unnachsichtige Rachsucht und unerbittlichen Hass«*, heißt es in der neunten Sitzung. Und in der elften Sitzung: *»Die Nichtjuden sind eine Schafherde, wir Juden aber sind die Wölfe.«*

Die Darstellung der Juden in den *Protokollen* als angebliche Verderber der Christenheit ist also nicht zur Umgehung der zaristischen Pressezensur gedacht, sondern sie entspringt der ausdrücklich antisemitischen Absicht des Autors: Er *will* die Juden verleumden. Er nutzt nicht nur die antisemitischen Klischees seiner Zeit, er führt sie sogar weiter aus als viele seiner Zeitgenossen.

Die *Protokolle* sind so eng an die russischen Verhältnisse um 1900 angelehnt, dass eine Entstehung in Frankreich nahezu ausgeschlossen ist. Nicht nur die Inhalte, sondern auch die Auslassungen deuten darauf hin. Es fehlen alle Hinweise auf politische Ereignisse in Frankreich nach der Revolution. Der verlorene Krieg gegen Preußen 1870/71, die Dreyfusaffäre, die Furcht vor Jesuitenverschwörungen, die Illuminaten als Verbündete der Juden – das alles erwähnen die *Protokolle* mit keinem Wort. Auch die europäische Kolonisation Afrikas und Asiens kommt in den *Protokollen* nicht vor, obwohl sie für die angeblichen Weltherrschaftspläne der »Weisen von Zion« einen guten Hintergrund abgegeben hätte. Die *Protokolle* reflektieren also nicht die Sicht eines Franzosen und auch nicht die eines weltläufigen Russen in Frankreich, sondern die eines russischen Reaktionärs in Russland mit geringen Verbindungen zum Westen. Der Mann war zudem kein versierter Schriftsteller, denn den *Protokollen* fehlt jede literarische Qualität. Die Sätze wirken schwerfällig, ein Spannungsbogen oder ein Höhepunkt fehlt. Die Argumentation ist langatmig und widersprüchlich.

Weltweite Verbreitung

Die *Protokolle* waren von Anfang an von Mythen umrankt. Das begann bereits mit der ersten nachweisbaren Veröffentlichung in der *Znamja*. Die Redaktion erklärte, dass die *Protokolle* Übersetzungen von Sitzungsmitschriften des in Frankreich ansässigen »Weltbundes der Freimaurer und Weisen von Zion« seien. Es sei nicht bekannt, wie und wo die *Protokolle* kopiert worden seien, aber man hege keinerlei Zweifel an ihrer Echtheit. Überhaupt seien die Juden wegen des neu aufgekommenen Zionismus, der berufen sei, alle Juden der Welt in einem Bund zu vereinigen, besonders gefährlich. In einem Nachwort wies der anonyme »Übersetzer« darauf hin, dass die *Protokolle* aus einem ganzen Buch von *Protokollen* herauskopiert seien. Mehr habe man in der Kürze nicht abschreiben können.

Zwischen 1905 und 1907 veröffentlichte Georgi Butmi für den rechtsradikalen »Bund des russischen Volkes« die *Protokolle* mehrfach unter verschiedenen Titeln. Er schrieb dazu, die *Protokolle* seien »in fragmentarischer Form« aus den in Frankreich beheimateten »Geheimarchiven der Zentralkanzlei von Zion« (die es nicht gibt) entwendet worden. Wo und wann die Reden gehalten worden sein sollen, ließ er ausdrücklich im Dunkeln. 1905 erschienen gleich dutzendweise weitere Ausgaben der *Protokolle,* jeweils mit kleineren oder größeren Abweichungen. Meist verwiesen die Herausgeber auf einen französischen Urtext. Sergej Nilus gab an, ein Freund habe ihm im Jahre 1901 das Manuskript übergeben. Der wiederum habe es von einem einflussreichen Freimaurer.

Selbst in reaktionären Kreisen fanden die *Protokolle* bis zur Oktoberrevolution kaum Beachtung; sie gingen unter in einer riesigen Welle von nationalistischer, konspirativer und antisemitischer Schundliteratur, die damals den Markt überschwemmte. Ab 1917 schrieb Nilus die *Protokolle* dem Zionistenführer Theodor Herzl zu. Dieser habe die dort aufgezeichneten Reden insgeheim auf dem Basler Zionistenkongress von 1897 gehalten. Das war blanker Unsinn, aber es half offenbar: In den nächsten Jahren traten die *Protokolle* ihren Weg um die Welt an. Von Mai bis Oktober 1920 ließ der Industrielle und Antisemit Henry Ford in seiner eigenen Zeitung *Dearborn Independant* eine englische Übersetzung drucken, die er 1921 in dem Buch *The International Jew: The World's Foremost Problem* zusammenfasste.

Die ehrwürdige Londoner Times veröffentlichte am 8. Mai 1920 unter dem Titel *The Jewish Peril* einen Artikel über die *Protokolle*. Darin zeigte sie sich beeindruckt von der »unheimlichen Anmutung von Vorauswissen« und wies darauf hin, dass sich die Vorhersagen »zum Teil bereits erfüllt« hätten. Bis Ende 1920 waren die *Protokolle* ins Englische, Französische, Deutsche, Polnische und Italienische übersetzt. Für die plötzliche Verbreitung war aber nicht nur die angebliche Autorenschaft Theodor Herzls verantwortlich. Zwischen 1905 und 1920 hatte sich die Welt vollkommen verändert: Der Erste Weltkrieg und die Russische Revolution hatten die alte Ordnung unwiderruflich aus den Angeln gehoben. Das Zarenreich existierte nicht mehr, die Zarenfamilie war ermordet, der deutsche und der österreichische Kaiser hatten abgedankt. Das mächtige habsburgische Kaiserreich war in eine Reihe von Kleinstaaten zerfallen. Mehr als acht Millionen tote Soldaten lagen auf den Schlachtfeldern in Frankreich, Russland und in den Alpen.

Die Staaten Europas hatten sich gegenseitig zerfleischt. Für viele Europäer dieser Epoche war das ein unbegreifliches Ereignis, hielt sich Europa doch für kulturell überlegen und berufen, aller Welt die Errungenschaften der Zivilisation zu bringen. Russische Emigranten, die nach der bolschewistischen Machtergreifung geflohen waren, trugen in ihrem Gepäck die *Protokolle* in alle Länder Europas und erklärten jedem, der es hören wollte, dass dort bereits alles vorhergesagt wurde, was in Europa tatsächlich eingetreten war.

Stand nicht darin, dass die Juden die christlichen Völker gegeneinander hetzen, ja, einen Weltkrieg entfesseln wollten? Dass sie die Massen gegen die Regierungen führen wollten, wie in Russland tatsächlich geschehen? Waren nicht viele Bolschewiken Juden?

Juden und russische Revolution

Die Juden hatten unter dem staatlich geförderten Antisemitismus der späteren Zarenzeit (ab 1881) sehr gelitten. Deshalb schlossen sich viele von ihnen den Revolutionskräften an. Im russischen Bürgerkrieg nach der Oktoberrevolution ermordeten die Weißen, die Koalition der antibolschewikischen Kräfte, Tausende von Juden, so dass die Juden allen Grund hatten, auf Seiten der Bolschewiki zu bleiben. Der französische Historiker Léon Poliakov weist in diesem Zusammenhang darauf hin, dass Balten, insbesondere Letten, eine entscheidende Rolle beim Sieg der Bolschewiki im Bürgerkrieg spielten. Davon spricht niemand mehr, während die jüdische Beteiligung immer wieder hervorgehoben wird.

In Deutschland gingen zudem die falschen Gerüchte um, dass die Juden sich am Krieg bereichert und vor den Kämpfen an der Front gedrückt hätten. In Wahrheit hatten Juden ebenso gekämpft wie alle anderen, es waren im Verhältnis ebenso viele gestorben, und es waren sogar überproportional viele Juden wegen ihrer Tapferkeit ausgezeichnet worden. Aber die Gerüchte wollten nicht verstummen, und die Übersetzungen der *Protokolle* trugen ihren Teil zum militanter werdenden Antisemitismus bei.

Tatsächlich waren die *Protokolle* bereits sehr früh als Fälschung enttarnt worden. Bereits im Jahre 1905 hatte die russische Regierung herausgefunden, dass die *Protokolle* nicht der Wahrheit entsprachen, also kein tatsächliches Ereignis wiedergaben. Im Jahre 1921 stellte Philip Graves, der *Times*-Korrespondent in Konstantinopel fest, dass die *Protokolle* zu einem beträchtlichen Teil aus dem Buch von Maurice Joly abgeschrieben waren. Die *Times* veröffentlichte im August 1921 drei Artikel von Graves, in denen er die *Protokolle* als Plagiat entlarvte. Von da an waren die *Protokolle* in England diskreditiert und nur noch ein Thema für unverbesserliche Verschwörungstheoretiker wie beispielsweise Nesta Webster.

Anders in den USA: Die im Jahre 1921 erschienene Übersetzung erreichte in den folgenden Jahren eine Gesamtauflage von 500 000 Exemplaren. Die erste deutsche Übersetzung erreichte bis Ende des Erscheinungsjahres 1920 bereits die sechste Auflage. Herausgeber war der Antisemit Ludwig Müller, der sich mit den Pseudonymen Müller von Hausen und Gottfried zur Beek gleich zwei falsche Adelstitel zugelegt hatte (falsche Adelstitel erfreuten sich in rechtsradikalen Kreisen damals großer Beliebtheit). Der ebenfalls sehr aktive Antisemit Theodor Fritsch übersetzte im gleichen Jahr die amerikanische Version und veröffentlichte sie unter dem Titel: *Die zionistischen Protokolle. Das Programm der internationalen Geheimregierung.* Diese Version erreichte bis 1933 zwölf Auflagen. Bis Anfang der dreißiger Jahre dürften in Deutschland sicherlich mehr als einhunderttausend Exemplare der Übersetzungen in Umlauf gewesen sein. Selbst in Japan erschien eine Übersetzung, obwohl die Idee einer jüdischen Verschwörung dort völlig bedeutungslos war. Die *Protokolle* wurden stattdessen als ein Beleg einer von China ausgehenden Bedrohung interpretiert.

In Deutschland bemächtigten sich die Nationalsozialisten der *Protokolle* und bauten sie in ihre antijüdische Propaganda ein. Im

Jahre 1939 stellten sie allerdings die Verbreitung ein. War ihnen aufgefallen, dass die in den *Protokollen* vorgestellte Utopie vom totalitären Wohlfahrtsstaat einige Aspekte der nationalsozialistischen Diktatur erstaunlich genau beschrieb? Wir wissen es nicht. Es gibt keine Dokumente über die Gründe des plötzlichen Umschwenkens.

Mehrere Gerichtsprozesse bestätigten in den dreißiger Jahren den Status der *Protokolle* als Fälschung. Der berühmteste ging in der Schweiz 1934/1935 und 1937 durch zwei Instanzen. Ein in der ersten Instanz erlassenes Verbot der Verbreitung hob die zweite Instanz aus formalen Gründen wieder auf, doch ließen die Richter keinen Zweifel daran, dass sie die *Protokolle* für eine üble Fälschung hielten.

Die Antisemiten störte das aber nicht. In seinem Buch *Mein Kampf* schrieb Adolf Hitler im Jahre 1924: »Sie (die *Protokolle*) sollen auf einer Fälschung beruhen, stöhnt immer wieder die *Frankfurter Zeitung* in die Welt hinaus: der beste Beweis dafür, dass sie echt sind.« Andere Antisemiten versuchten die *Protokolle* den verschiedensten jüdischen Organisationen anzuhängen, wirklichen oder eingebildeten, und wollten sogar beweisen, dass der katholische Maurice Joly in Wahrheit ein Jude war. Eine weitere Argumentationslinie erklärte es für unwesentlich, ob die *Protokolle* echt oder falsch seien, jedenfalls gäben sie die Ziele und Methoden der Juden richtig wieder. *Warrant for Genocide* betitelte der britische Historiker Norman Cohn sein erstmals 1967 erschienenes Buch über die *Protokolle*. Die fiktive Gefahr der jüdischen Weltverschwörung, so schreibt er darin, gab den Nationalsozialisten eines der wichtigsten Stichworte für den Massenmord an den Juden.

Nach dem Zweiten Weltkrieg verschwanden die *Protokolle* in den westlichen Staaten aus der öffentlichen Diskussion. Die meisten Menschen wissen nichts mehr von ihnen. In rechtsradikalen Kreisen wurden sie allerdings nie vergessen. In Amerika hielten einige radikal-christliche Splittergruppen wie das »Christian Identity Movement« an der Echtheit der *Protokolle* fest. In den neunziger Jahren begannen einige Autoren in Deutschland, England und Amerika, die *Protokolle* als illuminatische Schriften zu bezeichnen. Der amerikanische Verschwörungstheoretiker Milton William Cooper nahm die *Protokolle* im Jahre 1991 als Anhang in sein Buch *Behold a pale horse* auf. Er schrieb dazu, die Juden seien gar nicht gemeint gewesen, vielmehr müsse man »Juden« durch »Illuminaten« ersetzen. Der englische Journalist David Icke, der die Welt bekanntlich von außerirdischen Reptilien regiert sieht, deutet das ganz ähnlich und spricht deshalb gleich von den *Illuminaten-Protokollen*.

In Deutschland brachte Jan Udo Holey die Illuminaten, die er für eine jüdisch-freimaurerische Verschwörung hält, mit den *Protokollen* in Verbindung. Dabei hält er es für unwesentlich, ob die *Protokolle* echt oder falsch sind. Die darin beschriebenen Pläne, so Holey, würden jedenfalls verfolgt. Holey legt übrigens, wie auch Cooper und Icke, Wert darauf, kein Antisemit zu sein. Seit der Antisemitismus gesellschaftlich geächtet ist, findet man immer mehr Autoren, die jüdischen und israelischen Organisationen alle möglichen finsteren Absichten oder Verbrechen unterstellen, aber gleichzeitig betonen, keine Antisemiten zu sein. Tatsächlich aber übernehmen sie die mit den Juden verbundenen negativen Stereotypen ebenso unkritisch wie die bekannten antisemitischen Fälschungen (zu denen neben den *Protokollen* unter anderem der *Warburg-Bericht* gehört, der eine Finanzierung der Nationalsozialisten durch die jüdische Privatbank Warburg behauptet und mit gefälschten Dokumenten zu belegen versucht).

In arabischen Ländern wurden die *Protokolle* nach dem Zweiten Weltkrieg fester Teil der antiisraelischen Propaganda. Sie werden dort vielfach noch heute für echt gehalten. Arabische Führer wie der ehemalige ägyptische Präsident Nasser und König Faisal von Saudi-Arabien empfahlen sie zur Lektüre. Am 3. Februar 2002 schrieb die ägyptische Zeitung *Al-Akbar*:

»Alle Übel, die gegenwärtig die Welt heimsuchen, sind die Werke des Zionismus. Das überrascht nicht, weil die Protokolle der Weisen von

Zion, *von ihren weisen Männern vor einem Jahrhundert angelegt, nach einem pedantischen und präzisen Schema und Zeitplan ablaufen, und sie beweisen, dass, obwohl sie [die Juden] nur eine Minderheit sind, es ihr Ziel ist, die Welt und die gesamte menschliche Rasse zu beherrschen.«*

Die *Protokolle* sind in Arabien noch immer weit verbreitet. Erst am 17. Mai 2005 forderte die amerikanische Anti Defamation League die palästinensische Selbstverwaltung auf, die auf ihrem offiziellen Webserver angebotene arabische Übersetzung der *Protokolle* vom Netz zu nehmen. Dies geschah prompt am darauf folgenden Tag, aber damit war die arabische Übersetzung der *Protokolle* natürlich nicht aus dem Internet verschwunden.

In Russland, dem Ursprungsland der *Protokolle*, war die Schrift während der Sowjetzeit verboten. Ihre Verbreitung konnte mit Lagerhaft geahndet werden. Es gehört zu den vielen Widersprüchen sowjetischer Herrschaft, dass Sergej Nilus, der bekannteste Propagandist der *Protokolle,* niemals ernsthaft belangt wurde. Die Behörden haben ihn wohl mehrfach verhaftet, aber niemals längere Zeit festgehalten oder verurteilt. Er starb 1929 im Alter von 66 Jahren in der Sowjetunion eines natürlichen Todes. Mit der Perestroika und dem Ende der Sowjetunion tauchte auch der russische Nationalismus wieder auf – und mit ihm die *Protokolle*. Erstaunlich viele Intellektuelle und hohe Würdenträger der orthodoxen Kirche bis zur Ebene der Bischöfe und Metropoliten halten die *Protokolle* für authentisch, also für die Niederschrift einer tatsächlich gehaltenen Rede. Die Zeitung *Die Welt* berichtete am 16. September 2005, dass auf der Moskauer Buchmesse des Jahres 2005 erschreckend viele antisemitische und nationalistische Bücher ausgestellt wurden. Ein gewisser Oleg Platonow versucht in seinem Buch *Rätsel der Protokolle von Zion* deren Echtheit nachzuweisen. Selbst der Bücherstand im Foyer des russischen Parlamentsgebäudes führt Bücher wie die von der orthodoxen Kirche initiierte *Kriminelle Geschichte des Judentums (2005)* oder *Der Zionismus im System des Antikommunismus (2003)*.

Davon sieht man allerdings in Deutschland kaum etwas. Die hiesigen Verschwörungstheorien stammen größtenteils aus rechtsextremen Kreisen Amerikas und tauchen, angereichert um verklausulierte Entschuldigungen der Nazi-Herrschaft, vorwiegend in der rechts-esoterischen Literatur auf.

Auch die Verschwörungstheoretiker der extremen Linken bedienen sich gelegentlich der *Protokolle*.

So schrieb Mathias Bröckers am 2. März 2002 unter dem Titel »The Kosher Conspiracy« einen Artikel im Online-Magazin *Telepolis* des Heise Verlages. Der Artikel taucht in überarbeiteter Form auch in seinem Buch *Verschwörungen, Verschwörungstheorien und die Geheimnisse des 11. 9.* auf. Darin breitete er die Theorie aus, dass Israels Regierung mittels Erpressung die amerikanische Regierung kontrolliert. Bröckers schreibt:

»*Auf diesem Hintergrund wird auch eine Äußerung von Ariel Sharon gegenüber seinem Außenminister Peres verständlich, der ihn Anfang Oktober wegen seiner aggressiven Politik kritisiert hatte: ›Jedes Mal, wenn wir etwas tun, erzählst du mir, Amerika wird dies oder das tun... Ich will dir etwas sehr klar sagen: Mach dir keine Sorgen über den amerikanischen Druck auf Israel. Wir, die Juden, kontrollieren Amerika, und die Amerikaner wissen das.‹ Dieses von Sharons Sprecher später im Wortlaut nicht bestätigte Zitat, das in einer Radiodebatte am 3. Oktober im Sender Kol Yisrael Radio fiel, leitet Wasser auf die klassischen Mühlen der ›jüdischen Weltverschwörung‹ und der unter Muslimen wie bei den Rechtsradikalen im Westen nach wie vor gängigen Propaganda der Protokolle der Weisen von Zion. Doch eingedenk des Hinweises von Hannah Arendt, dass Hitler letztlich zu einem ›Schüler‹ der von ihm als Propagandainstrument eingesetzten Verschwörungstheorie wurde (siehe ›Die ›Weisen von Zion‹...‹) können wir Sharon unterstellen, dass seine Konsequenzen aus Auschwitz darin bestehen, Hitlers rassistischen Verfolgungswahn »mehr oder weniger« unbewusst zu kopieren.*«

Der Text verweist auf ein Zitat von Hannah Arendt im Abschnitt »Die Weisen von Zion« von Bröckers Buch: »*Die Nazis begannen mit einer ideologischen Fiktion einer Weltverschwörung und organisierten sich mehr oder weniger unbewusst nach dem Modell der fiktiven Geheimgesellschaft der Weisen von Zion.*«

Der Journalist Tobias Jaecker hat den gesamten Text von »The Kosher Conspiracy« in seinem Buch *Antisemitische Verschwörungstheorien nach dem 11. September* ausführlich analysiert. Hier möchte ich mich auf den Teil beschränken, der sich mit den *Protokollen* befasst. Der zentrale Punkt von Bröckers' Argumentation, das angebliche Sharon-Zitat, ist eine Erfindung. Es stammt aus einer Pressemitteilung der Islamic Association for Palestine (IAP) vom 3. Oktober 2001. Die IAP wiederum ist eine amerikanische Gruppe, die der palästinensischen HAMAS nahesteht. Bröckers verweist aber nicht dorthin, sondern auf eine andere israelkritische Seite, die ihrerseits die Quelle ihrer Information eindeutig identifiziert (IAP news). Bröckers zitiert den amerikanischen Text falsch und verschärfend. Im Original heißt es, das Sharon-Zitat stamme aus einer Kabinettssitzung, über die der hebräischsprachige israelische Sender Kol Yisrael berichtet habe. Mathias Bröckers schreibt stattdessen, Sharon habe die Sätze während einer Radio-Debatte, also öffentlich, ausgesprochen. Der Sender Kol Yisrael betonte gegenüber der amerikanischen Organisation CAMERA, niemals über eine solche Äußerung Sharons berichtet zu haben. Außer der IAP hat auch niemand davon gehört, obwohl viele Journalisten aus aller Welt ständig in Israel Radio hören. Das angebliche Sharon-Zitat ist also offensichtlich erfunden.

Um Hitler, Sharon und die *Protokolle* zu verbinden, stützt sich Bröckers auf Hannah Arendt. Die weltbekannte Historikerin und Soziologin Hannah Arendt musste 1933 als Jüdin aus Deutschland und 1940 erneut aus Frankreich fliehen und lebte fortan in den USA. Mit dem klassischen Werk *Elemente und Ursprünge totaler Herrschaft* gelang ihr eine scharfsinnige Analyse totalitärer Herrschaft im zwanzigsten Jahrhundert.

Bröckers' Arendt-Zitat stammt aus einem Textabschnitt, der sich mit dem Aufbau der Organisationen der Nationalsozialisten und Bolschewisten nach dem Muster von Geheimgesellschaften befasst. Bröckers bezieht das Zitat jedoch eindeutig auf Sharons Methoden oder Ziele, nicht auf die Organisation seiner Partei. Zum Verhältnis der Nationalsozialisten zu den Zielen und Methoden der *Protokolle* vertritt Hannah Arendt aber die Auffassung, dass die Nationalsozialisten die *Protokolle* sehr bewusst als Zielvorgabe verwendeten. Sie schreibt:

»*Die einzige positive Antwort, die eine ganz außerordentliche Attraktion für die Massen hatte und wegen ihrer offenbaren Abenteuerlichkeit dennoch so gut wie unbeachtet blieb, lag in der Art, wie sich diese Propaganda der so genannten* Protokolle der Weisen von Zion *zu bedienen wusste, nämlich als eines Hausbuches für die künftige Organisation deutscher oder arischer Massen für die Errichtung eines Weltreiches.*« (...) Die Fikton einer gegenwärtigen jüdischen Weltherrschaft bildete die Grundlage für die Illusion einer zukünftigen deutschen Weltherrschaft.«

Legt man also die passenden Zitate von Hannah Arendt zugrunde, so fällt die Vorstellung einer unbewussten Orientierung Sharons an den *Protokollen* weg. Vielmehr verdichtet sich die Aussage von Bröckers dahin, dass Sharon nach dem Muster der *Protokolle* und als Schüler Hitlers eine totalitäre Weltherrschaft anstrebt. Glaubt Mathias Bröckers das tatsächlich oder überspitzt er lediglich seinen Angriff auf Sharon?

Sein Artikel übernimmt den alten antisemitischen Vorwurf, Juden hätten zwar vielleicht die *Protokolle* nicht geschrieben, aber sie handelten danach. Das belegt Bröckers, ganz in der Tradition der *Protokolle,* mit zwei angeblichen Äußerungen von Juden, von denen die eine erfunden und die andere in einen falschen Zusammenhang gestellt ist.

Mythos der Protokolle

Warum löst eine über hundert Jahre alte, längst als Plagiat entlarvte Schmähschrift gegen die Juden noch immer erbitterte Auseinandersetzungen aus? Warum verrottet sie nicht längst, wie andere antisemitische Schriften ihrer Zeit, auf dem Müllhaufen der Geschichte? Der wohl wichtigste Grund ist die Mythifizierung der Protokolle. Die fehlende Gewissheit über den Verfasser schafft Raum für diejenigen, die an eine Weltverschwörung glauben und deshalb die *Protokolle* als Niederschrift einer wirklich gehaltenen Rede ansehen wollen. In den angeblich eingetroffenen Prophezeiungen der *Protokolle* sehen Verschwörungsgläubige auch heute noch den Beweis dafür, dass eine wie auch immer zusammengesetzte Gruppe, mögen es Juden, Freimaurer, Illuminaten, die UNO oder die Bilderberg-Gruppe sein, tatsächlich eine Weltregierung planen und die Machtübernahme betreiben. Diesem Irrtum erlag selbst die Londoner *Times*, als sie anmerkte, dass sich ein Teil der »unheimlichen« Prophezeiungen bereits erfüllt hätte.

Nun enthalten die *Protokolle* aber keine eigentlichen Vorhersagen, sondern Ankündigungen böser Absichten, die erwähnte Utopie einer Wohlfahrtsdiktatur und Klagen über den Niedergang des Staates durch die industrielle Modernisierung, den internationalen Geldverkehr, die Demokratie und die Schwäche der Autokratie und des Adels. All diese Umwälzungen der Moderne schreiben die *Protokolle* dem verborgenen Wirken der Juden zu. Ferner enthalten die *Protokolle* die ganze Palette der Vorwürfe gegen Juden, sowohl die klassischen als auch die modernen. Juden bilden eine einheitliche, verschworene Gemeinschaft, Juden beherrschen den internationalen Handel und die Presse. Sie kontrollieren die Goldvorräte. Sie sind rachsüchtig und hinterhältig. Juden wollen die christliche Religion abschaffen. Sie wollen die Welt beherrschen und alle anderen Völker unterjochen. Das so geschaffene Stereotyp setzt sich aus dem Judenstereotyp seiner Zeit und dem allgemeinen Dämonenstereotyp zusammen.

Alle Vorwürfe haben die Form einer Selbstbezichtigung, weshalb verschiedene antisemitische Autoren unter Mißachtung jeglicher Logik zu beweisen versuchten, dass die Reden der *Protokolle* tatsächlich so gehalten wurden. Gottfried zur Beek, der deutsche Übersetzer der *Protokolle*, schrieb 1920 sogar, der deutsche Außenminister Walther Rathenau sei einer der Weisen von Zion.

Sozialpsychologie der Protokolle

Ihre globale Wirkung und den Eindruck der Prophetie erzielen die *Protokolle* durch einen anderen Effekt: Sie beschwören das gesamte Pandämonium moderner Verschwörungstheorien. Eine geheime Macht, so suggerieren sie, nagt ständig an den Wurzeln aller Gemeinschaften, um die Weltordnung zu stürzen und einen eigenen König als Weltherrscher einzusetzen. Das alles geschieht lautlos, schleichend, und unter strikter Beachtung vollständiger Geheimhaltung. Die *Protokolle* behaupten, dass ein heimlicher Weltenplan existiert, ein PLAN, um die Menschheit zu verderben, ihren Willen zu schwächen, die Presse zu unterwandern, sinnlose Kriege auszulösen und schließlich die Welt zu unterjochen.

Die *Protokolle* betonen zwei Dinge, die vom Standpunkt der Sozialpsychologie betrachtet für die Menschen besonders bedrohlich erscheinen: Das eine ist die unbesiegbare Fremdherrschaft, die Vorstellung, SIE wollen über UNS herrschen, und zwar so perfekt, dass UNS keine Chance der Gegenwehr bleibt. Für das Gemeinschaftswesen Mensch eine erschreckende Vorstellung! In diesem Sinne ist es nicht verwunderlich, dass moderne Verschwörungstheoretiker wie Holey, Icke und andere noch einen Schritt weitergehen und behaupten, die Verschwörer wollten die Erde an Fremdwesen ausliefern. Damit erscheinen SIE noch bedrohlicher. Nur am Rande sei bemerkt, dass in vielen Science-Fiction-Romanen die Vorstellung einer Weltregierung zur *Abwehr* von Aliens als positive Utopie dargestellt wird.

Zum anderen sorgt die Vielzahl der unterstellten bösen Absichten dafür, dass jede Katastrophe, jede Seuche, jede Finanzkrise, jeder Zeitungsskandal und jeder Krieg als Bestandteil des PLANS aufgefasst werden kann. Die »unheimlich« erscheinende Vorhersagegenauigkeit entspringt diesem alten Wahrsagertrick.

Ein Beispiel: »In nächster Zeit werden Sie einen persönlichen Rückschlag erleben, aber daraus entwickelt sich ein unvorhergesehener Glücksfall für Sie.« Diese Vorhersage trifft immer ins Schwarze. *In nächster Zeit* ist ein dehnbarer Begriff, er kann einen Tag oder ein Jahr umfassen. Ein *persönlicher Rückschlag* kann ein Streit mit dem Ehepartner, eine Delle am Auto oder eine nicht bestandene Prüfung sein. *Glücksfälle* sind per definitionem unvorhergesehen, denn wüßte man vorher von ihnen, wären es keine Glücksfälle. Ähnlich ist es mit den »Vorhersagen« in den *Protokollen*. Sie sind einfach eine Liste aller denkbaren Katastrophen. Vorsichtshalber schreibt der Autor der *Protokolle*, dass die Durchführung des PLANS durchaus hundert Jahre dauern kann. Aids, Weltkriege, Ölkrise, alles gePLANT.

Die Bedeutung der *Protokolle* liegt in ihrer zusammenhanglosen Vielfalt. Ähnlich einem Legobaukasten enthalten sie alle Elemente modernen Verschwörungsglaubens zur gefälligen Bedienung. Deshalb steht zu befürchten, dass sie auch weiterhin wie ein böser Geist durch die Köpfe der Menschen spuken werden.

10: Unter Generalverdacht: Juden, Freimaurer und Jesuiten

Eine vergleichende Analyse der Verschwörungstheorien gegen die am häufigsten verdächtigten Gruppen

> »Hast Du Angst, Erich? Bist du bange, Erich?
> Klopft dein Herz, Erich? Läufst du weg?
> Wolln die Maurer, Erich – und die Jesuiten, Erich,
> dich erdolchen, Erich – welch ein Schreck!
> Diese Juden werden immer rüder.
> Alles Unheil ist das Werk der ∴ Brüder.
> Denn die Jesuiten, Erich – und die Maurer, Erich –
> und die Radfahrer – die sind schuld
> an der Marne, Erich – und am Dolchstoß, Erich –
> ohne die gäbs keinen Welttumult.
> Jeden Freitag abend spielt ein Kapuziner
> mit dem Papste Skat – dazu ein Feldrabbiner;
> auf dem Tische liegt ein Grand mit Vieren –
> dabei tun sie gegen Deutschland konspirieren ...
> Hindenburg wird älter und auch müder ...
> Alles Unheil ist das Werk der ∴ Brüder.«
>
> Kurt Tucholsky Erich Ludendorff gewidmet (1928, zitiert nach Dieter A. Binder, 1988)

Der Generalquartiermeister Erich Ludendorff hatte sich im Verlauf des Ersten Weltkriegs den Ruf eines herausragenden Heerführers erworben, aber auch den eines gnadenlosen Kriegstreibers, der Millionen von Soldaten in einen sinnlosen Tod hetzte, weil er die unabwendbare Niederlage nicht einsehen wollte. Von der Weimarer Republik und der Demokratie überhaupt hielt er nicht viel. Er bewegte sich nach dem Krieg in rechts-nationalen Kreisen, wo er hohes Ansehen genoss.

Im März 1920 beteiligte er sich am Kapp-Putsch, einem erfolglosen Umsturzversuch von Teilen des Militärs und rechtsradikalen Politikern.

Die Republik war nicht ausreichend gefestigt, um die Putschisten zu bestrafen, und so konnten sich die meisten ins Ausland oder nach Bayern in Sicherheit bringen. Ludendorff floh nach München. Dort irrlichterte er durch die Szene der antisemitischen deutsch-völkischen Parteien. Seine aktive Rolle beim vergeblichen Putsch-Versuch der Nationalsozialisten am 8. und 9. November 1923 in München brachte ihn vor Gericht.

Während Hitler und weitere acht Rädelsführer zur Festungshaft verurteilt wurden, sprachen die Richter Ludendorff wegen Unzurechnungsfähigkeit zur Tatzeit frei. Das erbitterte ihn aufs Äußerste, denn er hatte vorgehabt, seine Strafe mannhaft entgegenzunehmen. Das Gericht aber degradierte ihn zur Mitleid erregenden Figur des abgehalfterten, zeitweilig umnachteten Militärs. Ludendorff war zu diesem Zeitpunkt 59 Jahre alt.

Etwa ab Mitte der zwanziger Jahre begann Ludendorff sonderbare Verschwörungstheorien zu verbreiten, in denen er Juden, Freimaurer und Jesuiten beschuldigte, sich heimlich gegen Deutschland verbündet zu haben. Die Ideen dazu stammten von seiner zweiten Frau Mathilde, einer Nervenärztin, die bereits vor ihrer Hochzeit im Jahre 1926 eine Reihe von nationalistisch-esoterischen Schriften veröffentlicht hatte. In der zweiten Hälfte der zwanziger Jahre reiste das Ehepaar Ludendorff durch Deutschland und propagierte seine Heilslehren und Verschwörungstheorien in einer Vielzahl von Vorträgen.

»Immer sichtbarer traten für mich als Spaltpilze der Geschlossenheit des Volkes, aber auch als seine Beherrscher, die geheimen überstaatlichen Mächte hervor, d. h. das jüdische Volk und Rom nebst ihren Werkzeugen, den Freimaurern, dem Jesuitenorden, okkulten und satanischen Gebilden«, schrieb Ludendorff. Nicht nur

Kurt Tucholsky zweifelte damals an Ludendorffs Verstand, auch im völkischen Lager nahm man ihn nicht mehr ernst. Dennoch gingen die Auflagen der Schriften, die er und seine Frau verfassten, in die Hunderttausende. Jesuiten, Juden und Freimaurer als Feinde des deutschen Volkes: Das war offenbar Balsam für die verletzte Seele national gesinnter Deutscher.

Auch heute noch sind diese drei Gruppen bevorzugte Ziele von Verschwörungstheoretikern. Ist das Zufall oder haben sie etwas gemeinsam?

Um bei der Unzahl von Verschwörungsvorwürfen überhaupt zu einem sinnvollen Ergebnis zu kommen, muss man die Fragestellung etwas einschränken: Welche *einflussreichen* Verschwörungstheorien gegen die drei Zielgruppen hat es gegeben? Wir suchen also Verschwörungstheorien, die

- von Gruppen oder Organisationen mit großer Autorität verbreitet wurden, und
- Verschwörungsschriften, die eine große Verbreitung fanden, also in hoher Auflage und über längere Zeit veröffentlicht wurden.
- Und wir suchen Theorien, die gravierende Folgen für die Betroffenen hatten, die also gerichtliche Untersuchungen, gesetzliche Einschränkungen, Verbote oder Pogrome in größerem Maßstab auslösten.

Vorwürfe gegen Juden

Im Mittelalter betrachtete die europäische Bevölkerung die Juden als ein fremdes, über die ganze bekannte Welt verteiltes Volk. In den meisten Regionen holten die Fürsten die ersten Juden ins Land, um den Fernhandel zu fördern. Die Juden unterstanden direkt dem Fürsten, verwalteten ihre Gemeinden selbst und genossen den Schutz des Landesherrn. Dafür mussten sie allerdings hohe Abgaben bezahlen. Das Volk kannte Juden vorher nur aus der Bibel – als

Christusmörder und Geldwechsler. Aus der Sicht der Sozialpsychologie haben die Fürsten damit eine für die Juden extrem ungünstige Situation geschaffen. Fremd, privilegiert, mit einem religiösen Stigma belastet, vom Schutz des Landesherrn abhängig – schwerer kann man es einer Gruppe kaum machen.

Aus dieser Konstellation entstand früh die Vorstellung einer jüdischen Weltverschwörung gegen die Christenheit. Bereits Thomas von Monmouth, der Chronist des frühesten überlieferten Ritualmordvorwurfs, behauptete gegen 1150, die Führer der Juden Europas träfen sich regelmäßig in Narbonne, um durch Los zu bestimmen, in welchem Ort ein christlicher Junge geopfert werden solle. Diese Vorwürfe tauchten im Mittelalter und in der Frühen Neuzeit immer wieder auf und mussten als Begründung für Pogrome herhalten, denen Tausende von Juden zum Opfer fielen. Weil die Juden unter dem Schutz der Obrigkeit standen, konnte die Bevölkerung zudem ihrem Unmut über den Landesherrn Luft machen, indem sie die Schutzjuden angriff. Damit trafen sie die Obrigkeit, ohne sie direkt herauszufordern und sich eventuellen Vergeltungsmaßnahmen auszusetzen.

Andersherum konnte der Landesherr den Ärger seiner Untertanen dadurch beschwichtigen, dass er die Juden vertrieb oder ihnen seinen Schutz entzog. Aus den verschiedenen Regionen des Deutschen Reichs wurden die Juden gleich mehrfach vertrieben, aus Frankreich 1306 und 1394, aus England 1290, aus Spanien und Portugal 1492 und 1496. Die Kirche forderte bereits auf dem zweiten Laterankonzil von 1215, Juden und Christen voneinander zu trennen. In den Städten wies man ihnen eigene Wohnviertel zu, und sie mussten ein besonderes Kennzeichen an der Kleidung tragen (spitzer Hut oder gelber Fleck). Die Kirche begründete das mit dem so genannten doppelten Schutzprinzip. Die Absonderung sollte die Christen vor den Juden schützen, während die Kirche gleichzeitig die Aufgabe übernahm, die Juden vor den Übergriffen der Christen zu schützen. Die Kirche wies bis ins neunzehnte Jahrhundert die immer wieder aufkommenden

Vorwürfe der Ritualmorde und des Hostienfrevels gegen die Juden zurück.

Im achtzehnten Jahrhundert lebten in Westeuropa trotzdem nur noch sehr wenige Juden. Sie stellten in Frankreich, England und Italien nur wenige Promille der Bevölkerung. Die meisten mitteleuropäischen Juden waren im Laufe der Jahrhunderte nach Osten ausgewandert und wohnten in einem Streifen vom Baltikum über Polen bis zum Schwarzen Meer. In einigen Landstrichen waren dort mehr als zehn Prozent der Bevölkerung Juden. Mit der Auflösung der Ghettos und dem Beginn der Judenemanzipation im neunzehnten Jahrhundert änderte sich das Bild: Waren die Juden vorher ein Volk unter den Völkern Europas, so strebten viele Juden in Westeuropa jetzt an, innerhalb der Nationen zu normalen Bürgern jüdischen Glaubens zu werden. In Osteuropa, besonders in Russland, blieb dagegen der Charakter eines einheitlichen Volkes weitgehend erhalten, ebenso jedoch auch die diskriminierenden Gesetze. Viele osteuropäische Juden wanderten in dieser Zeit nach Amerika, Deutschland und Österreich aus.

Bis ins neunzehnte Jahrhundert gab es keine systematische Judenverfolgung. Erst mit der Judenemanzipation, als die Juden West- und Mitteleuropas nach und nach normale Bürgerrechte bekamen, setzte ein gezielt betriebener Antisemitismus ein. Seine mächtigsten Propagandisten waren die katholische und die russisch-orthodoxe Kirche sowie einige einflussreiche Vertreter der evangelischen Kirchen.

Die Juden und die katholische Kirche

Bereits im achtzehnten Jahrhundert ließ die Macht der katholischen Kirche nach. Große Teile Europas hatten sich dem protestantischen Glauben zugewandt. Die Philosophen der Aufklärung propagierten den Deismus und griffen offen die Autorität der Kirche an. Die Französische Revolution begründete eine säkuläre Republik und bestimmte unter anderem die völlige Gleichberechtigung der Juden. Diese Entwicklung machte das doppelte Schutzprinzip zu einem Anachronismus. Dennoch hielt die katholische Kirche uneinsichtig daran fest.

Als Reaktion auf die Judenemanzipation kam die neue Theorie auf, die Juden wollten zusammen mit den Freimaurern die alte Ordnung Europas beseitigen. Konservative in Frankreich, Deutschland und England sowie Teile des Klerus sahen die Juden in einem internationalen Geheimbund mit Freimaurern, Liberalen und Sozialisten vereint. Zugleich erhoben die Sozialisten den Vorwurf, dass die Juden den Adel stabilisierten, indem sie ihm immer wieder Kredite gaben, und dass besonders das in Europa weit verzweigte Bankhaus Rothschild über seine Kreditbedingungen die Politik der Nationalstaaten weitgehend diktierte.

Erstaunlicherweise überlagerten sich die alten und neuen Vorwürfe, sie lösten einander keineswegs ab. Noch im Jahre 1871 veröffentlichte der Münsteraner Theologe August Rohling das Traktat *Der Talmudjude*, in dem er versuchte, die Wahrheit des Ritualmordvorwurfs anhand einer verzerrten Talmud-Interpretation zu beweisen. Er löste damit einen erbitterten und lang anhaltenden Streit aus, weil er nicht anerkennen wollte, dass seine Talmudauslegung (die zum Großteil aus einem älteren antisemitischen Buch stammte) vollkommen unhaltbar war. Die Universität Münster verweigerte Rohling eine Professur, und so ging er 1874 erst in die USA, dann nach Prag und schließlich nach Österreich. Trotz des unsinnigen Inhalts verkaufte sich sein Buch ausgezeichnet und wurde in mehrere Sprachen übersetzt.

Rohling war kein Sonderfall in der katholischen Kirche: Mit Beginn der Restauration (der Neuordnung Europas auf dem Wiener Kongress 1814/15 nach der Niederringung Napoleons) hatten höchste katholische Kreise begonnen, bösartige Pamphlete gegen die Juden herauszugeben. Napoleon hatte den Kirchenstaat 1798 aufgehoben und durch die römische Republik ersetzt, einen französischen Vasallenstaat. Die immer noch bestehenden jüdischen

Ghettos löste er auf, ebenso viele der Beschränkungen gegen die Juden.

Nach der Niederlage Napoleons stellte der Wiener Kongress den Kirchenstaat im Jahre 1815 wieder her, und bald zeigte sich, dass der Papst als weltlicher Herrscher nicht bereit war, der neuen Zeit Rechnung zu tragen. Er bestand auf absoluter Herrschaft, und 1826 wies er die Juden in jene Ghettos ein, die Napoleon 28 Jahre zuvor aufgelöst hatte. Das jüdische Ghetto Roms beispielsweise lag dicht am Tiber, in feuchtem und ungesundem Klima. Dort pferchte man auf engem Raum etwa 3500 Menschen zusammen. In jeder Nacht wurden die Tore des Ghettos geschlossen.

Aber auch der Papst konnte die Zeit nicht zurückdrehen. Selbst im Kirchenstaat konnte er den Umzug der Juden in die Ghettos nicht mehr wirksam durchsetzen. Viele wohnten auch weiterhin außerhalb, wenn auch unter der ständigen Drohung eines erzwungenen Umzugs ins Ghetto.

In anderen europäischen Staaten fand das Modell des Vatikanstaates keine Nachahmer. Trotzdem bestand die Leitung der katholischen Kirche unnachgiebig darauf, die Juden von den Christen zu trennen, und zeichnete ein finsteres Bild des jüdisches Charakters. Ferdinand Jabalot, der Generalprokurator der Dominikaner, schrieb im Jahre 1825 in einem Beitrag für das *Giornale ecclesiastico* über die Juden: »*Sie waschen ihre Hände in Christenblut, setzen Kirchen in Brand, treten geweihte Hostien mit Füßen…, entführen Kinder und nehmen ihnen das Blut, vergewaltigen Jungfrauen…*« Jabalot hat diese Schrift nicht geschadet; der Papst ernannte ihn kurz darauf zum Generalmeister der Dominikaner. Im Mittelalter hatten der Papst und der hohe Klerus die Juden gegen die Ritualmordvorwürfe noch verteidigt (zuletzt im Jahre 1759 auf Bitten der polnischen Juden). Die Kirche sah dies als Teil ihres Auftrages an, die Juden vor den Übergriffen der Christen zu schützen. Doch das war jetzt vorbei. In den achtziger Jahren des neunzehnten Jahrhunderts verstärkte die katholische Kirche ihre antijüdische Agitation. Die Jesuiten-Zeitschrift *Civiltà Cattolica* begann im Dezember 1880 mit einer mehrjährigen scharfen antijüdischen Kampagne. Die Zeitschrift stand unter direkter Kontrolle des Papstes. Der Kardinalstaatssekretär musste jede Ausgabe vor dem Druck billigen. Die antisemitischen Artikel bestätigten die unhaltbaren Thesen von Rohling und enthielten unter anderem folgende Passagen: Die Juden beklagen sich, »*sobald es jemand wagt, die Stimme gegen diese barbarische Invasion einer feindlichen Rasse zu erheben, die der Christenheit und der Gesellschaft im Allgemeinen ablehnend gegenüber steht. (...) Denn die Juden sind nicht nur aufgrund ihrer Religion Juden ..., sie sind Juden auch und besonders aufgrund ihrer Rasse.*« (Zitiert nach Kertzer, 2004)

Auch die These von der jüdischen Weltverschwörung findet sich in der Artikelserie. Johannes Rogalla von Bieberstein und David I. Kertzer haben in ihren Büchern die katholische Agitation gegen die Juden zwischen 1850 und 1945 ausführlich untersucht und kommen unabhängig voneinander zu dem Schluss, dass die katholische Kirche der Theorie der freimaurerisch-jüdischen Weltverschwörung ein wichtiges Forum und hohe Glaubwürdigkeit verschafft hat. Die Verschwörungsthese, schreibt Rogalla von Bieberstein, sei keine Propaganda-Konstruktion nationalsozialistischen Ursprungs. »*Vielmehr ist sie von den deutschen Faschisten unmittelbar aus dem Arsenal der klerikal-konterrevolutionären Agitation übernommen und lediglich aktualisiert worden.*«

Diese These scheint mir etwas überspitzt, denn die antisemitischen Verschwörungstheorien der Nazis bestanden aus den Anschuldigungen und Legenden der vergangenen zehn Jahrhunderte, vermischt mit der Wahnidee von der Überlegenheit der arischen Rasse und einem vulgär heruntergebrochenen Sozialdarwinismus. Sicherlich haben ihnen die Agitatoren der katholischen Kirche aber wichtige Stichworte geliefert und den fatalen Eindruck erweckt, als könne die Entrechtung, Vertreibung und Ermordung der Juden mit der Zustimmung oder wenigstens der Duldung der katholischen Kirche rechnen.

Noch im Januar 1933, kurz vor Hitlers Machtergreifung, schrieb der Linzer Bischof Gföllner in einem Hirtenbrief: »*Das entartete Judentum im Bunde mit der Freimaurerei ist auch vorwiegend Träger des mammonistischen Hochkapitalismus und vorwiegend Gründer und Apostel des Sozialismus und Kommunismus, des Vorboten und Schrittmachers des Bolschewismus.*«

Die furchtbaren Massenmorde der Nationalsozialisten an den europäischen Juden drängten die antisemitischen Verschwörungstheorien nach dem Zweiten Weltkrieg für mehrere Jahrzehnte an die äußersten Ränder des politischen Spektrums ab. Sie hatten in dieser Zeit glücklicherweise keine Auswirkungen auf die Politik.

Vorwürfe gegen Freimaurer

Freimaurer sind kein Volk und auch keine Religionsgemeinschaft. Die Freimaurerei ist eine internationale Bruderschaft, zu deren Grundsätzen die Toleranz und die Achtung der Menschenwürde gehören. Die Logen haben keine feste internationale Organisation und können sehr unterschiedlich ausgerichtet sein. Sie entstanden aus den mittelalterlichen Bauhütten, den Bruderschaften der Baumeister an den großen Kirchenbauten. Damals kannte man noch keine Trennung in Architekten, Statiker und Bauunternehmer. Die Baumeister planten die Gebäude, rechneten (oder schätzten) die Statik und überwachten die Bauausführung. Sie achteten eifersüchtig darauf, die Geheimnisse ihrer Handwerkskunst gegenüber Außenstehenden zu wahren; eine damals übliche und notwendige Vorsichtsmaßnahme. Weil die Maurer und Baumeister von einer Dombaustelle zur anderen wanderten, entwickelten sie geheime Erkennungszeichen, um sicher zu sein, dass ein neuer Mitarbeiter auf einer Baustelle wirklich Mitglied ihrer Bruderschaft war. In England nannte man ihre Zusammenschlüsse *Lodges*, zu deutsch *Logen*.

Im siebzehnten Jahrhundert öffneten sich die englischen und

schottischen Maurerlogen auch für Außenstehende und verloren den Charakter einer Handwerkerinnung. Warum sollten aber gerade reiche Bürgerliche, neugierige Adelige oder interessierte Intellektuelle Mitglieder von Maurerlogen werden? Schon damals umgab die Logen eine Aura des Geheimnisvollen. Man munkelte von uralten Geheimnissen der Baukunst und anderen verborgenen Weisheiten. Außerdem ging das Gerücht, die Maurerlogen seien ein Hort der Brüderlichkeit und Toleranz jenseits von Religionsstreitigkeiten und Standesschranken. Das war für die damalige Zeit sehr ungewöhnlich, und viele Bürgerliche und Adelige traten in die Logen ein, um genau diesen Prinzipien zu folgen. Obwohl es keine Berufsgeheimnisse mehr zu verteidigen galt, mussten die Freimaurer dennoch bei ihrer Aufnahme in die Loge den Eid schwören, die Geheimnisse der Freimaurerei zu bewahren und weder mündlich noch schriftlich zu verraten. Die Eidesformel enthielt am Schluss eine barock ausgemalte Strafandrohung.

Die Geheimhaltung provozierte sehr schnell allerlei Gerüchte. Bereits in der ersten Hälfte des achtzehnten Jahrhunderts gab es reichlich antifreimaurerische Pamphlete. So genannte Verräterschriften veröffentlichten die geheimen Rituale und machten die Freimaurerei dadurch noch interessanter. Die gefährlichsten und wirkungsvollsten Verleumdungen kamen aber von einer ganz anderen Seite – und werfen ein grelles Schlaglicht auf die gesellschaftlichen Auseinandersetzungen des achtzehnten und neunzehnten Jahrhunderts.

Am 24. Juni 1717 schlossen sich in London vier Logen zur ersten Großloge zusammen. Dieses Datum gilt im Allgemeinen als Anfang der weltumspannenden Freimaurerei. Im Jahre 1723 verfasste der presbytische Geistliche James Anderson eine Zusammenstellung der so genannten *Alten Pflichten*, ein Dokument über die Pflichten der Freimaurer untereinander und gegenüber ihren Mitmenschen. Zur Religion stand dort unter anderem: »... *heute jedoch hält man es für ratsamer, sie [die Freimaurer] nur zu der Religion zu verpflichten, in der alle Menschen übereinstimmen, und jedem seine*

Überzeugungen selbst zu belassen.« Und weiter: *»So wird die Freimaurerei zu einer Stätte der Einigung und zu einem Mittel, wahre Freundschaft unter Menschen zu stiften, die einander sonst ständig fremd geblieben wären.«* Das Verhältnis zum Staat wird folgendermaßen beschrieben: *»Der Maurer ist ein friedliebender Bürger des Staates, wo er auch wohne oder arbeite.«*

Die Freimaurerei verbreitete sich von England aus geradezu explosionsartig über ganz Europa. Vielerorts wurde sie von der Obrigkeit mit Misstrauen betrachtet, und es dauerte nicht lange, bis die ersten Logenverbote erlassen wurden, zum Beispiel 1735 in Holland und Friesland, 1736 in Genf, 1737 in Paris, im Kirchenstaat und der Toskana, 1738 in Hamburg und Schweden. In Preußen und England durften die Logen dagegen unbehindert arbeiten. Friedrich II. von Preußen war selbst Freimaurer.

Die katholische Kirche begann hingegen einen verbissenen Kleinkrieg gegen die Freimaurer. Papst Clemens XII. erließ 1738 eine Bulle (*In eminenti*) gegen die Freimaurerei, die sein Nachfolger Benedikt XIV. 1751 in ähnlicher Form bestätigte (*Providas*). Darin warfen sie den Logen vor, Menschen aller Religionen und Sekten zu vereinigen. Für Katholiken untersagten die Päpste die Mitgliedschaft bei der Strafe der Exkommunikation.

Im achtzehnten Jahrhundert geriet die Stellung des Papsttums ernsthaft in Gefahr. Die Naturwissenschaften bewiesen die Gesetzlichkeiten der Erde und des Himmels. Die Philosophen der Aufklärung stellten die Kirche als Institution in Frage, und auch viele Geistliche zweifelten an der Kirchenautorität. Halb Europa war protestantisch geprägt. Dort fasste die Aufklärung Fuß, ohne dass die Kirche etwas dagegen unternehmen konnte. Der Jesuitenorden, die stärkste Stütze des Papstes, hatte zunehmend mit inneren Problemen zu kämpfen.

Die erste päpstliche Bulle von 1738 zeigte jedoch keine Wirkung, die zweite von 1751 nur in den iberischen Ländern und in Polen. In Deutschland und im vorrevolutionären Frankreich traten viele katholische Priester und Mönche in Freimaurerlogen ein, einige Logen bestanden sogar fast vollständig aus Geistlichen. In den protestantischen Ländern zeigten die frühen Verbote kaum Wirkung und verschwanden wieder, während die katholische Kirche noch immer an der Unvereinbarkeit von Freimaurerei und Mitgliedschaft in der katholischen Kirche festhält. Bis heute verurteilte die katholische Kirche die Freimaurerei in insgesamt zwölf offiziellen Stellungnahmen, von denen die Enzyklika *Humanum Genus* aus dem Jahre 1885 wohl die bemerkenswerteste ist. Wir werden noch darauf zurückkommen.

Die Freimaurerei breitete sich in der zweiten Hälfte des achtzehnten Jahrhunderts über ganz Europa aus, und die Freimaurerlogen entwickelten eine erstaunliche Vielfalt. Es gab konservative und liberale Logen, esoterische und rationale, adelige, klerikale, überkonfessionelle, militärische und rein gesellschaftliche Logen. Bald erschienen weitere Geheimgesellschaften nach Art der Freimaurer. Freiherr von Knigge lehnte das Organisationsschema für die geplante Entwicklung des Illuminatenordens an das Gradsystem der Freimaurerei an. Trotzdem war der Illuminatenorden keine freimaurerische Organisation. Das hinderte die deutschen Gegner der Freimaurer jedoch nicht daran, die Illuminaten nach ihrer Auflösung als Speerspitze der Freimaurerei zu denunzieren.

Auf der antiaufklärerischen und reaktionären Seite des politischen Spektrums agierten die Gold- und Rosenkreuzer, die sich nach dem Muster der Freimaurer organisierten und in Preußen und Bayern in den achtziger und neunziger Jahren beträchtlichen Einfluss errangen. Während die Logen in England und anderen protestantischen Ländern vorwiegend deistisch und unpolitisch blieben, trug die Freimaurerei in Frankreich, Italien und Belgien zunehmend antiklerikale Züge. Dies war sowohl eine Folge der Französischen Revolution als auch eine Reaktion auf die schroffe Ablehnung durch die katholische Kirche.

Mit Beginn des achtzehnten Jahrhunderts änderte sich das Bild wieder. Auf die Französische Revolution folgte das Zeitalter Napoleons, und als Ergebnis seiner Niederlage erstarkten die Kräfte der alten Ordnung. Das Zeitalter der Restauration brach an. Der Wiener Kongress, der im Jahre 1814 und 1815 über die Neuordnung Europas entschied, wurde zum Sinnbild für den Versuch, die Uhr noch einmal zurückzudrehen. Unter anderem beschloss der Kongress, den von Napoleon 1798 aufgehobenen Kirchenstaat wieder herzustellen. Die Päpste agierten zu dieser Zeit, als habe die Französische Revolution nie stattgefunden, als gäbe es keine Aufklärung und als sei die Kirche noch Herrin der Wissenschaften.

Aber bald stellte sich heraus, dass eine echte Restauration, eine Rückkehr zu den Zuständen vor der Französischen Revolution, nicht mehr möglich war. In Italien hatte sich eine Nationalbewegung formiert, die das Land wieder vereinen wollte. Angesichts der übermächtigen Armee Österreichs, die den Status Quo sicherte, organisierten sich die Nationalisten in diversen Geheimgesellschaften, darunter auch solchen, die man heute als Terrororganisationen bezeichnen würde. Ihr Ziel war ein geeintes Italien mit Rom als Hauptstadt. Der Kirchenstaat sollte dafür ebenso verschwinden wie die übrigen kleinen Staaten auf italienischem Boden. Auch das unter österreichischer Herrschaft stehende Norditalien sollte selbstverständlich Bestandteil des neuen Nationalstaates werden.

Der zunehmend schrille Ton päpstlicher Schriften gegen die Freimaurer und andere geheime Gesellschaften richtete sich deshalb auch gegen die italienische Nationalbewegung, die den weltlichen Herrschaftsanspruch des Papstes bedrohte.

Ab 1861 war der Kirchenstaat auf die unmittelbare Umgebung Roms zurückgeworfen, umgeben von einem geeinten Italien. Alle italienischen Freiheitshelden der damaligen Zeit (Mazzini, Cavour, Garibaldi, die Könige Viktor Emanuel I. und II.) waren Freimaurer.

Im Dezember 1864 veröffentlichte Papst Pius IX. die berüchtigte Enzyklika *Quanta Cura*, die in ihrem Anhang achtzig Irrtümer der Moderne aufzählte. Der Papst betrachtete unter anderem die folgenden Ideen als Irrtum:

- »Es ist jedem Menschen freigestellt, jene Religion anzunehmen und zu bekennen, die er mit dem Lichte der Vernunft als die wahre erachtet.«
- »Die Kirche muss vom Staat getrennt werden.«
- »Die Abschaffung der weltlichen Macht des heiligen Stuhls würde zur Freiheit und zum Glücke der Kirche ungemein beitragen.«
- »Der Papst in Rom kann und soll sich mit dem Fortschritt, mit dem Liberalismus und der modernen Kultur versöhnen und befreunden.«

Die Enzyklika rief heftige und kontroverse Reaktionen hervor. Modern gesinnte Katholiken packte das Entsetzen, Konservative jubelten. Liberale und Antiklerikale sahen sich in ihrer Ansicht bestätigt, dass die katholische Kirche nichts als ein Fossil aus einer untergegangenen Epoche war. In Italien gewannen die Antiklerikalen unter den Freimaurern weiteren Zulauf. Auch in Frankreich und Belgien stellten sich die Freimaurer zunehmend gegen die Kirche.

Im Jahre 1870 zogen italienische Truppen in Rom ein. Der Kirchenstaat hörte auf zu existieren und Rom wurde die Hauptstadt des italienischen Nationalstaates. Der Papst erklärte sich zum Gefangenen im Vatikan und weigerte sich, das geeinte Italien anzuerkennen. Auch sein Nachfolger Leo XIII. blieb bei dieser Strategie. Erst 1929 erkannte die katholische Kirche den italienischen Staat offiziell an.

Im Jahre 1885 bezeichnete Leo XIII. in der Enzyklika *Humanum Genus* die Freimaurer als Sekte und erklärte: »*Wie es Unsere Vorgänger mehrfach bestimmt haben, möge es niemand für erlaubt halten, aus welchem Grund auch immer, dem Freimaurerbund beizutreten, wenn er auf sein Seelenheil den Wert legt, den er ihm beimessen muss.*« Die Enzyklika wütete auch gegen den Liberalismus und alle Erscheinungen der modernen Zeit. Der gehässige Ton und die pauschalen Anschuldigungen lassen erkennen, wie sehr sich der Vatikan in seiner antiliberalen Einstellung eingemauert hatte.

Die Abneigung zwischen Liberalen und katholischer Kirche war gegenseitig. In Italien schloss der Staat 1879 fast 5000 Klöster. Viele Nationalisten hatten dem Papst nicht verziehen, dass er die italienische Einigung jahrzehntelang zu hintertreiben versucht hatte. Als der Sarg des 1878 verstorbenen Papstes Pius IX. im Jahre 1881 aus seiner einstweiligen Ruhestätte auf dem Gebiet des Vatikanstaats nach San Lorenzo überführt werden sollte, griff eine Gruppe von Antiklerikalen den Trauerzug an. Die Polizei konnte jedoch verhindern, dass sie die Leiche des Papstes in den Tiber warfen, wie sie es ursprünglich vorgehabt hatten.

In Frankreich regierten von 1879 bis 1886 und noch einmal von 1899 bis 1907 dezidiert antiklerikale Parteien mit einer starken Beteiligung von Freimaurern. Frankreich verbot den Jesuitenorden und führte kostenlose staatliche Schulen ein.

Im neu gegründeten Deutschen Reich tobte seit 1872 der Kulturkampf, den Bismarck gegen die katholische Kirche führte. Er hatte erst den Jesuitenorden, dann alle weiteren Orden verbieten lassen, soweit sie sich nicht ausschließlich der Krankenpflege widmeten. Mit dem Schulaufsichtsgesetz entzog Bismarck den Kirchen die geistliche Aufsicht über die Schulen. Kirchliche Eheschließungen wurden für ungültig erklärt, allein die standesamtliche Trauung hatte vor dem Gesetz Bestand. Der Kanzelparagraph verbot Geistlichen, zu staatlichen Themen »in einer den öffentlichen Frieden gefährdenden Weise« Stellung zu nehmen. Die Liberalen und Antiklerikalen stießen bei ihrer Politik der Zurückdrängung des katholischen Einflusses jedoch auf eine überraschend starke Volksfrömmigkeit. Die katholische Zentrumspartei im Deutschen Reich verdoppelte zwischen 1871 und 1890 die Anzahl ihrer Sitze im

Reichstag und wurde bei den Wahlen 1881 stärkste Fraktion. Bismarck sah sich gezwungen, die antiklerikalen Gesetze des Kulturkampfes in großen Teilen zurückzunehmen.

Aber nicht nur die katholische Kirche, sondern auch reaktionäre Politiker und konservative protestantische Pfarrer und Prediger sahen die Ausbreitung der Freimaurerei von Anfang an mit Misstrauen. Die Aufhebung von Standesgrenzen innerhalb der Freimaurerlogen erschien ihnen widernatürlich und als Angriff auf die Ordnung des Staates. Nach der Aufhebung des Illuminatenordens 1786 und erst recht nach der Französischen Revolution erschienen in Deutschland eine große Zahl von gegenrevolutionären Schriften. Sie machten die Freimaurer und die Illuminaten für alle Übel der modernen Zeit, insbesondere aber für die Exzesse der Französischen Revolution verantwortlich. Die Schriften der deutschen Reaktionäre beeinflussten sowohl die französischen als auch die britischen Antirevolutionäre. Damit lösten sie den bis heute weitergetragenen Verdacht aus, die Illuminaten hätten als Geheimgesellschaft überlebt und übten hinter den Kulissen der Welt beständig ihren verderblichen Einfluss aus.

In der zweiten Hälfte des neunzehnten Jahrhunderts häuften sich die Schriften, in denen Freimaurer und Juden der gemeinsamen Verschwörung verdächtigt wurden. Konservativ-klerikale Kräfte in Frankreich und die katholische Kirche hatten daran entscheidenden Anteil. Betrachtet man die wirklich bedeutenden Verbreiter dieser Verschwörungstheorie, so sind es um die Wende zum zwanzigsten Jahrhundert drei große Gruppen:

- Teile der katholischen Kirche und konservativ-katholische Autoren,
- die russisch-orthodoxe Kirche und konservativ-orthodoxe Autoren,
- die antisemitisch eingestellte russische Regierung ab 1881.

Freimaurer und Juden als Verderber der Menschheit

Im Jahre 1898 schrieb der *Osservatore Romano*, das offizielle Sprachrohr des Papstes: »*Freimaurerei und Judentum, die gemeinsam angetreten sind, das Christentum auf der Welt zu bekämpfen und zu vernichten, müssen sich jetzt gemeinsam gegen das christliche Erwachen und den Zorn der Menschen verteidigen.*«

Die Unterstellung, dass Freimaurer und Juden heimlich zusammenarbeiten, findet sich auch in den *Protokollen der Weisen von Zion* und vielen anderen antisemitischen Schriften der Zeit um 1900. Die meisten davon sahen die Juden als Anstifter und die Freimaurer (wie auch Sozialisten) als ihre Gehilfen an. »*Die Juden zogen ihren Nutzen aus der Proklamierung der Religonsfreiheit und der Gewährung der Staatsbürgerschaft..., um unsere Herren zu werden... Was regiert, ist die Freimaurerei, die gleichfalls von den Juden gesteuert wird*«, schrieb der Jesuitenpater Saverio Rondina im Jahre 1893 in der Jesuitenzeitung *Civiltà Cattolica,* die der direkten Aufsicht des Papstes unterstand.

Dabei wollte Rondina ausdrücklich kein Antisemit sein. Er stellt deshalb fest: »*Wir schreiben dies nicht in der Absicht, in unserem Land irgendeine Form des Antisemitismus zu entfachen oder zu fördern.*« Offener Antisemitismus galt schon damals als pöbelhaft. Intellektuelle wollten damit nichts zu tun haben, ganz gleich, welche grausigen Dinge sie den Juden unterstellten.

Hinter der kirchlichen Argumentation stand in etwa folgender Gedankengang: Wir haben euch immer gesagt, die Juden müssten von den Christen getrennt bleiben und in Ghettos leben. Aber ihr wolltet ja nicht hören und habt die Juden herausgelassen – und schon schwingen sie sich zu euren Herren auf. Juden sind verschlagen, betrügerisch und verlogen. Christen haben gegen sie keine Chance, also muss man sie wieder in Ghettos sperren.

Die Kirche wollte im Sinne des doppelten Schutzprinzips die Kontrolle über die Juden zurückhaben, sie wollte sie nicht vertreiben oder umbringen. Den Päpsten des neunzehnten Jahrhunderts hätte es vermutlich gereicht, die Juden in mittelalterlicher Rechtlosigkeit in den Ghettos zu wissen, ganz so wie es der Kirchenstaat seit 1826 wieder gehandhabt hatte. Die Freimaurer hingegen waren Christen, aus der Sicht der Kirche also verirrte Schafe, die man in die Herde zurücktreiben konnte. Während die Kirche dem einzelnen Juden Verschlagenheit, Bosheit und einen unheilbaren Christenhass unterstellte, fehlen derartige Zuweisungen an die Freimaurer. Den Liberalismus, den Sozialismus und die Freimaurerei bekämpfte die Kirche als Idee, die Juden hingegen als Volk. Protestantische und säkulare Antisemiten sahen das nicht anders, doch die katholische Kirche verfügte gerade unter der katholischen Landbevölkerung über eine unerreichte Glaubwürdigkeit. Die Juden als geheime Herrscher über die Freimaurer, die Presse, die demokratischen Regierungen und die Industrie – an der Entstehung dieser bis heute virulenten Verschwörungstheorie hat die katholische Kirche ohne Zweifel einen maßgeblichen Anteil gehabt.

Aber auch die katholische Kirche und besonders der Jesuitenorden als ihr wortgewaltigster Verteidiger waren ständig Ziel von Verschwörungstheorien.

Die Jesuiten

Bis zum neunzehnten Jahrhundert galt die katholische Kirche als spirituelle *und* weltliche Macht. Viele Atheisten oder Protestanten unterstellten ihr, heimlich die Macht in der Welt übernehmen zu wollen. Der Amerikaner Samuel Finley Breeze Morse etwa erfand nicht nur den ersten brauchbaren Telegraphen und das Morsealphabet, sondern er war auch ein überzeugter Protestant und Gegner der katholischen Kirche. In seinem 1835 erschienenen Buch *Foreign Conspiracies against the Liberties of the United States* [Ausländische Verschwörungen gegen die Freiheiten der Vereinigten Staaten] schrieb er: »*Österreich ist in diesem Land jetzt aktiv geworden. Es hat ein ganz großes Projekt entworfen. Es hat einen Plan orga-*

nisiert, um hier etwas zu unternehmen ... In seinem Auftrag reisen jesuitische Missionare durchs Land; es hat sie mit Geld ausgestattet und eine Quelle regelmäßigen Nachschubs für sie eingerichtet.«

Sollte die Verschwörung Erfolg haben, so schrieb Morse, würde bald ein Spross des Hauses Habsburg als Kaiser der USA eingesetzt werden. Die meisten Österreicher wissen vermutlich bis heute nicht, dass Samuel Morse sie seinerzeit als ernste Bedrohung der Freiheit der USA angesehen hat.

Der spanische Ritter Ignatius von Loyola gründete die Societas Jesu, den Jesuitenorden, im Jahre 1540, als er bereits 49 Jahre alt war. Es war ein Orden ganz neuen Typs: Die Mitglieder trugen keine spezielle Ordenstracht und mussten an keinem gemeinsamen Chorgebet teilnehmen. Ignatius wollte keine ortsgebundenen frommen Klostergemeinschaften unterhalten, vielmehr wollte er die Mitglieder seines Ordens ihren Fähigkeiten gemäß überall auf der Welt einsetzen. In der Satzung des Ordens heißt es: »Unsere Berufung ist, in jedweder Gegend der Welt unterwegs zu sein und das Leben zu führen, wo mehr Dienst für Gott und Hilfe für die Seelen erhofft wird.«

Ignatius von Loyola hatte den Orden ausdrücklich direkt dem Papst unterstellt. Die Jesuiten unterstützten deshalb eine starke Stellung des Papstes gegen die nationalen Kirchen. Das brachte ihnen in Paris die Gegnerschaft des Bischofs von Paris und des Pariser Parlaments ein, denn die französische katholische Kirche betrachtete sich als weitgehend unabhängig von Rom (*Gallikanismus*).

Bereits 1590, 50 Jahre nach seiner Gründung, hatte der Orden etwa 6000 Mitglieder, noch einmal 50 Jahre später waren es 15 000. Die Jesuiten gründeten eine Vielzahl von Kollegien (heute würde man Gymnasien sagen), in denen sie kostenlos Unterricht erteilten. Die berühmte Universität Sorbonne in Paris fürchtete die Konkurrenz der Jesuiten und schloss sich deshalb schon früh ihren Gegnern an. Die Jesuiten stellten bald an vielen katholischen Höfen die Beichtväter der Fürsten und gelangten so zu großem politischem

Einfluss. Sie missionierten in China und bauten in Südamerika Indianergemeinschaften auf.

Ignatius von Loyola hatte eine zu seiner Zeit einzigartige Organisation geschaffen: straff geführt, hervorragend organisiert, strikt übernational. Das trug ihm das Misstrauen der Protestanten ein, die ihrerseits allenfalls national organisiert waren. Sie sahen in den Jesuiten eine Art internationale Eingreiftruppe des Papstes mit der Aufgabe, die Gegenreformation voranzutreiben. Schon bei dem Prozess gegen die Pulververschwörer in England im Jahre 1605, nur 65 Jahre nach der Gründung des Ordens, waren diese Verschwörungstheorien voll ausgeprägt. Der Generalstaatsanwalt Sir Edward Pope warf in seinem Plädoyer den Jesuiten vor, mit Kronen zu spielen, Könige zu erheben und abzusetzen und die weltliche Gewalt ihren Interessen unterzuordnen. Pater Garnet, der oberste Jesuit Englands, wurde in einem juristisch fragwürdigen Prozess der Anstiftung zu dem Verbrechen für schuldig befunden und später hingerichtet.

Nahezu alle bedeutenden Verschwörungsvorwürfe gegen den Orden waren politisch bedingt und wurden von innerkirchlichen Widersachern genauso bereitwillig weitergetragen wie von den äußeren Gegnern der katholischen Kirche. Im achtzehnten Jahrhundert schien der Orden schließlich seinen Widersachern endgültig unterlegen zu sein. Paradoxerweise lag die Ursache nicht zuletzt in seinem anhaltenden Erfolg, der dazu führte, dass der einstmals hochmoderne Orden zunehmend versteinerte. Die innere Verwaltung nahm immer mehr Zeit in Anspruch, der Orden verzettelte sich in Kämpfen gegen die Aufklärer, gegen die Protestanten und gegen die streng moralischen Jansenisten, eine nach dem holländischen Theologen Cornelius Jansen benannte katholische Reformbewegung. Die Jesuitenkollegien lehrten nach einer mittlerweile als überholt angesehenen Methode. Mitte des achtzehnten Jahrhunderts galten die Jesuiten deshalb als Fortschrittsfeinde und zugleich als Feinde der Nationalstaaten. Es machte sich jetzt auch bemerkbar, dass die Jesuiten nicht so klug gewesen waren, sich Verbündete zu suchen.

Als Erstes verboten die Portugiesen den Orden. Die Jesuiten hatten in Paraguay autonome Indiogemeinschaften gegründet, die so genannten Reduktionen, die nach einem auch heute noch modernen christlichen Sozialsystem organisiert waren. Aufgrund eines Vertrages zwischen Spanien und Portugal von 1750 erhob Portugals Regierung, vertreten durch den mächtigen Minister de Carvalho, Anspruch auf jene Teile des Jesuitengebietes, in denen er von Jesuiten betriebene Goldminen vermutete. Die portugiesische Regierung verlangte, dass sieben Reduktionen in unwirtliches Land umgesiedelt werden sollten. Die Indios widersetzten sich. Portugal und Spanien vertrieben sie schließlich mit militärischer Gewalt. Portugal machte die Jesuiten für den Widerstand der Indios verantwortlich. Der aufklärerisch gesinnte de Carvalho sah die Jesuiten ohnehin als Gegner an, die er auszuschalten gedachte.

Er begann eine Verleumdungskampagne gegen den Orden und erreichte zunächst, dass die Jesuiten 1757 den portugiesischen Hof verlassen mussten. Ein Jahr später hängte er den Jesuiten einen angeblichen Mordanschlag auf den König an und ließ unter diesem Vorwand die Güter des Ordens in Portugal und in Südamerika beschlagnahmen. Die dort vermuteten Goldminen fand er allerdings nicht; sie hatten nie existiert. De Carvalho befahl schließlich, alle Jesuiten, 1700 an der Zahl, aus Portugal und den Überseeprovinzen auszuweisen. 250 von ihnen ließ er unter so grausamen Bedingungen einkerkern, dass ein Drittel die Haft nicht überlebte.

In Frankreich führte eine undurchsichtige Finanzaffäre zur Auflösung des Ordens im Jahre 1764. Es folgten Verbote in Spanien und den von Spanien abhängigen Gebieten Neapel und Parma. Die Spanier befanden es nicht einmal für nötig, die Aktion zu rechtfertigen. Nach diesen Teilerfolgen verlangten Frankreich, Spanien und Portugal die Auflösung des Ordens von Papst Clemens XIII., der dies entschieden zurückwies. Aber der Papst war bereits ein alter Mann. Im Februar 1769 erlitt er einen Schlaganfall und starb. Die drei katholischen Mächte warfen jetzt ihren Einfluss zusammen, um einen nachgiebigeren Papst wählen zu lassen. Der neue Papst, Clemens XIV., taktierte vier Jahre lang, bevor er den mittlerweile massiven Drohungen der katholischen Herrscher nachgab und den Jesuitenorden 1773 verbot. »Zur Herstellung eines dauerhaften Friedens«, wie er in dem Auflösungs-Breve *Dominus ac Redemptor* schrieb. Kein Papst nahm jemals wieder den Namen Clemens an.

Im protestantischen Preußen blieb der Orden drei weitere Jahre bestehen und im orthodoxen Russland überlebte er sogar bis zu seiner Wiederbegründung im Jahre 1814. Friedrich II. von Preußen und Zarin Katharina II. weigerten sich, das Auflösungsbreve zu verkünden. Es gehörte zu den Merkwürdigkeiten der damaligen Machtverteilung, dass eine päpstliche Anordnung nur dort wirksam werden durfte, wo der jeweilige Landesherr sie verkünden ließ. Das galt selbst dann, wenn es sich wie hier um eine innerkirchliche Angelegenheit handelte.

Der nunmehr unübersehbare Machtverlust des Papstes führte zu weiteren Turbulenzen. Im Zuge der Französischen Revolution beschloss die Nationalversammlung 1790 die Beschlagnahmung des Kirchenbesitzes und die Nationalisierung der Kirche. Als Napoleon 1798 den Kirchenstaat aufhob, Papst Pius VI. gefangen nahm und die römische Republik ausrief, schien die zentrale Organisation der katholischen Kirche am Ende zu sein. Im Zuge der Restauration entstand jedoch der Kirchenstaat 1815 neu, und mit ihm, bereits ein Jahr früher, der Jesuitenorden.

In den folgenden Jahren entwickelte sich der Orden zum wortgewaltigsten Unterstützer der reaktionären Politik der Kirche. Allerdings stießen die Jesuiten besonders in Spanien, Frankreich und Italien bei ihren Gegnern nicht nur auf Ablehnung, sondern auf regelrechten Hass. Sie galten als Speerspitze der reaktionären und antirevolutionären Kräfte. Am 17. Juli 1834 stürmte eine fanatische Menge das Ordenshaus in Madrid und ermordete 15 Jesuiten. Im Revolutionsjahr 1848 musste der Ordensgeneral aus Rom fliehen und kehrte erst zwei Jahre später zurück. Die Schweiz wies nach dem Sonderbundkrieg im Jahre 1848 alle Jesuiten aus und erlaubte erst 1973 wieder die Tätigkeit des Ordens.

Mit der Gründung einer auf den Prinzipien der Aufklärung beruhenden säkularen Republik im Jahre 1776 hatten die USA bewiesen, dass ein solcher Staat möglich war und stabil sein konnte. Bis dahin hatten die Vertreter des Absolutismus dies immer bezweifelt. Die Französische Revolution hatte die Brüchigkeit der alten Einheit von Thron und Altar auch in Europa nachgewiesen. Die Monarchie von Gottes Gnaden war keine Selbstverständlichkeit mehr. Aber die Kräfte, die zu den alten Zuständen zurückkehren wollten, blieben stark und begannen, ihre Ansichten aggressiv zu vertreten. Dazu gehörte auch die Verleumdung der Gegner – eine Disziplin, in der ihnen Liberale und Antiklerikale auf der anderen Seite in nichts nachstanden. Nach dem Wiener Kongress schienen die Konservativen die Oberhand zu gewinnen, aber ihr Sieg bröckelte zunehmend.

Der Jesuitenorden wuchs von 150 Mitgliedern bei seiner Wiederbegründung 1814 binnen 35 Jahren auf 6000 Mitglieder an. Man darf vermuten, dass er diesen Erfolg gerade der aggressiven Verteidigung alter Werte verdankte. Bereits Mitte des neunzehnten Jahrhunderts waren die Jesuiten wieder eine wichtige Stütze des Papstes geworden. Bei der Formulierung der bereits erwähnten Enzyklika *Quanta Cura* mit der Aufzählung von achtzig Irrtümern der Moderne haben Jesuiten aktiv mitgewirkt. Sie vertraten auch eine starke Stellung des Papsttums innerhalb der katholischen Kirche, den so genannten Ultramontanismus. Als internationaler Orden mussten sie schon im eigenen Interesse darauf hinwirken, dass die nationalen Kirchen nicht zu stark wurden.

Eine so entschieden vorgehende Organisation wie der Jesuitenorden war natürlich auch weiterhin ständigen Anfeindungen ausgesetzt. Der Jesuit Bernhard Duhr hat 1902 in seinem Buch *100 Je-*

suitenfabeln falsche Anschuldigungen aus mehreren Jahrhunderten zusammengetragen. In dieser Sammlung lassen sich mehrere Typen von Legenden unterscheiden: Eine richtet sich gegen vermeintliches oder tatsächliches Fehlverhalten eines Ordensmitglieds, um dann daraus auf die moralische Verkommenheit des ganzen Ordens zu schließen.

Ein weiterer Typ übertreibt angebliche Ordensregeln, um sie als Beweis für jesuitische Spitzfindigkeit oder Verlogenheit heranzuziehen. So schließen die Jesuiten einen Tyrannenmord nicht unter allen Umständen aus. Also streuten ihre Gegner das Gerücht aus, dass protestantische Fürsten um ihr Leben fürchten müssten, weil die Jesuiten sie als illegitime Herrscher, mithin als Tyrannen, einstufen könnten. Das ist jedoch schlichter Unsinn. Ein anderes Beispiel ist die angebliche jesuitische Verhaltensregel, dass der gute Zweck jedes Mittel heilige. Auch das ist nicht richtig: Im Jesuitenorden sind keine Verbrechen oder unmoralische Methoden zur Förderung der Zwecke des Ordens erlaubt.

Ein dritter Typ von Legenden schließlich beruft sich auf gefälschte Dokumente oder Berichte, betrifft also vollständig erfundene Ereignisse. So zitiert Duhr aus dem *Archiv für Strafrecht* die Behauptung, dass noch 1877 mit Hilfe der Jesuiten in Mexiko an einem Tag fünf Hexen verbrannt worden seien. Mexiko hatte jedoch bereits 1873 alle Jesuiten ausgewiesen.

Die Jesuitenfabeln in Duhrs Sammlung zeigen sehr gut, welches die vorherrschenden antijesuitischen Vorurteile waren: Jesuiten lügen, erlauben Unmoral, begehen auf Befehl ihrer Oberen oder des Papstes Verbrechen, häufen Reichtümer an, leben unmoralisch und gehen zur Erreichung ihrer Ziele über Leichen, natürlich immer mit einem frommen Spruch auf den Lippen. Richtig ist, dass Jesuiten national nicht gebunden, gut ausgebildet, streitbar, dialektisch geschult, politisch mächtig und stets unangenehm waren, selbst für ihre hochgestellten Gönner. Madame Pompadour, der Mätresse Ludwigs XV., verweigerte ihr jesuitischer Beichtvater – ihrer fortwährenden Sünden wegen – Absolution und Kommunion. Sie verzieh ihm das nie und gehörte fortan zu den entschiedensten Gegnern der Jesuiten. Heute ist der Jesuitenorden mit über 20 000 Mitgliedern der größte Orden der katholischen Kirche. Mit dem Machtverlust der Kirche ist aber auch sein Einfluss zurückgegangen, und er erscheint kaum noch in den Nachrichten, weder im Guten noch im Bösen.

In zeitgenössischen Verschwörungstheorien hat das Opus Dei den Jesuiten die Rolle des katholischen Schurken abgenommen. Das Opus Dei ist kein Orden, sondern eine 1928 gegründete konservative katholische Gemeinschaft (offiziell: eine Personalprälatur), der etwa 80 000 Laien und etwa 1800 Priester angehören. In seinem Bestseller *Sakrileg* wies Dan Brown die Rolle des Bösewichts einem Psychopathen aus den Reihen des Opus Dei zu und zeichnete dabei ein finsteres Bild dieser Organisation.

Juden, Freimaurer, Jesuiten: Gemeinsamkeiten und Unterschiede

Alle drei Gruppen gelten bei ihren Gegnern als hoch organisiert und gegen äußere Einflüsse abgeschottet. Sie sind international ausgerichtet und entziehen sich damit dem üblichen Schema von Staats- und Volkszugehörigkeit. In der Vorstellung ihrer Gegner gelten Freimaurer als Feinde der Religion an sich. Juden und Jesuiten wird vorgeworfen, ihrer eigenen Religion die Vorherrschaft sichern zu wollen. Alle drei Gruppen sind weltweit verbreitet und ihre Mitglieder sind nicht unmittelbar als solche zu erkennen. Die Stereotype aller drei Gruppen enthalten also wichtige Teile des allgemeinen Dämonenstereotyps (mächtig, böse, unsichtbar, allgegenwärtig). Solche Gruppen sind immer bevorzugte Ziele des Verschwörungsglaubens.

Das Argument, eine Minderheit wie Juden oder Freimaurer sei grundsätzlich dem Misstrauen der Mehrheit ausgesetzt und deshalb Ziel von Verschwörungen, lässt sich hingegen nicht erhärten. So hegen zum Beispiel in den USA erstaunlich viele Schwarze den Verdacht, Aids sei von der amerikanischen Regierung vorsätzlich verbreitet worden, um sie auszurotten. Umgekehrt haben viele Weiße in den USA zwar Angst, Opfer von schwarzen Gewalttätern zu werden, die Furcht vor einer Verschwörung der schwarzen Minderheit ist aber gering.

Gegen alle drei Gruppen, Juden, Jesuiten und Freimaurer, wurde auch immer wieder der Vorwurf des organisierten Verbrechens erhoben. Bei den Freimaurern ging es um den Satanskult, bei den Juden um Hostienschändung, Ritualmord, Hochverrat und Finanzdelikte, bei den Jesuiten um Königsmord, Erbschleicherei, Bereicherung und Betrug. Trotzdem gab es kaum ernsthafte Untersuchungen oder gar Anklagen. Fast alle Verfahren, Verhaftungen oder Hinrichtungen waren politisch begründet. Auch die Verbote des Jesuitenordens oder der Freimaurer hatten immer einen politischen, niemals einen kriminellen Hintergrund.

Die Verschwörungstheorien gegen die Freimaurer und Jesuiten richteten sich hauptsächlich gegen die Organisation, nicht gegen die einzelnen Mitglieder. Die meisten Freimaurer waren und sind örtliche Honoratioren, denen natürlich niemand Teufelsanbetung oder sexuelle Ausschweifungen unterstellen will. Jesuiten und katholische Priester genossen als Geistliche durchaus individuellen Respekt, auch bei Protestanten und Evangelikalen.

Hier unterscheiden sich die Verschwörungstheorien gegen Juden deutlich von allen anderen. In der europäischen Verschwörungstradition gilt »der Jude« als individuell hinterhältig, verschlagen und geldgierig. Die meisten Antisemiten geben großzügig zu, dass es auch gute Juden gibt, aber der durchschnittliche Jude hat für sie negative Eigenschaften. Auch dem einzelnen Juden trauen viele Menschen die Verbrechen zu, die den Juden insgesamt zugeschrieben wurden. So gab es noch im späten neunzehnten Jahrhundert in Deutschland Prozesse gegen Juden wegen falscher Ritualmordvorwürfe, so 1873 in Enniger und 1891 in Xanten. Beide Fälle endeten mit Freisprüchen wegen erwiesener Unschuld. Die Staatsanwaltschaft glaubte aber tatsächlich, dass die angeklagten Juden aus rituellen Gründen Christen umgebracht hatten. Die jahrhundertelange, von der Kirche erzwungene Trennung der Juden von den Christen und die Pflicht, bestimmte Kennzeichen zu tragen, nahm den Juden in den Augen der Christen ihre Individualität. Dadurch wurden sie zu gesichtslosen Vertretern des Kollektivs degradiert – und jedem Einzelnen wurden die negativen Eigenschaften der Gruppe zugewiesen.

Mit der Öffnung der Ghettos im neunzehnten Jahrhundert hätte diese Stigmatisierung langsam verschwinden können. Der scharfe Antisemitismus konservativer Kreise und besonders der katholischen Kirche aber hielt die Vorurteile aufrecht und verstärkte sie erneut. In den USA, wo die Juden niemals in Ghettos gezwungen wurden, ist dieser individuelle Antisemitismus deutlich schwächer ausgeprägt. Er richtet sich vorwiegend gegen die Juden als anonyme Manipulateure des Finanzmarktes und der öffentlichen Meinung. Die europäische, auch im nahen Osten verbreitete Variante antisemitischer Verschwörungstheorien hingegen sieht schon den einzelnen Juden als Gegner. Solche Theorien bedrohen Juden schon unmittelbar als Person. Die europäischen Staaten sind deshalb gut beraten, an der scharfen Bekämpfung des Antisemitismus festzuhalten.

11: Verschwörer und Dämonen der modernen Welt

Verschwörungen und Verschwörungstheorien der Gegenwart

Die englische Sprache zeichnet sich durch eine im Deutschen unbekannte Flexibilität aus. Durch das Anhängen der Endung -ism (im Deutschen -ismus) entstehen im Handumdrehen neue Weltanschauungen. Der *Newsweek*-Redakteur Jonathan Alter sieht die Gegenwart als Zeitalter des »*conspiracism*« – ein unübersetzbares Wort, das die Neigung umschreibt, Politik und Katastrophen grundsätzlich als Ergebnis einer Verschwörung zu betrachten. Der amerikanische Historiker Richard Hofstadter schreibt eine solche Neigung dem »paranoiden Stil« bestimmter Gruppen und Individuen an den Rändern des politischen Spektrums zu, während er die Bereitschaft zum Konsens als Kennzeichen der politischen Mitte betrachtet. Diese Ansicht, die er im Jahre 1964 in *Harper's Magazine* veröffentlichte, wurde zum Angelpunkt der Verschwörungsdiskussion unter amerikanischen Historikern. Daniel Pipes sieht die Neigung zum Verschwörungsglauben ebenfalls als individuelles, von der Norm abweichendes Denkschema.

Der amerikanische Jurist und Buchautor Mark Fenster hingegen kritisiert, dass Hofstadters These eine Entschuldigung liefert, um politischen Protest jeder Art als Ausdruck einer krankhaften Geisteshaltung zu brandmarken. Auch der amerikanische Historiker Robert Alan Goldberg bezweifelt Hofstadters Analyse. Er geht davon aus, dass Verschwörungstheorien auch in den Hauptströmungen amerikanischer Politik eine große Rolle spielen. In der Tat zeigt die Sozialpsychologie, dass die Bereitschaft zum Verschwörungsglauben als eine Grundkonstante menschlichen Denkens gelten muss. Lediglich die Themen wechseln und spiegeln die Ängste und Befürchtungen der Menschen in ihrem jeweiligen Zeitalter wider. Sehen wir uns einige Beispiele an:

Ruanda

Am 6. April 1994 starb der ruandische Staatschef Habyarimana, als seine Maschine in der Nähe des Flughafens der Hauptstadt Kigali abgeschossen wurde. Eine Gruppe von Offizieren aus der Volksgruppe der Hutu riss daraufhin die Macht an sich und begann einen Massenmord an der verfeindeten Volksgruppe der Tutsi. Bei dieser Gelegenheit ließen sie auch jeden Hutu ermorden, der ihnen politisch verdächtig erschien. Die Putschisten hatten vorsorglich eine große Anzahl von Macheten importiert, und so erschlugen Milizen und aufgehetzte Zivilisten in den nächsten drei Monaten fast eine Million Menschen mit Haumessern, Hämmern und Äxten. Das Massaker war sorgfältig geplant. Teilweise gingen die Milizen nach vorher erstellten Mordlisten vor. Nach drei Monaten gelang es einer bewaffneten Tutsi-Truppe aus Uganda unter dem Exil-Ruander Paul Kagame, die Putschisten abzusetzen. Zehntausende von Hutus flüchteten vor der Rache der Tutsi ins Nachbarland Kongo, wo viele noch immer in Flüchtlingslagern hausen.

Dubios ist die Rolle Frankreichs bei diesem Massaker. Sicher ist, dass Frankreich die Hutus ausgerüstet und beraten hatte. Die Unterstützung der frankophonen Hutus sollte den wachsenden amerikanischen Einfluss in Ruanda eindämmen. Ob Frankreich von dem geplanten Völkermord gewusst hat, ist nicht nachgewiesen. Sicher ist allerdings, dass der Kommandeur der UNO-Truppen in Ruanda, der kanadische General Roméo Dallaire, bereits drei Monate vor Beginn des Völkermordes von eindeutigen Vorbereitungen berichtet hatte. Es ist kaum denkbar, dass die französischen Berater der ruandischen Regierung davon nichts wahrgenommen haben. Eventuell waren sie sogar direkt beteiligt. In einem Artikel für *Die Zeit* vom 26. März 1998 schreibt Bartholomäus Grill: »*Ein Zeuge beobachtete am Abend des 6. April 1994, wie zwei weiße Männer – angeblich Franzosen in belgischen Uniformen – die Maschine von Ruandas Präsident Juvénal Habyarimana mit einer Boden-Luft-Rakete abschossen. Der Staatschef kam um. Er wollte Frieden mit den Rebellen schließen, vorausgesetzt, die Franzosen wären aus Ruanda abgezogen. Hat Paris den Friedensprozess torpediert, um das Land an sich zu ketten?*«

Noch am 3. Mai 1994, als das Massaker bereits begonnen hatte, empfing Präsident Mitterrand den ruandischen Außenminister Jérôme Bicamumpaka zu einem Gespräch. Am 5. Mai bestellte ein Militärgesandter aus Ruanda bei der staatlichen französischen Rüstungsagentur Sofremas für acht Millionen Dollar Waffen. Französische Truppen griffen ein, als den Hutus nach ihrer Niederlage die Rache der Tutsis drohte, und sorgten dafür, dass die Massenmörder unbehelligt das Land verlassen konnten. François Mitterrand kommentierte den Völkermord so: »*Ein Genozid ist in Afrika nicht so schlimm wie anderswo.*«

Lady Diana

Es war eine Traumhochzeit, die Hochzeit des Jahrhunderts. Prinz Charles, Thronfolger des vereinten Königreichs von England, Schottland und Wales, heiratete am 24. Februar 1981 die erst neunzehnjährige Lady Diana Spencer. Mit ihrer Schönheit und ihrem freundlichen sowie hoheitsvollen Auftreten gab sie dem verstaubten Königshaus der Windsors neuen Glanz, zumal sie sich oft und gerne in der Öffentlichkeit zeigte. Bald aber tauchten Gerüchte auf, sie fühle sich nicht wohl in ihrer Ehe, und spätestens 1990 galt die Verbindung als gescheitert. Nach ihrer Trennung im Juli 1996 führten Diana und Charles einen gnadenlosen Medienkrieg gegeneinander. Sie zerrten ihr Privatleben an die Öffentlichkeit und warfen sich gegenseitig ihre Verfehlungen und Affären vor.

Im Juli 1996 wurde die Ehe von Charles und Diana geschieden. Lady Diana trat von der Schirmherrschaft vieler karitativer Vereinigungen zurück, aber sie blieb weiterhin in der Öffentlichkeit präsent. 1997 begann sie eine Beziehung mit Emad (»Dodi«) al-Fayad, dem Sohn des schwerreichen Ägypters Mohamed al-Fayad, dem unter anderem das Londoner Kaufhaus Harrods gehört. Am 31. August 1997 starben Lady Diana, Dodi al-Fayad und ihr Fahrer bei einem nächtlichen Autounfall in Paris. Nur ihr Leibwächter überlebte schwer verletzt. Ihr Auto war in einem Seine-Tunnel mit hoher Geschwindigkeit von der Fahrbahn abgekommen, gegen einen Betonpfeiler geprallt und von dort gegen die Betonwand des Tunnels geschleudert. Angeblich war der Fahrer so schnell gefahren, um den Klatschreportern zu entkommen, die dem prominenten Paar überall nachstellten.

Der Abschlussbericht der französischen Polizei stellte klar, dass es keinen Hinweis auf Fremdverschulden gab, und wies darauf hin, dass der Fahrer betrunken war. Trotzdem schossen sofort nach dem Unfall Verschwörungstheorien auf. Der britische Secret Service, so hieß es, habe Lady Diana umgebracht, um der königlichen Familie einen Gefallen zu tun. Oder um Prinz Charles die Hochzeit mit seiner langjährigen Freundin Camilla zu ermöglichen. Oder aus anderen Gründen. In Ägypten kursierte das Gerücht, der britische Geheimdienst habe verhindern wollen, dass Lady Diana einen Moslem heirate. Nach einer anderen Version störte ihr Engagement für das Verbot von Landminen die Geschäfte internationaler Waffenhändler. Auch Dodi hätte Ziel eines Anschlags sein können. Sein überaus reicher Vater hatte sich in seinem Leben zahlreiche Feinde gemacht.

Aber: Sind Diana und Dodi überhaupt tot? Die Särge der beiden blieben geschlossen, und Dodi wurde bereits am Tag nach dem Unfall beerdigt. So spekulieren einige, dass die beiden den Unfall vorgetäuscht hätten, um unbehelligt aus der Öffentlichkeit verschwinden zu können. Andererseits tauchten bereits Minuten nach dem Unfall und noch vor dem Eintreffen der Polizei Journalisten am

Unfallort auf und schossen Fotos vom Unfallwagen und den Opfern. Während der Fahrer und Dodi al-Fayad sofort tot waren, überlebte Lady Diana den Unfall mit schwersten Verletzungen. Im Pariser Krankenhaus La Salpêtrière bemühten sich die Ärzte noch zwei Stunden lang um ihr Leben. Alles das lässt sich kaum vortäuschen.

Yukos

Theoretisch ist Russland eine parlamentarische Demokratie mit unabhängigen Gerichten. Praktisch ist Russland ein autoritär regiertes Land mit ausufernder Korruption und einem vom Präsidenten abhängigen Rechtswesen. Das zeigte sich exemplarisch in dem Vorgehen der russischen Justiz gegen den privaten Ölkonzern Yukos und dessen Chef Michail Borissowitsch Chodorkowski.

Nach dem Untergang der Sowjetunion und dem Ende des Sozialismus kamen in Russland eine Handvoll Männer, die so genannten Oligarchen, zu fabelhaftem Reichtum. Sie nutzten ihre guten Beziehungen, das Chaos der überstürzten Privatisierungen und die russischen Gesetzeslücken, um riesige Firmenimperien an sich zu ziehen. Zu ihnen gehörte auch Michail Chodorkowski. Er leitete den Ölkonzern Yukos und führte dort westliche Buchführungs- und Controllingstandards ein. Der Konzern wirtschaftete extrem erfolgreich, und Chodorkowski verfügte bald über ein Privatvermögen in Milliardenhöhe. Seine westlich-liberalen Ansichten führten jedoch zu einem erbitterten Konflikt mit der russischen Regierung unter Präsident Putin. Am 25. Februar 2003 verhafteten Soldaten der Spezialeinheit Alfa Chodorkowski auf einem Inlandsflug in Nowosibirsk. Die Staatsanwaltschaft klagte ihn wegen Betrugs und Steuerhinterziehung an. Kaum einer der Oligarchen hat sein Geld auf ganz durchsichtige Weise angehäuft, und Chodorkowski machte da keine Ausnahme.

Die Prozessführung gegen Chodorkowski ließ keinen Zweifel

daran aufkommen, dass es hier nicht um Recht, sondern um Politik ging – und um die erneute Verstaatlichung des Yukos-Konzerns. Die russischen Steuerbehörden forderten deshalb von Yukos eine Steuernachzahlung von mehr als 5,5 Milliarden Euro. Yukos konnte das Geld nicht aufbringen und musste seinen wertvollsten Konzernteil, den Ölproduzenten Yugansneftegas, versteigern. Die staatliche russische Ölgesellschaft Rosneft übernahm Yugansneftegas für etwa die Hälfte des geschätzten Marktwertes. Bereits vorher hatten seltsame Auflagen des russischen Staates dafür gesorgt, dass der Marktwert von Yukos und seiner Tochtergesellschaften deutlich sank.

Der Prozess gegen den Yukos-Chef Chodorkowski und den Mitangeklagten Platon Lebedew erinnerte an die Schauprozesse aus Sowjetzeiten. Das Gericht gab sich keine Mühe, die Rechte der Angeklagten zu beachten, und die Staatsanwaltschaft gab sich keine Mühe, ihre Anklagen zu beweisen. Die Verlesung des Urteils schließlich hätte aus einem Stück von Kafka stammen können: Zehn Verhandlungstage lang las die Richterin mit monotoner Stimme das mehr als tausendseitige Urteil vor. Große Teile davon stimmten wörtlich mit der Anklageschrift überein. Am 30. Mai 2005 verurteilte das Gericht die beiden Angeklagten schließlich zu je neun Jahren Straflager. Das Revisionsgericht verringerte das Urteil am 22. September 2005 auf acht Jahre Lagerhaft.

Inzwischen hat der russische Staat eine Reihe weiterer Privatunternehmen in seinen Besitz gebracht, unauffällig und ohne großen Widerstand der Betroffenen.

Die Attentate auf das Pentagon und das World Trade Center vom 11. September 2001

Die Fakten zu diesem Ereignis sind schnell aufgezählt: Am Morgen des 11. September 2001 entführten islamistische Terroristen vier Verkehrsmaschinen in den USA. Sie übernahmen die Steuerung der

Maschinen und schalteten als Erstes die Transponder ab, um die Erkennung der Flugzeuge zu erschweren. Dann lenkten sie die Maschinen als riesige Bomben auf die vorher festgelegten Ziele. Um 8.46 Uhr Ostküstenzeit schlug die erste Maschine in den Nordturm des World Trade Center ein, um 9.03 Uhr die zweite in den Südturm. In beiden Türmen brachen daraufhin schwere Brände aus. Sie schwächten die Stahlträger-Strukturen der Gebäude so sehr, dass beide Türme innerhalb von neunzig Minuten zusammenbrachen. Um 9.37 Uhr steuerte einer der Terroristen das dritte Flugzeug ins Pentagon, das amerikanische Verteidigungsministerium. Die vierte Maschine stürzte um 10.06 Uhr bei Shanksville in Pennsylvania ab. Bei den Attentaten starben insgeamt fast dreitausend Menschen.

In den nächsten Tagen identifizierten die Behörden 19 Entführer, von denen 15 aus Saudi-Arabien stammten, zwei aus den Vereinigten Arabischen Emiraten, einer aus Ägypten und einer aus dem Libanon. Von Anfang an verdächtigten die amerikanischen Ermittlungsbehörden die Organisation Al-Quaida des Islamistenführers Osama bin Laden, die Attentate vorbereitet und durchgeführt zu haben. Die Gruppe hatte im August 1998 verheerende Autobombenanschläge auf die amerikanischen Botschaften in Nairobi und Daressalam durchgeführt, die 224 Menschen töteten und die gesamte Umgebung der Botschaften verwüsteten. Im Oktober 2000 steuerte ein Al-Quaida-Kommando im Hafen von Aden ein mit Sprengstoff gefülltes Schnellboot gegen den amerikanischen Zerstörer *Cole,* der dort vor Anker lag. 17 Seeleute starben.

Osama bin Laden, der Anführer der Gruppe, entstammt einer reichen saudi-arabischen Familie. Sein persönliches Vermögen wird auf einige hundert Millionen Dollar geschätzt. Zu Beginn der neunziger Jahre agitierte er gegen die Anwesenheit amerikanischer Streitkräfte in Saudi-Arabien. 1991 verbannte ihn die saudische Regierung und bürgerte ihn 1994 aus. Seine Familie verstieß ihn und zahlte ihm sein Erbteil aus (etwa 300 Millionen Dollar). 1996 ging er nach Afghanistan, in dem seit September 1996 die fundamentalistischen Taliban den jahrelangen Bürgerkrieg für sich entschieden hatten. Dort baute bin Laden unter dem persönlichen Schutz des geistlichen Führers Mullah Mohamad Omar Achund die Al-Quaida-Organisation auf. Er ließ auch islamistische Schulen für die Kinder wohlhabender Araber und Trainingslager für islamistische Terroristen errichten.

Osama bin Ladens persönliches Vermögen und ein weltweites Netz von Spendenorganisationen und Finanzierungsunternehmen sicherten ihm die nötigen finanziellen Mittel. 1998 proklamierte Al-Quaida dann die »Internationale Islamische Front für den Heiligen Krieg gegen Juden und Kreuzritter« und erklärte die »Tötung der Amerikaner und ihrer Verbündeten« zur »persönlichen Pflicht eines jeden Muslim«. Kurz darauf begann die Serie von Terroranschlägen, von denen die Attentate auf das World Trade Center und das Pentagon die spektakulärsten waren.

Die *Verschwörungslegenden* zu den Attentaten des 11. September bezweifelten praktisch jedes Detail des Ablaufs. Zum Beispiel behaupten sie:
- Die angeschuldigten Araber seien nicht an Bord der Maschine gewesen. Mindestens fünf von ihnen seien noch am Leben.
- Die Entführer hätten die Verkehrsmaschinen nicht fliegen können.
- Die Flugzeuge hätten das World Trade Center nicht zum Einsturz bringen können. Es sei so konstruiert gewesen, dass es einen Flugzeugeinschlag aushalten musste.
- Die Türme des World Trade Centers seien gesprengt worden.
- Die US-Luftwaffe hätte die entführten Flugzeuge abschießen können, hat es aber nicht getan.
- Ins Pentagon sei kein Flugzeug, sondern ein Marschflugkörper eingeschlagen.
- Das Loch, das die bei Shanksville abgestürzte Maschine gerissen hat, sei zu klein für ein Verkehrsflugzeug. Oder: Dort seien keine Reste eines Verkehrsflugzeuges gefunden worden.

- Alle großen Zeitungen und alle großen Fernsehsender in den USA und Europa ignorieren alle Erkenntnisse, die den offiziellen Mitteilungen widersprechen.

Keines dieser Argumente ist unwidersprochen geblieben. So brachte beispielsweise die BBC kurz nach dem Attentat die Meldung, dass Waleed al-Shehri, einer der Flugzeugentführer, noch lebte. Diese Meldung war noch Jahre später unkommentiert auf dem BBC-Internetportal abrufbar. Dennoch ist sie nachweislich falsch. Der Artikel stützte sich nicht auf eigene Recherchen, sondern auf einen anderen Artikel, der wiederum einen arabischen Artikel wiedergab. Die ursprüngliche Quelle der Falschmeldung ist nicht auffindbar.

Verschiedene Autoren, zum Beispiel John Goetz für den WDR, haben die Angelegenheit recherchiert und festgestellt, dass alle Attentäter definitiv tot sind. Die endgültige Liste der Attentäter mit Namen und Fotos, die das FBI am 27. September 2001 veröffentlicht hat, erwies sich auch in den weiteren Ermittlungen als korrekt. Auch alle anderen Behauptungen lassen sich widerlegen.

Trotzdem haben sich die Verschwörungslegenden zu den Attentaten inzwischen verfestigt. Die Autoren, die sie vertreten, zitieren sich gegenseitig und bilden so ein Geflecht von einander stützenden Aussagen. Wer beispielsweise behauptet, bei Shanksville sei kein Flugzeug abgestürzt, sondern man habe nur einige Bruchstücke verstreut und eine Sprengladung gezündet, kann Dutzende von Referenzen dafür anführen. Wer behauptet, ins Pentagon sei kein Flugzeug eingeschlagen, kann auf einen ganzen Stapel Schriften verweisen, die spitzfindig nachweisen, dass in den Luftbildern des Pentagon nach dem Einschlag kein Flugzeug zu sehen ist. Da fällt es offenbar nicht sonderlich ins Gewicht, dass Augenzeugen beide Ereignisse gesehen haben.

Warum aber bohren so viele Menschen in den Einzelheiten der Katastrophe herum? Suchen mit der Lupe Bilder ab, vergleichen Hunderte von Zeugenaussagen auf kleinste Unterschiede? Warum behaupten sie, dass die allermeisten Zeitungen und Fernsehsender sich verabredet haben, falsch zu berichten? Es geht ihnen nicht etwa um die Vollständigkeit der Rekonstruktion. Im Gegenteil: sie ignorieren bestimmte Tatsachen oder Aussagen ebenso auffällig, wie sie andere hervorheben. Nein, sie versuchen zu beweisen, dass die Urheber der Anschläge nicht etwa arabische Terroristen waren, sondern die Regierung der USA.

Die Autoren argumentieren dabei so: Nur eine äußerst mächtige Organisation hätte die Mittel, die Öffentlichkeit umfassend zu täuschen, ihre eigene Rolle zu verheimlichen und die Aufdeckung ihrer Verschwörung dauerhaft zu verhindern.

Diese Argumentation ist ein Ringschluss, ein selbstbeweisender Satz nach der Logik des alten Kinderwitzes:

»Warum haben Elefanten rote Augen?«
»Weiß ich nicht«
»Damit sie sich besser im Kirschbaum verstecken können!«
»Aha.«
»Hast du schon mal einen Elefanten im Kirschbaum gesehen?«
»Nein.«
»Da siehst du mal, wie gut sie sich verstecken!«

Im Fall der Attentate des 11. September gehen die meisten Verschwörungslegenden davon aus, dass ein Elefant in den Kirschbaum geklettert sein *muss,* also die Regierung der USA beteiligt gewesen sein *muss.* Weil aber auch bei genauer Betrachtung kein Elefant zu sehen ist, muss er einen besonders großen Aufwand getrieben haben, um sich zu verstecken. Also ist es offenbar ein besonders großer und mächtiger Elefant. Diese Logik ist nicht sonderlich zwingend, dennoch findet sie erstaunlich viele Anhänger. Die *Zeit* veröffentlichte am 24. Juli 2003 eine Umfrage, nach der es drei von zehn jungen Menschen in Deutschland für möglich halten, dass die Regierung der USA die Anschläge auf das Pentagon und das World Trade Center selbst in Auftrag gegeben hat.

Im Kapitel über Sozialpsychologie hatten wir als Faktor für die Verzerrung des rationalen Denkens unter anderem aufgeführt: Menschen glauben von verschiedenen alternativen Erklärungen für ein Phänomen oder Ereignis am ehesten diejenige, die ihrem bisherigen Weltbild am genauesten entspricht. Das gilt auch dann, wenn diese Erklärung deutlich komplizierter und unwahrscheinlicher als andere Erklärungen ist.

Weltweit glauben viele Menschen, dass Selbstmordanschläge ein zwar nicht legitimes, aber durch die Umstände erzwungenes Verteidigungsmittel verzweifelter Palästinenser gegen die israelische Übermacht sind. Ein islamistischer Terroranschlag mit der willkürlichen Ermordung von 3000 Menschen passt nicht in dieses Weltbild. Der amerikanischen Regierung unter George Bush und den amerikanischen Geheimdiensten trauen viele Menschen dagegen jedes Verbrechen zu, sogar eine Verschwörung zur Zerstörung des World Trade Center durch entführte Verkehrsflugzeuge.

Weil aber die Ermittlungen wenig Raum für diese Hypothese lassen, wirken viele Verschwörungslegenden bis zur Lächerlichkeit konstruiert.

So behauptet Andreas von Bülow, dass die Flugzeuge ferngesteuert wurden, dass die Türme des World Trade Center zusätzlich gesprengt wurden und dass der israelische Geheimdienst vorher Bescheid wusste, weil angeblich *»statistisch auffällig wenig«* Israelis unter den Toten waren. Und natürlich sei alles perfekt vertuscht worden.

Die Verschwörungstheorien zum 11. September

Die am häufigsten vorgetragenen Verschwörungslegenden legen nahe, dass amerikanische Nachrichtendienste die Attentate begangen haben. Die meisten Verschwörungstheoretiker sagen das allerdings nicht offen. Im Klappentext des Buches *Die CIA und der 11. September* von Andreas von Bülow wirbt der Verlag mit den Worten: »*Ohne Geheimdienste,* so Bülow, *war eine derartige Operation nicht möglich – und die Spuren führen letztlich zu deren Netzwerk und zum CIA.*« Dafür trägt von Bülow in seinem Buch fleißig Indizien zusammen – um am Schluss zu sagen: »*Welche Tätergruppe für welche Tat in Frage kommt, bleibt offen.*« Er zeigt mit dem langen Arm, nicht aber mit dem Finger.

Gerhard Wisnewski arbeitet ähnlich. Mathias Bröckers stellt lediglich fremde Verschwörungstheorien vor, um sie dann mit eigenen Ideen auszubauen. Auch die meisten Verschwörungsartikel im Internet häufen Indizien für eine Beteiligung der US-Regierung auf, halten aber unmittelbar vor der Schlussfolgerung an. Warum legen sie alle ein Mosaik von Indizien zusammen und setzen den letzten Stein nicht mehr ein? Der wahrscheinlichste Grund ist: Sie sehen sich nicht als Verschwörungstheoretiker. Im allgemeinen Verständnis sind Verschwörungstheoretiker Menschen mit ungewisser geistiger Gesundheit, oder kurz ausgedrückt: Spinner. Wer die letzte Schlussfolgerung nicht mehr niederschreibt, sondern nur zwischen den Zeilen durchscheinen lässt, ist in seinem Selbstverständnis kein Verschwörungstheoretiker. Er trägt schließlich nur Indizien zusammen und kann nichts dafür, wenn seine Leser eine Verschwörungstheorie daraus konstruieren.

Die gängigsten Verschwörungstheorien, also die pseudorationalen Untermauerungen der Attentatslegende, sind:
- Die US-Regierungen hätten bereits mehrfach Angriffe auf die eigene Bevölkerung zugelassen, provoziert oder selbst durchgeführt, um gegenüber der eigenen Bevölkerung einen Krieg durchzusetzen. So habe Präsident Roosevelt von dem japanischen Überfall auf Pearl Harbor gewusst, ihn aber zugelassen, um Amerikas Kriegseintritt zu provozieren.
- Die US-Regierung plane, unter dem Deckmantel der Terrorbekämpfung die Demokratie in Amerika zu beseitigen und jeden zukünftigen Machtwechsel unmöglich zu machen.
- Die US-Regierung strebe entsprechend der neokonservativen

Ideologie nach der Weltherrschaft. Der Kampf gegen den Terror sei nur ein Vorwand für weltweite militärische Operationen zur Stärkung der amerikanischen Dominanz. Das dient wiederum den Wirtschaftsinteressen der großen US-Konzerne.

Die Argumente entstammen zwei verschiedenen Domänen: Die ersten beiden Punkte unterstellen der US-Regierung den Verrat am eigenen Volk. Die Konservativen, so lautet der Vorwurf, benutzen das Volk zynisch als Schlachtvieh für eigene Interessen. Sie wollen die Demokratie aufheben, um das Volk unterdrücken zu können. Diese Argumente richten sich an Amerikaner. Der letzte Punkt spricht dagegen vorwiegend die übrige Menschheit an, denn er würde US-Bürger nicht unbedingt erschrecken. Viele Amerikaner sind überzeugt, dass eine Vorherrschaft ihres Landes der Welt durchaus gut tun würde. Die im Jahre 2000 veröffentlichte Studie *Rebuilding America's Defenses* des regierungsnahen *Project for the New American Century* befürwortete ganz offen eine Politik zur Herstellung einer »wohlwollenden« Vorherrschaft der USA über die Welt.

Die übrigen Länder der Welt sollen also nicht nur zähneknirschend die einzigartige wirtschaftliche und militärische Macht der USA anerkennen, sondern auch noch deren moralische Überlegenheit zugeben. Die US-Regierung unter Präsident Bush führte ihre Außenpolitik in den ersten Jahren tatsächlich nach dieser Prämisse. Damit verlangt sie allerdings Unmögliches: Jede Gruppe hält sich selbst für besser als andere Gruppen. Wenn die USA also von anderen Völkern erwarten, ihre wirtschaftliche, moralische, militärische und gesellschaftliche Überlegenheit anzuerkennen, muss sie auf vehementen Widerstand stoßen. Dieser Effekt erklärt sehr gut, warum Verschwörungstheorien gegen die US-Regierung in der übrigen Welt so populär sind.

Bei Lichte betrachtet gibt es bisher nicht den geringsten Hinweis, dass die US-Regierung irgendwie an den Attentaten des 11. September beteiligt war. Deshalb beschränkt sich die Argumentation der Verschwörungstheoretiker darauf, den Ablauf der Ereignisse zu bestreiten und die Regierung der USA und ihre Geheimdienste als Verbrecher darzustellen. Ihren Erfolg verdanken sie vorwiegend der schlichten Tatsache, dass viele Menschen ihnen glauben wollen, ganz gleich, wie löchrig ihre Thesen sind.

Der moderne Antisemitismus und seine Verschwörungstheorien

In den letzten Jahren erleben wir ein erneutes Aufkommen von antisemitischen und antizionistischen Verschwörungstheorien. Antizionistisch heißen Verschwörungstheorien, die sich gegen das Land Israel oder gegen den *Zionismus* richten. Unter *Zionismus* versteht man die Bewegung zur Errichtung eines eigenen jüdischen Staates in Palästina, auf dem Gebiet des historischen Israel. Das Brockhauslexikon definiert Antizionismus als Nebenform des Antisemitismus, der Feindschaft gegenüber Juden.

In der Gegenwart haben wir es mit zwei Phänomenen zu tun: Dem direkten Antisemitismus in islamischen Staaten und dem indirekten Antisemitismus in westlichen Staaten. Der direkte Antisemitismus hat seinen Ursprung in den arabischen Staaten und ist das Ergebnis verschiedener Niederlagen der arabischen Staaten gegen den Staat Israel zwischen 1948 und 1973. Er hat sich inzwischen in weiteren islamischen Staaten ausgebreitet. So erklärte Dr. Mahathir Mohamad, der Premierminister Malaysias, auf der zehnten Islamischen Gipfelkonferenz am 16. Oktober 2003 in Putrajaya:

»*[Einige Muslime glauben,] die Muslime werden von den Europäern und den Juden immer unterdrückt werden ... Die Europäer haben sechs von zwölf Millionen Juden getötet. Aber heute regieren die Juden über Strohmänner. Sie lassen andere für sich kämpfen und sterben ... Sie haben den Sozialismus, Kommunismus, die Menschenrechte und die Demokratie erfunden und erfolgreich propagiert ...*«

Mahathir trat zwei Wochen später in den Ruhestand. Nicht etwa wegen seiner Rede, sondern weil er nach 22 Jahren Regierungszeit und mit 78 Lebensjahren des Regierens müde war. Die Rede war eine Art Vermächtnis.

Auf der Frankfurter Buchmesse 2005 stellte der Iran in Halle 5 neben Werken eigener Autoren auch die *Protokolle der Weisen von Zion* in englischer Sprache aus. Herausgeber des Buches ist das »International Relations Department« der Islamischen Republik Iran. Ein eigenes Vorwort erläuterte die Weltsicht der Herausgeber. *»Die Vereinten Nationen sind der Zionismus. Es ist die Super-Regierung, die vielfach in den ›Protokolle der Weisen von Zion‹ erwähnt ist.«* Man wolle *»das wirkliche Antlitz des satanischen Feindes offen legen«*, schreiben die Herausgeber. In den arabischen Ländern ist es ein Reflex geworden, einer Verschwörung von Amerikanern, Juden und Israelis alle Übel der Welt zuzuschreiben. Ein Beispiel: Nach der Aufdeckung der Beteiligung des syrischen Geheimdienstes an der Ermordung des ehemaligen libanesischen Staatschefs Hariri sprachen syrische Zeitungen von einer »israelisch-amerikanischen Verschwörung«.

Eine schlimme Wendung nahm der Skandal um 426 Kinder, die im staatlichen Krankenhaus von Bengasi in Libyen zwischen 1997 und 1999 an Aids erkrankten. Am 9. November 1999 nahm die Polizei zwei Dutzend Menschen fest, Libyer, Bulgaren, Palästinenser. Die Libyer wurden freigelassen, die Ausländer aber nicht. Libyens Staatschef Ghaddafi mutmaßte, der CIA oder der Mossad stecke vielleicht hinter einem Plan, die Kinder absichtlich zu infizieren. So stand es auch in der Anklageschrift des Prozesses gegen fünf bulgarische Krankenschwestern, einen bulgarischen und einen palästinensischen Arzt. Der Prozess kam nur mit einiger Verzögerung zustande, weil das Gericht ihn zunächst mangels Tatverdachts nicht eröffnen wollte. Als wirkliche Ursache der Aids-Infektionen galten die katastrophalen hygienischen Verhältnisse in dem Krankenhaus, das dem libyschen Staat gehört. In diesem Sinne äußerten sich auch hochrangige europäische Gutachter im Prozess. Doch damit wäre der libysche Staat als Krankenhausträger für die Infektionen verantwortlich gewesen. So ist es nicht verwunderlich, dass eine libysche Kommission vor Gericht erklärte, die Angeklagten hätten die Kinder absichtlich infiziert.

Nach einem quälend langen Prozess verurteilte das Gericht die Krankenschwestern und den palästinensischen Arzt am 6. Mai 2004 zum Tode durch Erschießen. Der bulgarische Arzt erhielt vier Jahre Haft wegen des illegalen Tauschs von Devisen.

Seitdem verhandeln Amerikaner, Bulgaren und die Europäische Union über die Bedingungen für die Freilassung der Verurteilten. Am 25. Dezember 2005 hob der oberste Gerichtshof Libyens die Todesurteile auf und verwies das Verfahren an ein Strafgericht in Bengasi zurück. Bei Drucklegung waren die Angeklagten noch immer in Haft.

Für viele Araber ist der Staat Israel nur der winzige sichtbare Auswuchs eines gigantischen unterirdischen Geflechts jüdischer Machtpositionen. Diese jüdisch-christliche Weltverschwörung, so argumentieren sie, steuert die Weltpolitik, ja selbst die Politik der arabischen Staaten. Sie ist für die Schwäche der arabischen Armeen, die Stagnation der arabischen Wirtschaft und die Ohnmacht der arabischen Politik unmittelbar verantwortlich.

Einige arabische Kommentatoren versuchen, diese lähmende Argumentationskette zu sprengen, weniger um den Juden oder Israelis Gerechtigkeit widerfahren zu lassen, sondern mehr um die Araber zu veranlassen, ihre eigenen Schwächen zu erkennen und zu beseitigen.

Die palästinensische Wissenschaftlerin Ghada al-Karmi schrieb am 4. November 2003 in einem Artikel für die in London erscheinende Zeitung *Al-Hayat*:

»*Die Theorie von der Verschwörung gegen den Islam wächst parallel mit der Intensivierung des amerikanisch-israelischen Klammergriffs auf die arabische Welt. Dennoch wäre es falsch ihr zu folgen – auch wenn sie plausibel erscheint. Besser wäre es vielmehr, diese Theorie im*

Kontext der Niederlage und Unfähigkeit der Araber und – daraus resultierend – ihrer Abwendung von der realen Welt zu verstehen. Aber solche Theorien sind nicht nur falsch, sondern auch gefährlich. Denn sie lähmen das analytische Denken und verdecken die wirklichen Gründe für die Niederlage der Araber. Darüber hinaus fördern sie den Vorwurf des Antisemitismus gegen die Araber, den Israel immer auszunutzen wusste.«

(Zitiert nach der Übersetzung des Middle East Media Research Institute MEMRI)

Andere arabische Autoren weisen auf das seltsame Paradox hin, dass sich die Islamisten der Al-Qaida der Anschläge auf das World Trade Center und das Pentagon rühmen, während gleichzeitig viele Menschen in der islamischen Welt jede Beteiligung von Muslimen bestreiten und Amerikaner, Israelis, Russen oder Jugoslawen hinter den Anschlägen vermuten. Aber selbst dieser Widerspruch lässt sich in einer Verschwörungstheorie auflösen. Am 12. April 2005 erklärte die bekannte saudische Frauenrechtlerin Suheila Hammad in einem Interview mit dem arabischen Fernsehsender Al-Arabiya, dass der »globale Zionismus« hinter dem 11. September stecke. Osama bin Laden, so erklärte sie, arbeite für die Juden.

Der große Vorteil von Verschwörungstheorien ist es, dass man einen beliebigen Teil der Wirklichkeit als vorgetäuscht definieren kann. Damit lässt sich alles beweisen.

Der europäische Antisemitismus lässt sich in zwei Teile teilen: den Antisemitismus rechtsextremer Gruppen, und den vom Bild des Nahostkonflikts geprägten Antisemitismus, der Juden in aller Welt mit dem Umgang der Israelis mit den Palästinensern identifiziert. Die vorwiegend esoterischen Verschwörungstheorien aus dem rechtsextremen Lager sind oft eine abstruse und geschichtsfremde Mischung aus älteren Verschwörungstheorien und -legenden, wie zum Beispiel in den Büchern von Jan Udo Holey. Er sieht die Illuminaten, eine »jüdisch-freimaurerische Verschwörung«, als treibende Kraft der Weltgeschichte. Sie seien für die Russische Revolution und beide Weltkriege verantwortlich, behauptet Holey. *Die Protokolle der Weisen von Zion* gelten in diesem Umfeld vielfach als authentische Dokumente.

Der europäische Antisemitismus, der sich aus der Auseinandersetzung zwischen Israelis und Palästinensern speist, existiert sowohl am rechten wie auch am linken Rand des politischen Spektrums. Beide Seiten benutzen antisemitische Stereotype. Während aber die rechtsextremen Gruppen offen von einem »judeo-amerikanischen Weltbeherrschungsapparat« sprechen, richten sich die Angriffe linker Gruppen nicht gegen die Juden an sich, sondern gegen Israel. Für sie übernimmt die israelische Regierung die Eigenschaft eines absoluten Feindbildes, eines negativen Abziehbildes ihrer eigenen Ideale. Israel ist demnach imperialistisch, rassistisch, kriegslüstern, zionistisch und faschistisch, während sie sich selbst als anti-imperialistisch, antirassistisch, pazifistisch, antizionistisch und progressiv empfinden.

Dabei fällt auf, dass die Kritiker Israels aus diesem Lager nie von Juden sprechen, allenfalls von jüdischen Israelis als Gegensatz zu arabischen Israelis. Trotzdem verwenden sie antisemitische Vorurteilsmuster. Einige konstruieren eine verschwörerische Beziehung zu den Neokonservativen in den USA, von denen viele bekanntermaßen Juden sind. Auch Andreas von Bülow spekuliert in seinem Buch *Der CIA und der 11. September* über die Mitwisserschaft des Mossad, ohne eine jüdische Weltverschwörung direkt anzusprechen. Wie Tobias Jaecker in seiner Untersuchung *Antisemitische Verschwörungstheorien nach dem 11. September* nachweist, verwendet aber auch von Bülow antisemitische Stereotypen.

Der verstohlene europäische Antisemitismus mischt sich in der Gegenwart, also nach der Ära von Bill Clinton, mit einem vehementen Antiamerikanismus. Der amerikanische Historiker Andrei Markowits vertritt sogar den Standpunkt, dass beide Phänomene im Laufe der Zeit unauflöslich miteinander verschmolzen sind. In einem Beitrag für den Band *Neuer Antisemitismus?* schreibt er:

»*Heute jedoch sind Antisemitismus und Antiamerikanismus sowohl begrifflich als auch empirisch nicht mehr zu trennen.*« Viele in Europa und Amerika verbreitete Verschwörungstheorien sehen in der Tat Israel und die Regierung der USA als gemeinsame Täter oder doch wenigstens als Täter in Absprache.

Internationale Organisationen als Feindbild am Beispiel der WTO

Die Welthandelsorganisation (WTO) gehört zu den kleineren internationalen Organisationen. Sie beschäftigt in ihrer Genfer Zentrale 608 Menschen, die meisten davon sind Übersetzer. Der Generaldirektor ist nur dem Personal gegenüber weisungsbefugt, alles Übrige entscheiden die Mitglieder. Jeder Mitgliedsstaat hat eine Stimme, Luxemburg ebenso wie die USA. Entscheidungen fallen im Konsens: Entweder sind sich alle einig, oder die Entscheidung kommt nicht zustande. Natürlich heißt das nicht, dass etwa Mauretanien oder der Senegal ebenso viel zu bestimmen hätten wie England, Deutschland oder China. Vor den Abstimmungen im Plenum scharen die wirklich Mächtigen ihre Klienten um sich. Da geht es um Macht, Ansehen, Prestige, Ehrgeiz und natürlich um Geld.

Wenn alle zwei Jahre das Plenum der Minister tagt, das höchste Entscheidungsgremium der WTO, sind die Grabenkämpfe meist entschieden, Pakete sind geschnürt, die Entscheidungen stehen jedenfalls fast. Die ständige Mannschaft der WTO umfasst nur das internationale Sekretariat für die Mitglieder eines internationalen Vertragswerks, des World Trade Agreement. Das Sekretariat in Genf ist ein Forum, ein Treffpunkt, oder, wie *Der Spiegel* schreibt, »ein Basar, auf dem die erste Welt mit allen anderen Welten Geschäfte macht«. Die WTO treibt selbst keine Politik, ihr Chef, seit dem 1. September 2005 der Franzose Pascal Lamy, ist im Grunde genommen wenig mehr als ein Verwaltungsleiter.

Trotzdem ist die WTO der Lieblingsfeind der Globalisierungsgegner. Sie weisen ihr eine geradezu dämonische Macht zu. »Lasst Hongkong platzen!«, lautete der Aufruf auf der Website von Attac, dem Netzwerk der Globalisierungsgegner, zur Ministertagung in Hongkong im Dezember 2005. Weil die chinesischen Behörden aber von großen Demonstrationen nicht viel halten, fand der Protest vorwiegend im Internet statt. »*Die WTO treibt die Ausbeutung von Menschen und Natur voran, um transnationalen Konzernen und Eliten Profite zu sichern*«, schrieb Attac in seinem Aufruf. Die Globalisierungsgegner sehen die WTO als eine gigantische Verschwörung der internationalen Konzerne.

Das Ziel der WTO, genauer gesagt, des zugrunde liegenden Vertragswerks, ist der Abbau von Zöllen und Handelshemmnissen. Ohne die WTO könnte jeder Staat seine Handelsrichtlinien so festlegen, wie es seinen wirtschaftlichen Interessen entspricht. Natürlich provoziert jeder Schutzzoll Gegenmaßnahmen anderer Staaten. Je stärker die Wirtschaftskraft eines Staates, um so besser wird seine Verhandlungsposition im Ringen um Zölle und Gegenzölle. Nur reiche Industriestaaten verfügen über ausreichende Druckmittel, ihre Handelsrichtlinien gegen alle anderen zu verteidigen. Oder um das Bild vom Basar anzuwenden: Wenn auf einem Basar die großen Händler die kleinen übervorteilen, nutzt es nichts, den Basar zu schließen und die Marktordnung aufzuheben. Außerhalb des Basars und jenseits aller Marktregeln werden die Großen den Kleinen eher noch schlimmer zusetzen.

Die Forderung nach der Abschaffung der WTO ist ein klassisches Beispiel für eine reduktive Hypothese. Die angenommene Ungerechtigkeit des Welthandels wird hier auf die Existenz einer einzigen Organisation zurückgeführt. Deren Beseitigung, so glauben die WTO-Gegner, bringt die Welt der Gerechtigkeit einen großen Schritt näher. Um diese Hypothese plausibel zu machen, müssen die Globalisierungsgegner der WTO eine heimliche Machtfülle zuschreiben, die sie nicht hat, also einen Verschwörungsglauben propagieren. Erst ihre Dämonisierung als Zwangsinstrument, als kapitalistischer Ausbeuter, Zerstörer der Natur und als heimlicher Büttel internationaler Konzerne kann dem Aufruf zur Abschaffung der WTO überhaupt erst Glaubwürdigkeit und Dringlichkeit verleihen.

Mit den »transnationalen Eliten«, die Attac neben den »transnationalen Konzernen« als Profiteure nennt, ist die Finanzelite gemeint, die in rechts-esoterischen Verschwörungstheorien stets als jüdisch bezeichnet wird. Damit will Attac jedoch nichts zu tun haben.

Die Grenzen der Verschwörung

Politiker verbringen einen beträchtlichen Teil ihrer Zeit mit der Abwehr von echten oder eingebildeten Intrigen und Verschwörungen. Andererseits ist nicht jede von mehreren Seiten gleichzeitig vorgetragene Attacke das Ergebnis einer Verschwörung. Der US-Präsident Bill Clinton hatte während beider Amtszeiten beständig mit Anschuldigungen aller Art zu kämpfen. Es begann mit der so genannten Whitewater-Affäre, einem Immobiliengeschäft der Clintons mit einem Partner, der sich als Betrüger erwies. Die Geschäfte stammten aus der Zeit vor Clintons Präsidentschaft, als er noch Gouverneur in Arkansas war. Die Clintons verloren dabei etwa 50 000 US-Dollar, trotzdem wurde ihnen vorgeworfen, das Geschäft politisch beeinflusst zu haben. Die Angelegenheit wurde untersucht, und die Beschuldigungen wurden entkräftet. Das war im März 1992. Im Herbst 1993, ein Jahr nach Clintons Wahl zum Präsidenten, kamen die Vorwürfe wieder hoch.

Präsident Clinton forderte die Einsetzung eines Sonderermittlers, um die Sache klären zu lassen. 1994 wurde der Republikaner Robert Fiske als Sonderermittler eingesetzt, aber recht schnell durch den wenig bekannten Konservativen Kenneth Starr ersetzt. Starr ging seinem Auftrag mit dem Eifer eines mittelalterlichen Inquisitors nach. Er verfolgte alle möglichen Spuren, erweiterte mehrmals seinen Ermittlungsrahmen und verhinderte nicht, dass ständig Ermittlungsergebnisse, vertrauliche Zeugenaussagen oder Vermutungen aus seinem Büro an die Öffentlichkeit getragen wurden. Er untersuchte bald nicht nur die Whitewateraffäre, sondern auch alle weiteren Anschuldigungen, die ihm bei seiner Tätigkeit zu Ohren kamen. Hillary Clinton vermutet in ihren Memoiren, dass der Sonderermittler die Angelegenheit aus politischen Gründen in die Länge zog. 1996 stellte sich Bill Clinton nach vier Jahren Präsidentschaft zur Wiederwahl, und die Sclagzeilen aus dem Untersuchungsausschuss konnten ihn durchaus Stimmen kosten.

Kenneth Starr war nicht der Einzige, der mit zweifelhaften Methoden gegen Bill Clinton vorging. Ebenfalls im Jahre 1994 erschien eine Video-Kassette mit wüsten Anschuldigungen gegen den Präsidenten. Unter dem Titel *The Clinton Chronicles* veröffentlichte eine kalifornische Organisation mit dem viel sagenden Namen »Bürger für eine ehrliche Regierung« Vorwürfe, die von sexueller Belästigung bis zum Auftragsmord reichten. Hinter der Organisation stand Reverend Jerry Falwell, ein erzkonservativer Fernsehprediger. Er besaß eine Kette von Fernsehstationen und war vorher im Wesentlichen durch phantasievolle Finanztransaktionen aufgefallen, die seine Anhänger viel Geld gekostet hatten.

Der republikanische Senator Philip Crane schrieb einen lobenden Begleitbrief zu dem Machwerk, und Jerry Falwells Organisation verschickte beides zusammen an die republikanischen Senatoren in Washington. Auf Anfrage betonten beide, sie wollten damit nicht etwa andeuten, dass irgendeine der Anschuldigungen auf dem Band wahr sei. Zur gleichen Zeit verbreitete der wortgewaltige ultrarechte Fernsehkommentator Rush Limbaugh regelmäßig die ungeheuerlichsten Anschuldigungen gegen den Präsidenten und seine Frau.

Zu Beginn des Jahres 1998 vermutete Hillary Clinton öffentlich, sie und ihr Mann seien das Opfer einer groß angelegten Verschwörung der Rechten.

Das *Time Magazine* warf daraufhin die Frage auf, ob die First

Lady einen Verfolgungswahn entwickelte hätte. Die Redaktion forschte selbst nach und stellte am 9. Februar 1998 Folgendes fest: »... *Das besagt nicht, dass Paranoiker und die Clintons keine wirklichen Feinde haben – und dass einige dieser Feinde nicht vernetzt sind, manchmal auf bizarre, unheimliche Art und Weise.*«

Die Gegner Bill Clintons hatten offenbar fast unbegrenzte Mittel zur Verfügung, und ein beträchtlicher Teil davon ließ sich zu einem geheimnisvollen erzkonservativen Milliardär zurückverfolgen: den sehr zurückgezogen lebenden Richard Mellon Scaife.

Scaife gibt keine Interviews und hat keine Memoiren geschrieben. Er spendet viel Geld für wohltätige Organisationen und konservative Vereine. War er der Drahtzieher im Hintergrund? Gab es überhaupt einen Drahtzieher? Oder waren sich Ultra-Konservative unterschiedlicher Herkunft auch ohne Absprache einig darin, diesen charismatischen und klugen Präsidenten mit allen Mitteln zu stürzen?

Hier zeigen sich die Grenzen der Aufklärung von Verschwörungen. Manchmal lässt sich einfach nicht feststellen, ob eine heterogene Gruppe von Menschen sich abgesprochen hat, oder ob sie lediglich ein gemeinsames Ziel verfolgen und deshalb ohne besondere Koordination zusammenarbeiten.

Inzwischen sind alle Ermittlungen abgeschlossen. Außer Clintons peinlicher Sexaffäre mit der Praktikantin Monica Lewinsky ist von den Vorwürfen nichts übrig geblieben. In der Whitewater-Affäre war dem Ehepaar Clinton laut Abschlussbericht des Sonderermittlers aus dem Jahr 2000 nichts nachzuweisen, ebenso wenig wie in den anderen untersuchten Affären. Um diese Tatsache festzustellen, hatten Clintons Gegner eine sechs Jahre dauernde Sonderermittlung durchgesetzt, die mehr als 40 Millionen US-Dollar verbrauchte.

Der Sonderermittler Starr ließ sich bereits vor dem Abschlussbericht von seinem Amt entbinden. Er war danach einige Jahre als Anwalt tätig und ist jetzt Dekan der Juristischen Fakultät an der privaten Pepperdine University in Kalifornien. Sie steht der freikirchlichen Church of Christ nahe und gilt als bedeutende konservative Ausbildungsstätte, nicht zuletzt aufgrund eines sehr großzügigen Spenders, der ihr über die Jahre mehr als zwölf Millionen US-Dollar zukommen ließ. Seinen Namen haben Sie schon gehört: Er heißt Richard Mellon Scaife.

Die Suche nach der letzten Wahrheit

Viele Verschwörungstheoretiker und ihre Anhänger suchen nicht nur eine Verschwörung – in Wirklichkeit sind sie an Höherem interessiert: Sie suchen die Wahrheit. Nicht etwa irgendeine Wahrheit, sondern die *letzte* Wahrheit, die *endgültige* Gewissheit. Unter normalen Umständen führt kein Weg dorthin, manchmal aber öffnet sich doch eine kleine Seitenpforte.

Als man mit dem Untergang der DDR die Stasi-Archive öffnete, da wurden ihre Geheimnisse mit einem Schlag offenbar. Und als sie offenbar wurden, wurden sie banal. Nicht, dass der Stasi weniger Erkenntnisse gesammelt hätte, als man erwartete. Nein, die Erkenntnisse selbst, auf vergilbtem Papier getippt, mit Stempeln, Anmerkungen und Korrekturen versehen, waren banal. Selbst das wahrhaft Böse darin, die operativen Morde, wirkt plötzlich kleinlich und bürokratisch. Menschliche Schwächen und Gemeinheiten, gedankenlose Regimetreue, der Verrat intimer Nähe, amtliche Berichte über persönliche Gespräche, Gerüchte und böse Verleumdungen, die ganze Klaviatur menschlicher Niedertracht war zu Worten geronnen, getippt von gleichgültigen Schreibkräften auf volkseigenen Schreibmaschinen.

Letzte Wahrheiten aber fehlten. Eine ganze Gruppe von Verschwörungstheorien verlor so ihre Existenzberechtigung. Die Stasi wusste beispielsweise nicht, wo das Bernsteinzimmer war, das deutsche Truppen 1941 aus dem Katharinenpalast gestohlen hatten. Und es fanden sich keine Unterlagen, mit denen man das sagenhafte Nazigold hätte finden können – jene Schätze, die führende

Nationalsozialisten vor dem Zusammenbruch ihres Regimes versteckt haben sollen.

Ein echter Verschwörungstheoretiker läßt sich davon nicht beeindrucken. Er *weiß*, dass seine Theorie wahr ist. Deshalb verbringt er seine Tage damit, sie allen Skeptikern zweifelsfrei zu *beweisen*. Er *weiß*, dass hinter den verschlungenen Pfaden der Geschichte eine einfache Wahrheit stecken muss, dass die Großen der Welt nichts weiter als Marionetten sind, die an unsichtbaren Fäden hängen. So sucht er sein Leben lang nach dem Gang, der hinter die Bühne führt. Er will die Welt als Theaterdekoration entlarven und träumt davon, irgendwann die letzte Tür zu öffnen und dem großen Puppenspieler unmittelbar gegenüberzustehen.

Statt eines Epilogs

Begegnung mit dem Herrn der Welt – eine kleine Verschwörungsgeschichte

Es klopfte. Tock. Tock. Die schwere Tür des Hotelzimmers dämpfte den doppelten Ton und verlieh ihm den Charakter einer höflichen Anfrage. Er beschloss, nicht zu öffnen. Zwei Stunden vor seinem Vortrag brauchte er Ruhe. Alle wussten das. Tock! Tock! Sollte er die Rezeption anrufen und sich noch einmal ausdrücklich »Privacy« ausbedingen? Unschlüssig schielte er auf den Telefonhörer. Tock!! Tock!! Er warf die Blätter des Vortragsskripts auf den Tisch und stand seufzend auf. Wahrscheinlich hatte irgendeiner seiner Leser die Nummer seines Hotelzimmers erfahren. Damit konnte er umgehen. Er öffnete die Tür, soweit die Sicherungskette es zuließ, und spähte nach draußen.

Der Mann und die Frau draußen sahen nicht aus wie die typische Klientel seiner Vorträge. Zu jung. Der Mann vielleicht dreißig, sauber gescheitelt mit dunklen, aber nicht schwarzen Haaren. Die Frau stand hinter ihm, so dass er ihr Gesicht nicht sehen konnte, aber von ihrer Haltung her wirkte sie eher jünger als der Mann. Nein, keine Fans. Zu vornehm. Zu gelassen. Vielleicht die Hoteldirektion?

»Ja?«, sagte er vorsichtig.

»Guten Tag, Herr Notarius«, sagte der Mann. »Wir bedauern aufrichtig, Sie stören zu müssen. Der Eine möchte Sie sehen.«

»Wer?«

»Der Eine. Der Große. Der Herrscher der Welt. Und Sie sollten ihn nicht warten lassen. Er hat wenig Zeit.«

Er starrte die beiden an. Sie sahen nicht verrückt aus. Andererseits: wie sehen Verrückte aus? Wie die Typen, die ihm nach seinen Vorträgen ihre Manuskripte aufdrängten?

Die Frau ergriff das Wort: »Herr Notarius, wir stellen Ihnen natürlich frei, uns zu begleiten. Wir sind aber davon überzeugt, dass sie den Einen gerne treffen würden, und er hat sich einige Minuten seiner wertvollen Zeit für Sie freigehalten. Bitte machen Sie uns die Freude und kommen Sie mit uns.«

Was ihn überzeugte, war ihre Stimme. Der unbestimmbare Akzent und der reine, musikalische Klang. Jeder Satz wie von geheimnisvoller Musik unterlegt. Beinahe betäubt schloss er die Tür, befreite das Ende der Kette aus der Metallschiene und öffnete die Tür. Er erwartete fast, dass die beiden verschwunden waren, aber sie standen noch dort. Er sah den Mann an, kurz, und dann die Frau. Sie war nicht mehr jung, aber auch nicht alt, mit ebenmäßigen, fast orientalischen Zügen. Von ihr ging eine zeitlose Anziehung aus, eine fast greifbare Aura des Weiblichen. Die eingelassenen Halogenspots in der Decke des Flurs streuten funkelnde Sterne in ihre nachtschwarzen Haare. Ihre dunklen Augen sahen ihn mit ruhiger Erwartung an.

»Gehen wir«, sagte der Mann.

Sie wandten sich um und gingen voraus, ohne sich nach ihm umzudrehen. Sie versuchten gar nicht, den öden Smalltalk aufzuziehen, zu dem sich offenbar jeder sonst verpflichtet fühlte. Dann standen sie plötzlich alle drei im Fahrstuhl. Notarius suchte krampfhaft nach Worten.

»Wie haben Sie ihn genannt?«, fragte er den Mann.

»Wen?«

»Den ... na, den Herrscher der Welt?«

Jetzt, da er es aussprach, kam er sich dumm vor. Es gab keinen Herrscher der Welt. Das war ihm schon lange klar geworden. Auch wenn er in seinen Vorträgen immer wieder die Verborgenen Gralsritter mit ihrem nie gefundenen Schloss als Herrscher der Welt bezeichnete. Immer wieder neue Beweise dafür vorlegte, die er angeblich auf seinen Weltreisen gesammelt hatte. Inzwischen glaubte er ebenso wenig daran wie ein Staubsaugervertreter an seine Staubsauger. Sogar sein Pseudonym wäre er gerne losgeworden. Er hätte sich doch denken können, dass aus Notarius, dem getreuen Protokollanten, nach einer Weile *notorious* werden würde. Hinter seinem Rücken nannte ihn der gesamte Verlag so. Und die verdammten Zeitungen. Er zwang sich, dem Mann zuzuhören, der eben zu einer Antwort angesetzt hatte.

»Wir nennen ihn den Einen«, antwortete der Mann. »Sehen Sie, er braucht keinen Titel. König, Kaiser, Präsident, Führer, Maximo Lider. Das wäre nichts für ihn. Es gibt ihn nur einmal. Also ist er der Eine.«

Der Fahrstuhl bremste, als die Anzeige auf R für Rezeption umsprang. »Bitte erschrecken Sie jetzt nicht«, sagte die Frau und schob mit einer schnellen Bewegung eine Magnetkarte in einen Schlitz unter den Druckknöpfen für die Stockwerkswahl. Dann drückte sie die Knöpfe in scheinbar zufälliger Reihenfolge und zog die Karte wieder heraus. Der Fahrstuhl schien zu fallen, Notarius fühlte, wie sein Magen gegen das Zwerchfell schlug. Ihm wurde schwindelig, und er musste sich gegen die Wand lehnen. Der Mann klappte neben ihm einen verborgenen Sitz an der Wand aus: »Bitte setzen Sie sich doch. Wenn der Fahrstuhl bremst, könnten Sie stürzen.«

Er ließ sich auf den Sitz sinken und versuchte tief Luft zu holen, aber der Schwindel wurde davon eher stärker. Er presste den Rücken gegen die gepolsterte Wand. Sein Gewicht vervielfachte sich. Sie mussten tief unter der Erde sein.

»Kommen Sie.« Mit zitternden Knien stand er auf und folgte den beiden aus dem Fahrstuhl. Ein langer Gang lag vor ihm, mit matt glänzenden Wänden und Decken. Ein Leuchtband an beiden Seiten der Decke warf ein schattenloses Licht.

Ihre Schritte hallten. Sie bogen um eine Ecke und fanden sich in einer Art U-Bahnstation wieder. Tunnel aus allen Richtungen mündeten dort. Menschen warteten. Junge. Alte. In Jeans und Anzügen. In Burnussen und Gewändern, die er nie gesehen hatte. Gespräche erfüllten die Luft. Er bemühte sich, Worte abzugreifen, aber die Sprachen waren ihm fremd. Elegant und lautlos schwebte eine Bahn ein, weiß mit einem langen roten Streifen.

»Kommen Sie«, sagte die Frau. Er folgte ihr. Sie führte ihn zu einem Segment des Zuges, dessen Türen sich nicht geöffnet hatten. Sie legte ihre Hand flach auf ein markiertes Rechteck und zog sie zurück. Ein Abschnitt der Wand verschob sich nach innen zurück und glitt zur Seite. »Unser VIP-Abteil«, sagte der Mann. Notarius stolperte hinein. Dämmerung. Tiefe Sessel. Ein runder Tisch. Er ließ sich in einen der Sessel fallen. Die Tür schloss sich zischend. Elektromotoren summten, und die Sessel drehten sich automatisch in Fahrtrichtung.

Licht flammte auf, und er sah das große Wappen an der vorderen Wand. Wie ein Schild geformt, roter Rand, weißer Grund, in der Mitte ein roter Balken. Darüber ein Kelch, darunter ein Schwert, schräg von links unten nach rechts oben zeigend. Drei Blutstropfen fielen von der Spitze.

Das Wappen der Verborgenen Gralsritter. Herrje, vor zwanzig Jahren hatte er es aus dunklen Andeutungen in alten Büchern mühsam rekonstruiert. Als er noch daran glaubte.

»Sie kennen unser Wappen, nehme ich an?«, fragte der Mann.

»Ich, ja ... aber«, brachte er mühsam hervor.

»Der Eine freut sich, den Mann kennenzulernen, der unserem Wirken seit fast zwanzig Jahren ein so beredtes Denkmal setzt.«

»Der verborgene König des Grals?«

Der Zug fuhr an und Notarius wurde in den Sessel gepresst. Draußen heulte die Luft vorbei, dann wurde das Geräusch zu einem Wispern und verstummte schließlich ganz.

»Der Zug fährt außerhalb der Stationen in einer weitgehend luftleeren Röhre. Das geht schneller und erspart uns den Luftwiderstand«, sagte der Mann.

»In Ihren Büchern nennen Sie ihn den verborgenen König des Grals,« sagte die Frau mit der Stimme wie Musik. »Wie nennen ihn einfach den Einen.«

»Aber dann ...«, seine Gedanken rasten. »Werden Sie mich töten?«, fragte er plötzlich.

»Aber nein«, sagte die Frau, »warum sollten wir? Der Eine möchte einfach mit Ihnen sprechen, das ist alles.«

»Aber, wenn ich ihn sehe, dann ist er nicht mehr verborgen. Dann kenne ich sein Geheimnis. Ich kann über ihn schreiben. Über ihn reden. O Gott, mein Vortrag! In zwei Stunden muss ich doch einen Vortrag halten!«

Er verstummte, weil er merkte, dass er Unsinn redete.

Die Frau beugte sich vor und sah ihn an, ihre Augen waren schwarz wie nächtliche Seen.

»Wir töten Sie nicht. Sie reden doch seit fast zwanzig Jahren über uns. Sie zeigen unser Wappen, den Grundriss unseres Schlosses, sie verbreiten unsere Taten. Was soll sich jetzt ändern, wenn Sie uns wirklich treffen?«

Ihre Stimme schwang langsam auf und ab, als wolle sie ihn wiegen. Augenblicklich beruhigte er sich. Er lehnte sich im Sessel zurück und sah aus dem Fenster. Die Schwärze draußen sog seinen Blick ein. Er schloss die Augen. Erschöpfung überkam ihn, und er begann zu dösen.

»Wir sind gleich da!«

Die Stimme des Mannes weckte ihn.

»Der Sessel wird sich gleich drehen, damit die Verzögerung Sie nicht nach vorne zieht. Bitte heben Sie die Füße!«

Notarius stolperte hinter den beiden aus dem Zug auf einen Bahnsteig. Menschen. Stimmen. Ihn schwindelte, und erst im Fahrstuhl fand er wieder die Kraft, Fragen zu stellen.

»Wo sind wir?«

»Chateau Brioche!«

»Aber das kann nicht sein, den Namen habe ich doch erfunden! Erfunden, verstehen Sie? Ich hatte ein Chateaubriand gegessen und da kam ich auf die Idee .« Der Fahrstuhl bremste und drückte seine Eingeweide hoch. Er brach ab und schluckte trocken. Die Türen des Fahrstuhls öffneten sich.

Sie traten in einen weiten Gang hinaus mit Wänden aus großen unverputzten Steinblöcken. Durch eine schmale Tür gelangten sie in einen Burghof, weit wie ein Park, mit gepflegten Beeten und einem Ensemble großer Eichen und Buchen in der Mitte. Notarius blieb einen Moment stehen und genoss die kühle Luft. Er atmete tief ein, der Duft von Blumen und Kräutern wehte ihn an. Der Eindruck des Künstlichen, der Theaterdekoration, ließ etwas nach. Die beiden anderen schritten zügig voran, und er mühte sich hinterherzukommen. Er trat auf einen Klecks Vogeldreck und drehte seinen rechten Schuh bei den nächsten Schritten, um die Sohle zu säubern.

Sie gingen quer über den Hof zu einem breiten Aufgang. Zwei Wachen standen neben der breiten gläsernen Flügeltür. Der Mann sprach sie in einer fremden Sprache an, die Notarius nicht verstand, und sie gaben den Weg frei. Er wusste jetzt, was ihn hinter der Tür erwartete. Er hatte den Grundriss selbst gezeichnet, nein, zusammenkomponiert aus den Grundrissen dreier Schlösser in einem alten französischen Buch. Die große Empfangshalle und dahinter die Räume der Weltregierung. Der Versammlungssaal des Rates. Der Geheime Raum. Wie im Traum folgte er den beiden durch die Halle und in den Versammlungssaal. Die Wachen salutierten.

Die Türen standen offen, und mehrere Personen blickten auf. Sie standen in Gruppen zusammen: rechts zwei Frauen, wie seine Begleiterin nicht mehr jung, aber auch nicht alt, schlank und auf unbestimmte Weise anziehend.

Vor ihm waren drei Männer in ein lebhaftes Gespräch vertieft. Einer war groß und schlank, mit einer scharf geschnittenen Nase und ebenso scharf gezogenem Scheitel. Ein anderer sah aus wie ein Kleinstadtbürgermeister: etwas dicklich, das Gesicht voller Wohlwollen, aber die Augen stets wachsam. Der Dritte machte einen ungemein gelehrten Eindruck, er schien auch der Älteste der drei zu sein. Sein Gesicht wirkte schmal und asketisch, dennoch gebräunt und fast ledern, mit hellen, etwas wässerigen Augen. Im Hintergrund standen zwei Mönche, die Gesichter unsichtbar unter großen Kapuzen, und unterhielten sich leise.

Seine Begleiter – Notarius fiel auf, dass sie sich nie vorgestellt hatten – blieben stehen, ohne Anstalten zu machen, ihn den anderen vorzustellen. Eine Wache näherte sich, und der Mann gab mit gedämpfter Stimme Anweisungen: »Der Eine hat jetzt Zeit für Sie. Nicht mehr als fünf Minuten. Folgen Sie der Wache!« Notarius fühlte, wie sein Herz zu klopfen begann. Er folgte der Wache durch eine kleine Tür in einen Gang, einen Gang, den er nie gezeichnet hatte, aber der ihn näher an den Geheimen Raum bringen musste. Der Wächter stoppte schließlich und streckte den Arm aus, um Notarius zurückzuhalten. Dann trat er drei Schritte vor und klopfte an eine Tür. Nichts geschah. Notarius schlug das Herz bis zum Hals.

Da ging plötzlich die Tür auf, und eine Stimme redete in einer fremden Sprache auf den Wächter ein. Der Wächter salutierte und trat zur Seite. Ein kleiner, äußerst beweglich erscheinender Mann trat aus der Tür.

»Guten Tag, Herr Notarius, und herzlich willkommen. Nennen Sie mich einfach ›Sir‹, oder wenn es Ihnen besser gefällt: ›Majestät‹, von mir aus auch ›Herr König‹, obwohl das wirklich komisch klingt, finden Sie nicht?«

Notarius starrte ihn an. Der Mann strahlte die Herzlichkeit eines Hoteldirektors aus, hatte eisgraue, etwas krause Haare und ein rundes Gesicht mit genau den Falten, die ein dauerndes Lächeln in sein Gesicht graben würde. Sein tadellos sitzender Anzug war von erstklassiger Unauffälligkeit.

Der Geheime Raum, von dem aus die Welt regiert wird! Er folgte dem Mann beklommen. Er trat durch die schmale Tür in ein Arbeitszimmer, das in jeder beliebigen Chefetage eines großen Unternehmens stehen könnte. Gegenüber lag die offizielle Tür des Raums, sie waren durch eine kleine Nebentür gekommen. Rechts ein wuchtiger Konferenztisch, Kirsche poliert, links ein riesiger Schreibtisch, darauf zwei sorgfältig gezirkelte Stapel dünner Schnellhefter. In der Mitte ein eingelassener Bildschirm und eine fest in den Schreibtisch integrierte Tastatur mit gemaserten Holztasten.

»Dies ist …?«

»Aber nein, dies ist nur mein Arbeitsraum. Kommen Sie weiter.«

Sie gingen durch den Raum zu einer Tür hinter dem Schreibtisch. Der Herrscher der Welt schritt hindurch, und Notarius folgte ihm mit zitternden Knien. Der Geheime Raum war riesig, und er war rund, und er war leer. Sie schritten eine Rampe herunter, die in die Mitte führte. »Seit Sie Ihr Buch geschrieben haben, haben wir umdekoriert. Es gibt da so eine englische Fernsehserie, die mir sehr gefallen hat, wie hieß sie doch noch? Danach haben wir den Raum gestaltet.« In der Mitte des Raumes fuhr etwas aus dem Boden, das wie eine weiße Kugel aussah, erst auf den zweiten Blick sah Notarius, dass es ein etwas altmodischer Sessel aus den siebziger Jahren war. Ein Pult fuhr davor aus dem Boden und ein weiterer, kleinerer Sessel. Der Herrscher der Welt warf sich in den weißen Sessel und griff nach einer Art Fernbedienung.

»Sehen Sie, von hier bin ich mit jedem Punkt der Welt verbunden«, sagte er. »Aber was rede ich denn, ich sollte Ihnen etwas anbieten. So wie Sie aussehen, brauchen Sie einen Cognac.«

Notarius erwartete fast, dass ein zwergenhafter Butler erschiene, um Cognac zu bringen, aber der Herrscher der Welt griff unter das Pult und zauberte eine Flasche und ein Glas hervor.

»Sie werden verzeihen, dass ich mich nicht beteilige, aber ich habe noch einen langen Tag. In wenigen Minuten muss ich noch eine Konferenzschaltung mit George und Wladimir überstehen. Die beiden sind nicht einfach.«

Er goss großzügig ein und Notarius bemerkte, dass er die Schrift auf der Flasche nicht lesen konnte.

»Sie wundern sich über unsere Sprache? Aber ich bitte Sie! Sie wissen doch, wir sprechen und schreiben atlantisch. Die Sprache des untergegangenen Atlantis. Haben Sie doch selbst geschrieben, oder irre ich mich?«

»Äh, ja, ich meine: nein.« Notarius trank einen großen Schluck Cognac. Atlantisch, das hatte einfach gut geklungen, als er es schrieb, und überprüfen konnte das sowieso keiner.

Der Herr der Welt warf sich wieder in seinen Sessel und drehte sich zur Seite. »Wollen wir doch mal ins Oval Office sehen, einverstanden?«

Die ganze Wand hinter ihnen strahlte plötzlich auf und verwandelte sich in das riesige Bild eines mit viel Holz eingerichteten Raums ohne Ecken. Eine amerikanische Flagge stand neben dem Fenster. Der Platz hinter dem Schreibtisch war leer.

»George kommt pünktlich und geht pünktlich«, sagte der Herr der Welt, »wenn es eine Gewerkschaft für Präsidenten gäbe, sie wäre stolz auf ihn.«

Notarius trank noch einen großen Schluck Cognac. Der Herr der Welt drückte erneut auf die Fernbedienung. »Wie wäre es denn mit ... ah ja, hier!« Ein großer dämmeriger Saal erschien, rund, mit vielen Tischen und Stühlen im Halbrund angeordnet, nur wenige davon waren besetzt. »Der Deutsche Bundestag. Debatte über ... ich weiß nicht. Sie wird nicht im Fernsehen übertragen, deshalb ist kaum jemand da. Wen interessiert schon ein Thema, mit dem er sich nicht im Fernsehen profilieren kann.«

Er zoomte auf den Redner, der, auf sein Manuskript blickend, seine Rede vorlas. Ab und zu sah er hoch und vergewisserte sich, ob noch jemand da war, oder ob er, gänzlich allein gelassen, aufhören durfte. Der Herr der Welt drückte eine Taste, das Bild erlosch.

»Ich muss Sie jetzt bitten, mich zu verlassen. Mein Assistent wird Sie zurückbringen. Wenn Sie noch Fragen haben, wird er sie gerne beantworten.«

Unbemerkt war sein Begleiter in der Tür erschienen.

»Ich bringe Sie hinaus«, sagte er in entschiedenem Ton.

Im Konferenzraum sahen die Berater auf der großen Leinwand die beiden im Fahrstuhl verschwinden. Die schwarzhaarige Frau hatte sich zu ihnen gesellt.

»Wie hast du es eigentlich gemacht, dass er dir gleich gefolgt ist?«, fragte der Mann mit dem wohlwollenden Gesicht und strahlte sie an.

»Ich bin schließlich eine Hexe, vergiss das nicht.«

»Wie könnte ich das«, erwiderte der andere süffisant.

»Warum macht der Eine das eigentlich? Diesen Aufwand mit der Dekoration als Chateau Brioche, dieses ganze Spiel«, fragte der

Alte. »Ihr wisst, ich bin erst seit einem Monat hierhin abgeordnet worden«, setzte er fast entschuldigend hinzu.

»Ich glaube, es macht ihm Spaß«, sagte die Frau. »Vor drei Monaten hat er hier alles so dekoriert, als wäre es das UNO-Hauptquartier in New York, und draußen hat er fünf schwarze Hubschrauberattrappen hingestellt. Als wir den Mann hierher geführt haben, konnte ich kaum ernst bleiben.«

»Trifft er die Leute eigentlich selbst, oder schickt er jemanden?«

»Er beobachtet das Treffen nur. Er schickt einen Schauspieler, jedesmal einen anderen, eine immer wechselnde Nr. 2. Aber das ist noch keinem aufgefallen.«

»Wir haben Notarius jetzt gezeigt, was er sehen wollte, was er immer schon geglaubt hat. Jetzt wird er sicher sein, dass er Recht hatte. Ob das gut ist?«, sagte der Alte.

»Sieh selbst!«, antwortete die Frau. »In einer Stunde ist er zurück in seinem Hotelzimmer, und dann können wir auf der Leinwand sehen, was geschieht.«

»Sagen Sie mir, dass es ein Alptraum war«, jammerte Notarius. Herbert Meier, der sich gerne »Herb« (sprich »Hörb«) nennen ließ, rief sich in Erinnerung, dass der Verlag ihm gutes Geld dafür bezahlte, diesen Spinner auf seiner Vortragstour zu begleiten. Schließlich verkauften sich seine bizarren Verschwörungsbücher wie warme Semmeln. Deshalb und nur deshalb war er auf den Anruf hin sofort in Notarius' Zimmer geeilt.

»Sie haben mir gesagt, dass ich in allem Recht hatte, dass die Verborgenen Gralsritter wirklich die Herrscher der Welt sind. Aber das ist unmöglich.«

Herb nickte verständnisvoll und verkniff sich die Bemerkung, dass ihn das nicht überraschte.

»Das muss ein Traum gewesen sein. Aber es war so echt! Entweder war es ein Traum oder jemand hat mich reingelegt. Moment, ich bin da in was reingetreten.«

Zu Herbs Entsetzen angelte Notarius seinen rechten Schuh unter dem Tisch hervor, drehte ihn um und hielt ihn Herb unter die Nase. Der wich etwas zurück. Bei diesen Typen wusste man nie.

»Was denken Sie, was das ist?«, fragte Notarius.

»Ich ... ich weiß nicht.«

»Wie blöd sind Sie eigentlich! Wonach sieht das aus?«

»Also, als wären Sie in, mhm, einen Vogelklacks getreten.«

»Aha, das ist der Beweis! Sie wollen, dass ich glaube, ich hätte Recht! Aber den Gefallen werde ich ihnen nicht tun!«

»Aber ...«

»Kapieren Sie nicht? Sagen Sie den Vortrag ab!«

»Ich soll ...«

»Ja, alles, was ich geschrieben habe, ist falsch. SIE wollen nur, dass ich das verbreite. Aber ich tu's nicht!«

Die Übertragung endete.

»Beeindruckend!«, sagte der Alte.

»Das geht immer so, Notarius ist da keine Ausnahme«, sagte der schlanke Mann mit der messerscharfen Nase und den ebenso gescheitelten Haaren. »Siehst du, er sucht die Wahrheit, aber er will sie nicht finden. Für Leute wie ihn ist die Wahrheit eine Matrjoschka-Puppe. Sie holen Puppe für Puppe heraus, aber wenn man ihnen erklärt, dass sie jetzt unwiderruflich bei der innersten angelangt sind, werden sie es nicht glauben. Wir haben ihm gesagt, dass er die ganze Wahrheit kennt, dass es keine Geheimnisse mehr gibt, dass er vollkommen und in allem Recht hatte. Das kann er niemals akzeptieren.«

»Du bist ein Genie«, sagte die Schwarzhaarige zu dem Mann mit der scharfgeschnittenen Nase, als die Übertragung aus dem Hotelzimmer endete.

»Ach was«, antwortete der, sichtlich geschmeichelt, »das war doch elementar, meine Liebe. Keiner dieser Leute will wissen, dass er Recht hat. Gib ihm Gewissheit, und er ist sicher, man will ihn reinlegen. Wenn man ihm seine Theorie wirklich bestätigt, sieht er sofort ein anderes Komplott dahinter.«

Die Frau warf ihm einen langen Blick zu und gesellte sich dann zu den anderen Frauen.

Die beiden Mönche setzten sich seltsam gleitend in Bewegung. Die Gesichter, vorher vollkommen im Dunkeln, wurden schattenhaft sichtbar. Schuppige grüne Haut schien auf. Das Licht brach sich in starren Echsenaugen.

Im Vorbeigehen zischten sie den Männern einen Gruß zu. Der Älteste der drei wartete, bis sie den Raum verlassen hatten.

»Ich kann mich noch immer nicht an den Gedanken gewöhnen, dass der Schöpfer solche Wesen hervorgebracht hat«, sagte er dann.

»Wahrscheinlich zur größeren Ehre Gottes«, spottete der Kleine mit dem wohlwollenden Gesicht.

»Ach, lass das doch«, sagte der Lange. »Verspotte ihn nicht. Dein Weltbaumeister hat schließlich auch mehr Welten gebaut, als ihr gedacht habt.«

»Und wenn«, gab der Kleine zurück, »vielleicht hat er auch mehr als ein Volk auserwählt. Sie werden gleich die Verborgene-Gralsritter-Dekoration abräumen, da stören wir nur. Kommt!«

Die Frauen blieben alleine zurück.

»Wann werden wir drei uns wiedersehn?«

»Wenn bald der Schlachtennebel steigt, und Tod und Sieg sich endlich zeigt.«

»Bevor der Tag zur Nacht sich neigt.«

»Wo sehn wir uns?«

»Im Internet, im Mediensumpf, dort brodeln die Gerüchte dumpf!«

»Viel üble Worte ohne Sinn, wir machen mit und surfen hin!«

»Ein wunderbar Gefild' zumeist!«

»Verwirren wir der Menschen Geist!«

»Klares wird trüb und Trübes klar, Wahrheit ist Schein, und Schein wird wahr.«

Alle ab.

Anhang

Die Bedeutung der Worte Schwören und Verschwören

Das Herkunftswörterbuch des Duden gibt an, dass »verschwören« ursprünglich eine verstärkende Form des Wortes »schwören« war und erst später die Bedeutung »sich heimlich [durch Eide] verbünden« angenommen hat. Wenn wir also den Sinn des Wortes »verschwören« erschließen wollen, müssen wir uns zunächst mit der Herkunft und Bedeutung der Worte »schwören« und »Eid« beschäftigen. Das führt uns auf eine Reise in die ferne Vergangenheit.

Vom Schwören

Das Wort »schwören« ist ein uraltes Wort des germanischen Rechtswesens. Im Englischen heißt es »to swear«, im Schwedischen »swära«, im Holländischen »zweren«. Es bezeichnete von Anfang an die Rede oder Aussage vor Gericht. Das englische Wort *»answer«* (von altenglisch »And-Swaru«), das heute ganz allgemein *Antwort* bedeutet, meinte ursprünglich die Erwiderung vor Gericht. Ebenso alt ist das Wort »Eid« (englisch »oath«, schwedisch »ed«), es stand für den Wortlaut des Schwurs, die Eidesformel oder auch die feierliche Prozedur des Schwörens.

Die Institution des Schwurs gibt es nicht nur in Europa, sondern bei fast allen Völkern der Welt, beispielsweise in China, im Israel der Bibel oder bei afrikanischen Völkern. Damit verbunden ist immer ein magischer oder heiliger Akt. »Per deos iuro« – ich schwöre bei den Göttern, sagte man im alten Rom. Die Götter werden damit als Zeugen einer gerichtlichen Aussage angerufen, und der Anrufende liefert sich ihrer Rache aus, sollte er einen Meineid geschworen haben. In der germanischen Tradition musste der

Schwörende einen Gegenstand berühren, der mit den Schutzgöttern des Gerichts zusammenhing, so wie heute noch bei der Eidesleistung eine Hand auf der Bibel liegt, während die andere zum Schwur erhoben wird. Der Text einer alten nordischen Gerichts-Eidesformel ist uns überliefert: »*Ich schwöre auf den Ring einen gesetzlichen Eid, so wahr mir Freyr, Njord und der allmächtige Ase helfe, zu klagen, zu verteidigen, zu zeugen, Wahrspruch oder Urteil zu fällen nach bestem Wissen und Gewissen und nach Rechtsbrauch.*« Der erwähnte Ring war ein heiliger Gegenstand, der zuvor in das Blut von Opfertieren getaucht worden war.

Nahezu alle Völker der Welt kennen die Magie des Eides. So beschreibt der amerikanische Schriftsteller Robert Ruark in seinem Roman *Die schwarze Haut* ein besonders drastisches Schwurritual des Kikuyu-Stammes in Kenia. Die Parteien einer Auseinandersetzung konnten ihre Aussage vor dem Stammesgericht beschwören, indem sie mit Keulen eine Ziege totschlugen. Jeder der beiden beteiligten Männer musste der Ziege mit jedem Schlag einen Knochen brechen. Dazu sprach er die Formel: »Wie diese Ziege stirbt, möge ich zermalmt werden, wie diese Ziege zerbrochen wird, wenn ich eine Lüge sage.« Die Kikuyu glaubten daran, dass eine falsche Aussage den Lügner unweigerlich binnen sechs Monaten töten würde.

Auch im deutschen Recht der Gegenwart ist der Eid heilig. Der Paragraph 64 der Strafprozessordnung schreibt die Eidesformel wörtlich vor, weshalb er hier auch im Wortlaut zitiert werden soll:

---

(1) Der Eid mit religiöser Beteuerung wird in der Weise geleistet, dass der Richter an den Zeugen die Worte richtet:
»Sie schwören bei Gott dem Allmächtigen und Allwissenden, dass Sie nach bestem Wissen die reine Wahrheit gesagt und nichts verschwiegen haben«
und der Zeuge hierauf die Worte spricht:
»Ich schwöre es, so wahr mir Gott helfe«.
(2) Der Eid ohne religiöse Beteuerung wird in der Weise geleistet,

dass der Richter an den Zeugen die Worte richtet:

»Sie schwören, dass Sie nach bestem Wissen die reine Wahrheit gesagt und nichts verschwiegen haben«

und der Zeuge hierauf die Worte spricht:

»Ich schwöre es«.

(3) Gibt ein Zeuge an, dass er als Mitglied einer Religions- oder Bekenntnisgemeinschaft eine Beteuerungsformel dieser Gemeinschaft verwenden wolle, so kann er diese dem Eid anfügen.

(4) Der Schwörende soll bei der Eidesleistung die rechte Hand erheben.

Die religiöse Formel erwähnt ausdrücklich die Allmacht und Allwissenheit Gottes. Ein Zeuge, der diesen Eid leistet, soll sich darüber im Klaren sein, dass Gott jede Lüge erkennen und strafen wird. Gott zum Zeugen eines Meineids anzurufen ist eine schwere Sünde, die zur Verdammnis führt.

Nach Auffassung einiger streng gläubiger christlicher Gemeinschaften dürfen Christen allerdings überhaupt nicht schwören. Sie beziehen sich auf die Bergpredigt, in der Jesus sagt (Matthäus 5, 33-37):

»Ihr habt gehört, dass zu den Alten gesagt worden ist: Du sollst keinen Meineid schwören, und: Du sollst halten, was du dem Herrn geschworen hast. Ich aber sage euch: Schwört überhaupt nicht, weder beim Himmel, denn er ist Gottes Thron, noch bei der Erde, denn sie ist der Schemel für seine Füße, noch bei Jerusalem, denn es ist die Stadt des großen Königs. Auch bei deinem Haupt sollst du nicht schwören; denn du kannst kein einziges Haar weiß oder schwarz machen. Euer Ja sei ein Ja, euer Nein ein Nein; alles andere stammt vom Bösen.«

Dieser Abschnitt ist in mehrerer Hinsicht bemerkenswert: Jesus zitiert zunächst einige der zu seiner Zeit in Israel üblichen Schwüre (beim Himmel, bei der Erde, bei Jerusalem, bei meinem Haupte), um dann von seinen Anhängern absolute Wahrhaftigkeit bei allen Aussagen – auch den nicht beschworenen – zu verlangen; ein äußerst rigoroser moralischer Anspruch, der in ähnlicher Form die ganze Bergpredigt durchzieht. Jesus verschärft in dieser für seine Lehre zentralen Predigt die Forderungen der Zehn Gebote weit über den Punkt hinaus, der von fehlbaren Menschen im Allgemeinen noch erfüllt werden kann. So ist es verständlich, dass sowohl die katholische Kirche als auch die großen evangelischen Kirchen der Bergpredigt in diesem Punkt nicht folgen wollen und Eide für gläubige Christen ausdrücklich zulassen. Die deutsche Strafprozessordnung nimmt Rücksicht auf streng gläubige christliche Gemeinschaften und erlaubt statt des Eides eine so genannte Bekräftigung, wenn der Glaube eines Zeugen keinen Eid zulässt. In diesem Fall fragt der Richter den Zeugen: »Sie bekräftigen im Bewusstsein Ihrer Verantwortung vor Gericht, dass Sie nach bestem Wissen die reine Wahrheit gesagt und nichts verschwiegen haben«, und der Zeuge antwortet mit einem einfachen »Ja«.

Die magische oder religiöse Überhöhung des Schwurs vor Gericht entspringt dem Versuch, im Gestrüpp von Lügen und Halbwahrheiten eine grundlegende Gerechtigkeit durchzusetzen. Menschen haben ein ausgeprägtes Gerechtigkeitsgefühl (das sich sogar bei den höheren Affen nachweisen lässt), und der Zusammenhalt einer Gemeinschaft hängt davon ab, dass ihre Mitglieder sich gerecht behandelt fühlen. Von jeher rufen die Menschen deshalb höhere Wesen zu Zeugen ihrer Wahrhaftigkeit an – und setzen sich damit ihrem Zorn aus, sollten sie gelogen haben. Eng verknüpft mit der Vorstellung des göttlichen Schutzes einer wahren Aussage vor Gericht ist das so genannte Gottesurteil. Wo ein menschliches Gericht überfordert ist, soll ein höheres entscheiden, ob ein Angeklagter schuldig oder unschuldig ist. In germanischer Tradition, die bis weit in die christliche Zeit übernommen wurde, gab es verschiedene Proben, von denen man vermutete, dass ein Unschuldiger sie mit Unterstützung der Götter, oder später des christlichen Gottes, überstehen werde. Bekannt sind zum Beispiel die Losprobe, bei der ein Los die Schuld entschied, oder die Feuerprobe, bei der ein Beschuldigter über glühende Pflugscharen laufen, ein glühendes Eisen halten oder die Hand ins Feuer legen musste. Obwohl die Gottesurteile bereits 1215 im vierten Laterankonzil verboten wurden, hat sich bis heute die Redewendung: »für jemanden die Hand ins Feuer legen« erhalten. Noch bis ins siebzehnte Jahrhundert hinein warf man Frauen, die der Hexerei beschuldigt wurden, gefesselt ins Wasser, um ihre Schuld nachzuweisen. Wies das Wasser sie zurück (schwammen sie also auf dem Wasser), waren sie schuldig. Gingen sie unter, waren sie unschuldig. Wenn es dann nicht gelang, sie rechtzeitig vor dem Ertrinken zu retten, hatten sie immerhin Anspruch auf ein christliches Begräbnis.

Nicht nur das Gerichtswesen kennt die Bindung durch den Eid. Beamte und Repräsentanten des Staates schwören einen Amtseid, Soldaten in einigen Ländern einen Fahneneid. Vasallen schworen Fürsten und Königen den Treue- oder Lehenseid, Ärzte bei Antritt ihres Berufs den Eid des Hippokrates. Der Fahneneid existiert im Recht der Bundesrepublik nicht mehr. Berufs- und Zeitsoldaten legen statt dessen einen Diensteid ab, in dem sie schwören, der Bundesrepublik Deutschland treu zu dienen und das Recht und die Freiheit des deutschen Volkes tapfer zu verteidigen. Die untergegangene DDR kannte dagegen noch einen Fahneneid. Er bestand aus fünf komplizierten Sätzen und endete mit den Worten: »*Sollte ich jemals diesen meinen feierlichen Fahneneid verletzen, so möge mich die harte Strafe des Gesetzes unserer Republik und die Verachtung des werktätigen Volkes treffen.*«

Der ärztliche Eid des Hippokrates, der dem berühmten griechischen Arzt Hippokrates von Kos (460–377 v. Chr) zugeschrieben wird, hat nur noch historische Bedeutung. Als der Autor dieses Buches 1981 seine Approbationsurkunde als Arzt zugeschickt bekam, lag eine gekürzte Fassung des Eides mit im Paket. Schwören musste er ihn nicht. Wenn heute die Ärzte bei Antritt ihres Berufs überhaupt einen Eid schwören, liegt ihm eher das Genfer Ärztegelöbnis von 1948 zugrunde, das auch in etwas veränderter Form die Präambeln der Berufsordnungen der deutschen Landesärztekammern schmückt. Die Bibliographie im Anhang enthält einen Internet-Link zum Wortlaut dieses Gelöbnisses.

Der Amtseid des Bundespräsidenten, des Bundeskanzlers und der Bundesminister ist im Artikel 56 des Grundgesetzes der Bundesrepublik Deutschland wortwörtlich festgehalten. Diese Tatsache verdient besondere Beachtung: Nirgendwo sonst schreibt das Grundgesetz irgendwem vor, was er in einer bestimmten Situation sagen muss. An dieser einen Stelle aber verlangt es das exakte Nachsprechen einer bestimmten Formel. Warum hat das Grundgesetz, das doch nur den verfassungsmäßigen Rahmen der Gesetze bieten soll, eine so penible Regelung getroffen? Hätte es nicht gereicht, die inhaltliche Aussage vorzugeben? Hier schimmert die uralte Magie des Eides durch: Wie ein Zauber nur wirksam werden kann, wenn der Zauberspruch ohne jede Abweichung gesprochen wird, so hängt die bindende Kraft des Eides an dem genauen Wortlaut, einer besonderen Handbewegung (dem Heben der Schwurhand) oder dem Berühren eines symbolbehafteten Gegenstandes wie einer Fahne oder der Bibel.

Der Eid steht also auch nach heutiger Vorstellung unter dem besonderen Schutz irdischer und überirdischer Mächte. Entsprechend furchtbar fallen die Strafen für Meineidige oder Eidbrecher aus. Im deutschen Strafrecht der Gegenwart gilt Meineid als Verbrechen, das mit Gefängnis nicht unter einem Jahr bestraft wird. Der Richter kann aber auch wesentlich höhere Strafen von zehn oder mehr Jahren verhängen. Die meisten Staaten der Welt ahnden den Meineid ähnlich hart. In den USA bedarf es für eine Verurteilung wegen Meineides nicht einmal eines Eidbruchs. Es reicht aus, wenn eine falsche Angabe ausdrücklich unter die Strafe des Meineids gestellt wird. So trägt das Steuerformular 1040 (Antrag auf Einkommensteuererstattung) der US-Steuerbehörde über der Unterschriftenzeile den ausdrücklichen Hinweis: »Under the penalty of perjury, I declare that ...« (Bei Strafe des Meineides erkläre ich, dass ...).

Alle Strafandrohungen haben natürlich niemals verhindert, dass Menschen unter Eid lügen. So verurteilte das berühmte Londoner Strafgericht Old Bailey den prominenten Schriftsteller Jeffrey Archer im Juli des Jahres 2001 wegen Meineids zu vier Jahren Gefängnis. Er hatte im Jahre 1987 versucht, sich aus einer undurchsichtigen Affäre mit einer Prostituierten herauszulügen. Einige seiner unter Eid aufgestellten Behauptungen erwiesen sich mehr als zehn Jahre später als falsch. Nach englischem Recht verjährt Meineid nicht, und so fand sich der inzwischen zum Lord Archer Geadelte im Gefängnis wieder.

Mehr Glück hatte Silvio Berlusconi. Der ehemalige italienische Ministerpräsident lieferte sich seit 1990 unterhaltsame Scharmützel mit der italienischen Justiz. So führten drei Prozesse gegen ihn in den Jahren 1997 und 1998 zu Verurteilungen, die aber alle in der nächsten Instanz aufgehoben wurden. Bereits im Jahre 1990, also einige Jahre früher, sah es nicht so gut für ihn aus: Damals bestätigte das Berufungsgericht eine Verurteilung wegen Meineids. Das Urteil verfiel aber wegen einer Amnestie.

Das Thema der göttlichen und irdischen Bestrafung eines Meineides findet sich auch vielfach in der Literatur wieder. Um nur ein bekanntes Beispiel herauszugreifen: In seiner Tragikomödie *Der Besuch der alten Dame* lässt Friedrich Dürrenmatt den Krämer Alfred Ill nach 45 Jahren an einem Meineid zugrunde gehen. Er hatte damals Klara Wäscher, ein junges Mädchen aus seinem Dorf, geschwängert und zwei andere Dorfbewohner zum Meineid angestiftet, damit er für das Kind nicht zahlen musste. Jetzt kommt Klara, inzwischen eine steinreiche alte Frau, als eine Art Rachedämon ins Dorf zurück und verspricht den Einwohnern eine Milliarde Schweizer Franken, wenn sie Alfred Ill töten. So fällt sein altes Unrecht tausendfach auf ihn zurück, denn die Dorfbewohner beschließen, ihn nicht einfach zu töten, sondern ihn zu richten. Sie erklären die Anstiftung zum Meineid für ein todeswürdiges Verbrechen. Nur ein tödlicher Herzinfarkt bewahrt Alfred Ill vor der Hinrichtung und das Dorf vor einem Justizmord. Das Stück ist eine zeitlose Parabel von der Unauslöschlichkeit alten Unrechts, von der Gier und Bestechlichkeit der Menschen und von der Beugbarkeit des Rechts.

Vom Verschwören

Das Wort »verschwören« entstand aus dem Wort »schwören« und der verstärkenden Vorsilbe ver-, ähnlich wie das Wort »versprechen« als Verstärkung des Wortes »sprechen« die Bedeutung einer festen Zusage hat. Nun lässt sich die bindende Wirkung des Wortes »schwören« aber kaum noch wirksam verstärken, denn ein Schwur ist rechtlich und moralisch bereits absolut bindend. Die Vorsilbe »ver-« hat aber auch noch andere Bedeutungen, darunter die einer fehlgeleiteten Tätigkeit, wie in *verfahren*, *verlaufen* oder *verführen*. Das Wort Verschwörung würde dann eher ein gegen die Ordnung der Gemeinschaft gerichtetes Zusammenwirken bezeichnen, also einen verbrecherischen Bund. Wenn ihre Mitglieder einen Eid schwören, so wäre es ein verderblicher, ein unheiliger Eid. Er verpflichtet nicht zur Wahrheit, sondern zur ständigen Verschwiegenheit, zur unbedingten Treue oder zu rückhaltlosem Gehorsam. Dafür kann es keinen göttlichen Beistand geben, im Gegenteil: Der Eid der Verschwörer übertritt das irdische Gesetz, beleidigt die Götter und verletzt die Ordnung der Dinge. Entsprechend müssen solche Bünde jeden Eidbruch mit grausamen Strafen bedrohen, denn ihre Mitglieder handeln nicht aus lauteren Motiven. Sie müssen im Gegenteil damit rechnen, dass jeder von ihnen aus Angst, Missgunst, Geltungssucht oder Gewinnstreben die Verschwörung verraten könnte – aus genau den Motiven also, die ihn zum Eintritt in den Kreis der Verschwörer bewogen haben.

Verschwörung in anderen Sprachen

Die lateinische, isländische, holländische und deutsche Sprache leiten das Wort Verschwörung von »Schwören« ab. Das Lateinische kennt zwei Worte für Verschwörung: Das erste Wort ist *coniuratio*, abgeleitet von *iurare* (schwören). Das zugehörige Verb lautet *coniurare* (gemeinsam schwören), sich durch Eid verbinden. Im Englischen hat sich dieses Wort erhalten (*to conjure*), aber die Bedeutung änderte sich im Laufe der Jahrhunderte: Es steht jetzt für *be*schwören, sowohl im Sinne von »flehentlich bitten« als auch im Sinne von »Geister herbeirufen«.

Das Wort *Verschwörung* in verschiedenen Sprachen

Sprache	Wort für Verschwörung oder Komplott
Englisch	conspiracy, plot (von altenglisch: complot)
Französisch	conspiration, complot
Lateinisch	coniuratio, conspiratio
Spanisch	conspiración, complot
Isländisch	samsæri
Schwedisch	komplott, konspiration
Italienisch	conspirazione, complotto
Holländisch	samenzwering, complot

Das zweite lateinische Verb lautet *conspirare*, wörtlich übersetzt: *zusammen atmen*. Es drückt eine wortlose Übereinstimmung aus, ein schweigendes Zusammenwirken. Die alte Nebenbedeutung »verschwören« im Sinne von »heimlich verbünden« ist in vielen Sprachen zur Hauptbedeutung geworden (z. B. englisch: conspiracy, spanisch: conspiracíon). Daneben hat sich noch ein drittes Wort durchgesetzt, das aus dem Altfranzösischen stammende *complot*. Es bezeichnet ursprünglich eine Menschenmenge oder ein Gedränge. Hier spielt also weder der Schwur noch die Heimlichkeit eine Rolle, schon die einfache Zusammenrottung von Menschen weckt den Verdacht einer gemeinsam geplanten Tat. Die Herkunft des Wortes *complot* erinnert an die panische Furcht aller diktatorischen oder absoluten Regime vor jeglicher Art von Menschenansammlungen unter freiem Himmel (außer denen natürlich, die das Regime selber befiehlt). Dieses Wort gibt es in vielen europäischen Sprachen als Fremdwort für »Verschwörung«. Die Engländer bezeichnen ihre historischen Verschwörungen nicht als »conspiracy«, sondern als »plot«. Die Pulververschwörung heißt entsprechend »Gunpowder plot«.

Die verschiedenen europäischen Sprachen verbinden also mit einer Verschwörung durchaus unterschiedliche Bedeutungsfelder: Im Deutschen, Holländischen und Isländischen ist es der gemeinsame, unheilige Schwur, im Französischen die Zusammenrottung von Menschen, im Englischen und Spanischen die wortlose Übereinstimmung heimlich Verbündeter. Die Bedeutungsfelder überlagern sich durchaus: Die meisten Sprachen kennen sowohl das Wort Konspiration als auch das Wort Komplott.

Im englischen und amerikanischen Verständnis bedarf es nicht einmal einer Verabredung, um eine *conspiracy* entstehen zu lassen. Der stehende Ausdruck »conspiracy of silence« bezeichnet beispielsweise den Konsens, ein bestimmtes Thema nicht anzusprechen. Im Deutschen setzt eine Verschwörung im allgemeinen Sprachgebrauch dagegen eine explizite Absprache zwischen den Verschwörern voraus. Die Übersetzung des englischen Wortes *Conspiracy* als *Verschwörung* verengt deshalb die Aussage des Originaltextes und spitzt sie zu.

Verschwörung als Rechtsbegriff

In einem seltsamen Gegensatz zum allgemeinen Sprachgebrauch steht die rechtliche Würdigung. Während das Wort im deutschen Recht nicht einmal vorkommt, hat es im amerikanischen Recht den Rang eines eigenen Verbrechens. Im deutschen Strafrecht heißt es lapidar: »Begehen mehrere eine Straftat gemeinschaftlich, so wird jeder als Täter bestraft« (Paragraph 25(2) StGB). Dem amerikanischen Rechtsbegriff der Verschwörung kommt der Paragraph 30 am nächsten.

StGB Paragraph 30 Versuch der Beteiligung
(1) Wer einen anderen zu bestimmen versucht, ein Verbrechen zu begehen oder zu ihm anzustiften, wird nach den Vorschriften über den Versuch des Verbrechens bestraft. Jedoch ist die Strafe nach Paragraph 49 Abs. 1 zu mildern. Paragraph 23 Abs. 3 gilt entsprechend.
(2) Ebenso wird bestraft, wer sich bereit erklärt, wer das Erbieten eines anderen annimmt oder wer mit einem anderen verabredet, ein Verbrechen zu begehen oder zu ihm anzustiften.

Die Strafe für den Versuch der Beteiligung entspricht also im deutschen Recht der Strafe für den Versuch eines Verbrechens. Daneben kennt das Strafrecht einige weitere Tatbestände, die sich mit dem allgemeinen Begriff der Verschwörung in etwa decken. Die Paragraphen 84, 85 sowie 86a und b befassen sich mit verfassungswidrigen Organisationen und Parteien. Paragraph 84 stellt das Fortführen einer für verfassungsfeindlich erklärten Partei unter Strafe, Paragraph 85 den Verstoß gegen das Vereinigungsverbot einer solchen Partei, Paragraph 86a das Verbreiten von Propagandamitteln dafür und schließlich Paragraph 86b das Verwenden von Kennzeichen verfassungswidriger Organisationen. Diese Paragraphen bilden den Anfang des dritten Teils im ersten, dem politischen Abschnitt des deutschen Strafrechts. Er steht unter dem Titel: »Gefährdung des demokratischen Rechtsstaates«.

Wäre es nicht einfacher gewesen, wenn der Gesetzgeber jede Verschwörung gegen den Rechtsstaat unter Strafe gestellt hätte? Da käme man doch mit einem oder zwei Sätzen aus. Warum stattdessen gleich vier Paragraphen mit je drei bis fünf Artikeln? Das hat seinen guten Grund. Die politische Betätigung ist ein Grundrecht; ebenso das Recht, sich zu versammeln. Eine pauschale Einschränkung dieses Rechts ist nicht zulässig. Ein Gesetz darf ein Grundrecht nur einschränken, um andere Grundrechte zu wahren. Deshalb darf die Fortführung einer Partei nur dann verboten werden, wenn das Bundesverfassungsgericht entschieden hat, dass sie verfassungswidrige Ziele verfolgt und ihre Fortführung den Bestand des Rechtsstaates gefährdet.

Die Bildung *krimineller* Verschwörungen hingegen wird durchaus bestraft.

In Deutschland ist es verboten, eine kriminelle oder terroristische Vereinigung zu gründen oder ihr anzugehören (Paragraph 129 StGB, Paragraph 129a, Paragraph 129b StGB).

Doch hier ist nirgendwo von einer Verschwörung die Rede. Das verschwörungstypische Element der Heimlichkeit oder der Verabredung spielt vor dem deutschen Gesetz keine Rolle. Die Ziele und Methoden einer Gruppe, nicht ihr konspirativer Aufbau, bestimmen die Einordnung als kriminell oder terroristisch.

Ganz im Gegensatz dazu spielt der Begriff der Verschwörung im US-amerikanischen Recht eine außerordentlich wichtige Rolle. Das Strafrecht aller Bundesstaaten betrachtet eine Verschwörung als eigenständige Straftat. Ursprünglich bedeutete »Verschwörung« bis ins achtzehnte Jahrhundert hinein im angelsächsischen Recht eine Verabredung zum Meineid, um gegen jemanden eine falsche Beschuldigung vor Gericht vorzubringen. Diese Definition war Teil des ungeschriebenen, auf Präzedenzfällen beruhenden *Common*

Law. Erst Ende des neunzehnten Jahrhunderts begannen die Bundesstaaten, ihre Strafgesetze in *Penal Codes* (Strafgesetzbüchern) festzulegen. Auch der Tatbestand der Verschwörung fand dabei in unterschiedlichen Formulierungen Eingang in die Gesetzbücher. Im Kasten (Seite 282) sehen Sie als Beispiel das entsprechende Gesetz des Staates Texas.

Eine Verschwörung kann auch dann bestraft werden, wenn das Verbrechen tatsächlich stattgefunden hat. Es kann also eine Gruppe von Angeklagten beispielsweise wegen gemeinsamen Betruges verurteilt werden und, strafverschärfend, wegen der Verschwörung zu eben diesem Betrug. Weil für die rechtlich entscheidende Übereinkunft (»Agreement«) keine besondere Form, ja nicht einmal eine Absprache nötig ist, kann die Anklage sehr weit ausgreifen.

So verurteilte ein Gericht in New York am 5. März 2004 die Unternehmerin Martha Stewart wegen Verschwörung zur Vertuschung eines Insiderhandels mit Aktien zu fünf Monaten Haft und weiteren fünf Monaten Hausarrest. Die Ermittlungen und der Prozess beherrschten monatelang die Schlagzeilen der Boulevardpresse in den USA, denn Martha Stewart ist eine der bekanntesten Figuren der amerikanischen Öffentlichkeit. In mehreren wöchentlichen Fernsehsendungen präsentierte sie sich als Amerikas perfekte Hausfrau. *Aus Marthas Küche* und *Aus Marthas Garten* hießen ihre Sendungen, in denen sie Amerikas Hausfrauen beibrachte, wie man sein Haus in Ordnung hält, Mann und Kinder verwöhnt und einen beneidenswert perfekten Garten anlegt und pflegt. Die dafür unentbehrlichen Möbel, Zeitschriften oder Gartengeräte verkaufte ihr Unternehmen *Martha Stewart Omnimedia, Inc.* Martha Stewart war – und ist noch – eine amerikanische Institution, die sicher so bekannt ist wie der amerikanische Präsident.

Nach Überzeugung der Geschworenen hatte sie zu vertuschen versucht, dass sie von ihrem Aktienmakler den Ratschlag bekommen hatte, bestimmte Aktien zu verkaufen, weil eventuell schlechte Nachrichten den Kurs drücken würden. Das könnte man als Insidertip auslegen. Es ging allerdings lediglich um Aktien im Wert von

Auszug aus dem Strafrecht des Staates Texas

§ 15.02. Kriminelle Verschwörung.
(a) Eine Person macht sich einer kriminellen Handlung schuldig, wenn sie mit der Absicht, ein Kapitalverbrechen zu begehen:
  (1) mit einer oder mehreren Personen übereinkommt, dass eine oder mehrere von ihnen Handlungen unternehmen sollen, die dieses Verbrechen ausmachen und
  (2) einer oder mehrere von ihnen offensichtliche Taten zur Durchführung dieser Übereinkunft unternehmen.
(b) Eine Übereinkunft, welche eine Verschwörung begründet, darf aus den Taten der Beteiligten gefolgert werden.
(c) Es ist keine Einrede gegen die Verfolgung wegen krimineller Verschwörung, dass:
  (1) einer oder mehrere der Mitverschwörer strafrechtlich nicht für die geplante Straftat verantwortlich sind;
  (2) einer oder mehrere der Mitverschwörer freigesprochen wurden, solange zwei oder mehr der Mitverschwörer nicht freigesprochen sind;
  (3) einer oder mehrere der Mitverschwörer nicht verfolgt oder verurteilt wurden, wegen einer anderen Straftat verurteilt wurden oder Immunität gegen Strafverfolgung genießen;
  (4) der Täter zu einer Klasse von Personen gehört, die nach Definition der geplanten Straftat rechtlich außerstande sind, diese Straftat alleine zu begehen;
  (5) die geplante Straftat tatsächlich begangen wurde.
(d) Eine Straftat unter diesem Paragraphen ist eine Kategorie geringer als das schwerste Verbrechen, welches Gegenstand der Verschwörung ist, und wenn das schwerste Verbrechen, welches Gegenstand der Verschwörung ist, eines der niedrigsten Kategorie ist, ist die Straftat ein Vergehen der Klasse A.

228 000 US-Dollar, für die vielfache Millionärin ein unbedeutender Betrag. Sie und ihr Aktienmakler bestritten den Inhalt des Gesprächs gegenüber FBI-Agenten und gegenüber dem Gericht. Eine Anklage wegen des Insiderhandels wurde nicht erhoben, die Beweise waren zu schwach.

Stattdessen sagten mehrere Zeugen aus, dass Martha Stewart versucht habe, Einzelheiten des Verkaufs zu vertuschen. Das reichte für eine Verurteilung wegen Verschwörung, die übrigens auch ihren Aktienmakler traf. Aber: Kann man jemanden wegen der Vertuschung einer Straftat verurteilen, für die er nicht einmal angeklagt wurde? Nach US-amerikanischem Recht ist das möglich, wie unser Beispiel zeigt. Einem ehrgeizigen Ankläger in den USA gibt der Gummiparagraph zum Thema Verschwörung ein universelles Werkzeug in die Hand, auch bei der dünnsten Beweislage noch eine Verurteilung zu erreichen. Staatsanwälte in den USA nutzen die Drohung mit einer Anklage wegen Verschwörung auch gerne, um das Gedächtnis von Zeugen aufzufrischen. Beispielsweise kann die Sekretärin eines Finanzvorstandes, der Luftbuchungen zu verantworten hat, entweder gegen ihn aussagen, oder sie muss damit rechnen, selbst wegen Verschwörung zum Betrug angeklagt zu werden. Irgendetwas muss sie doch mitbekommen haben, so kann der Staatsanwalt argumentieren. Wenn sie noch einmal genau nachdenkt, sollte ihr doch bestimmt etwas einfallen, sonst, ja sonst müsste die Staatsanwaltschaft annehmen, sie wolle ihren Chef decken. Ein klarer Fall von Verschwörung ...

Wer einmal der Teilnahme an einer Verschwörung für schuldig befunden wird, ist damit für alle Taten verantwortlich, die irgendein anderer Verschwörer begangen hat, ganz gleich, ob er davon wusste oder nicht. In einigen Bundesstaaten der USA gilt die Regel, dass eine kriminelle Verschwörung auch dann vorliegt, wenn das Ziel legal ist, aber mit illegalen Mitteln erreicht werden soll. Im äußersten Fall kann eine Verschwörung schon dann strafbar sein, wenn sie mit legalen Mitteln ein legales Ziel anstrebt, das aber ein Einzelner auf rechtmäßige Weise nicht erreichen könnte. Nicht umsonst nennt die Encyclopedia Britannica den Tatbestand der Verschwörung »*das wohl am schlechtesten definierte Gebiet im anglo-amerikanischen Strafrecht. Seine Begriffsdefinition ist vager und elastischer als jedes Verschwörungskonzept, das man im kontinentaleuropäischen Recht oder seinen Ablegern findet.*«

Die Befürworter dieser breiten Verschwörungsdefinition und ihrer besonderen Strafandrohung argumentieren, dass Verschwörungen eine außergewöhnliche Bedrohung der Gesellschaft darstellen, weil die Verbindung der verschiedenen Fähigkeiten der Verschwörer die kriminelle Durchschlagskraft vervielfache. Ebenso behindere eine Gruppenbildung die Aufklärung von Verbrechen, weil die Verschwörer nicht ohne weiteres gegeneinander aussagen würden. Die Gegner antworten, dass die ausufernde Anwendung der Verschwörungsparagraphen mehr Unrecht erzeuge als verhindere. Nicht zuletzt sei es sehr fraglich, ob man jemanden für eine Tat gleich zweimal bestrafen dürfe, nämlich einmal für die Tat selbst und dann für die Verschwörung, die Tat zu begehen. Der amerikanische Bundesstaat Illinois hat sich dieser Argumentation angeschlossen und die Doppelbestrafung abgeschafft. Ein Straftäter kann dort entweder wegen seiner Tat oder wegen der Verabredung zur Tat bestraft werden, nicht aber wegen beider Delikte.

Die großzügige Anwendung des Verschwörungsparagraphen in den USA dürfte nicht ganz unschuldig daran sein, dass Verschwörungstheorien in den USA eine Blütezeit erleben. Die Staatsanwälte in den USA sind in manchen Bundesstaaten Wahlbeamte und legen deshalb großen Wert auf öffentlichkeitswirksame Auftritte. Wenn sie eine Anklage wegen Verschwörung erheben, betonen sie bei ihren Pressekonferenzen gerne die Gefahr für die Öffentlichkeit, die davon ausging. Auf diese Weise hören US-Bürger immer wieder von finsteren Konspirationen und von aufrechten Staatsanwälten, die ihnen entschlossen entgegentreten. Wenn schon die Justiz hinter jedem Baum eine Verschwörung vermutet, dann ist es kein Wunder, wenn immer mehr einfache Bürger sich überall von Verschwörern umstellt sehen. Die US-Justiz leistet damit ihren eigenen Beitrag zur gegenwärtigen Sumpfblüte der Verschwörungstheorien in den USA.

Vom Verschwörungsdenken

Hier kommen wir in Bereiche, die weder sprachlich noch rechtlich genau definiert sind. Es geht um Verschwörungen, die im Kopf derjenigen stattfinden, die sich damit befassen, also um erdachte Verschwörungen. Sie können mit wirklichen Komplotten übereinstimmen oder frei erfunden sein. In der umfangreichen Literatur zu diesem Thema heißen die Ergebnisse des Verschwörungsdenkens Verschwörungsmythen, Verschwörungsideen, Verschwörungstheoreme oder, am häufigsten, Verschwörungstheorien. Eine allgemein anerkannte Definition dafür gibt es bislang nicht, jedes Lexikon versucht seine eigene Erklärung. Das Duden Universalwörterbuch 2003 schreibt: »*Vorstellung, Annahme, dass eine Verschwörung, eine verschwörerische Unternehmung im Gang sei, dass etwas aufgrund einer Verschwörung geschehe.*«

Eine sehr vorsichtige Definition, in der man alles unterbringen kann. Sie fasst auch Stammtischweisheiten wie etwa: »Die in Berlin, die stecken doch heimlich alle unter einer Decke« unter den Begriff Verschwörungstheorie. Das widerspricht aber dem allgemeinen Sprachgebrauch, nach dem eine Theorie ein gewisses Maß an Ausarbeitung haben sollte.

Die Microsoft Encharta 2003 wird etwas konkreter: »*Alle Versuche, politisches Geschehen auf ein rational nicht erklärbares, meist für böse gehaltenes Interessen- oder Machtgeflecht zurückzuführen.*« Das ist jedoch zu eng gefasst. Sollen Verschwörungstheorien tatsächlich nur politische Ereignisse erklären? So ist der Tod von Elvis Presley ein beliebtes Ziel von Spekulationen, die allgemein zu den Verschwörungstheorien gerechnet werden, ohne dass die Politik dabei ins Spiel kommt. Außerdem bemühen sich die meisten Verfasser von Verschwörungstheorien innerhalb ihres eigenen Bezugsrahmens um eine geradezu kleinliche formale Rationalität.

Das *Concise Oxford Dictionary* sieht keine Beschränkung auf politische Ereignisse: »*Der Glaube, dass eine verdeckte, aber einflussreiche Organisation für ein unerklärtes Ereignis verantwortlich ist.*« Diese Umschreibung begrenzt die Verschwörungstheorien auf jeweils ein unerklärtes Ereignis. Eine besondere Eigenschaft von Verschwörungstheorien ist es aber gerade, ganze Serien von Ereignissen durch das Wirken von Organisationen zu erklären, die nicht einmal verdeckt sein müssen. Die UNO und die amerikanische Regierung stehen beispielsweise im Mittelpunkt vieler Verschwörungstheorien. Auch müssen die Ereignisse keineswegs unerklärt sein. Verschwörungstheorien deuten vielmehr regelmäßig auch vollkommen geklärte Ereignisse in ihrem Sinne um.

Eine eigenwillige Definition gibt der amerikanische Historiker Daniel Pipes. In seinem Buch *Verschwörung* beginnt er das erste Kapitel mit den Worten: »*Verschwörungstheorien – die Angst vor Verschwörungen, die überhaupt nicht existieren – haben in den USA Blütezeit.*« Pipes Hauptkriterien sind also zum einen die Angst vor der Verschwörung und zum anderen die Tatsache, dass die Verschwörung nicht existiert. Anders als Pipes es vermutet, haben aber die meisten Verschwörungstheoretiker keine Angst vor den Schurken, die sie beschreiben. Sie zeichnen ihre Bücher stolz mit ihrem wirklichen Namen, und nur die wenigsten haben sich geheime Telefonnummern zugelegt oder leben an unbekannten Orten. Auch Pipes' zweites Kriterium, die Nichtexistenz, ist unsicher. Eine Verschwörungstheorie lebt zunächst nur im Kopf ihres Erfinders, aber sie lehnt sich oft genug an wirkliche Komplotte an oder unterstellt ihnen die Verantwortung für bestimmte Ereignisse. So haben selbst ernannte Aufklärer den Mord an John F. Kennedy einer ganzen Reihe von echten Geheimorganisationen zugeschrieben, unter anderem dem organisierten Verbrechen, dem FBI, der CIA oder dem KGB.

Jede der vier hier vorgestellten Definitionen hat ihre Berechtigung, aber sie nähern sich dem Thema von ganz verschiedenen Seiten; sie beleuchten jeweils nur eine Facette davon und ergeben zusammengenommen ein widersprüchliches Bild. Bücher über Verschwörungstheorien müssten also zunächst angeben, ob sie Verschwörungstheorien im Sinne des Duden oder des Concise Oxford Dictionary meinten, und sie kämen eventuell schon wegen der uneinheitlichen Ausgangsdefinition zu ganz verschiedenen Ergebnissen.

Dieses Buch präzisiert erstmals den Begriff der Verschwörungstheorie. Bisher wurde er als Sammelbecken für die unterschiedlichen Phänomene Verschwörungsglauben, Verschwörungslegende und Verschwörungstheorie benutzt. Der Sichtwinkel des jeweiligen Autors bestimmte seine Definition, und so scheiterte ein Gedankenaustausch über das Thema »Verschwörungstheorien« oft schon an der Begriffsbestimmung. Mit der Einengung und Festlegung der Definition trägt dieses Buch hoffentlich dazu bei, die bisher von Vorurteilen und Missverständnissen geprägte Diskussion etwas sachlicher zu gestalten.

Literaturhinweise

Es handelt sich hier um Literaturhinweise und um Quellenangaben, nicht um das Literaturverzeichnis eines wissenschaftlichen Textes. Sie sollen die Leser dazu anregen, weiter zu lesen, und gibt die Herkunft solcher Informationen an, die nicht in jedem guten Lexikon nachzuschlagen sind.

Es sind jeweils die Auflagen der Bücher erwähnt, die ich tatsächlich herangezogen habe, auch wenn zwischendurch neue Auflagen erschienen sind. Die Internet-Enzyklopädie Wikipedia (http://en.wikipedia.org oder http://de.wikipedia.org) habe ich nur wenig zitiert, weil ihre Inhalte sich dauernd verändern (das Stichwort Verschwörungstheorien verzeichnet mehr als 50 Änderungen zwischen August 2004 und Februar 2005) und weil die Artikel immer anonym sind. Trotzdem ist Wikipedia aber im Allgemeinen eine gute Informationsquelle. Die meisten Artikel enthalten Literaturhinweise oder Links auf andere Quellen. Verweise auf Internet-Artikel im Literaturverzeichnis enthalten das Erstellungsdatum und dahinter das Abfragedatum in Klammern. Wenn das Erstellungsdatum nicht ersichtlich ist, steht dort nur das eingeklammerte Abfragedatum.

Verschiedene Zeitungen stellen inzwischen ihre Archive zu vertretbaren Preisen ins Internet oder geben sie auf CD heraus. Dazu gehören:

(1) das Online-Archiv der deutschen Tageszeitung *Die Welt* (kostenlos),
(2) die Online-Archive der britischen Tageszeitungen *The Independent* und *The Observer* (kostenlos),
(3) das Online-Archiv des amerikanischen Nachrichtenmagazins *Time* ab 1923 (kostenlos für Abonnenten)

(4) das Archiv der Wochenzeitung *Die Zeit* (auf CD 1995–2004)
Auf diese Archive habe ich bei Zeitungsartikeln vorrangig, aber nicht ausschließlich zurückgegriffen.

Kapitel 1

Caesars Ermordung:
Brockhaus 2005 in Text und Bild. Office-Bibliothek 3.0, Sonderartikel: Römische Revolution.
Werner Dahlheim: Die Iden des März 44 v. Chr. In: Alexander Demandt (Hrsg): Das Attentat in der Geschichte. Erftstadt 2003, S. 39f.
Martin Jehne: Die Ermordung des Dictators Caesar und das Ende der römischen Republik. In: Uwe Schulz (Hrsg): Große Verschwörungen, München 1998, S. 33ff.
Propyläen Weltgeschichte. Berlin, Zehnbändige Sonderausgabe 1991, vierter Band, S. 249f.
Oliver H. Herde: Von der Ermordung des Gaius Iulius Caesar. 1997 (21.10.2005). URL: http://user.cs.tu-berlin.de/~ohherde/caesar.htm

Pulververschwörung:
Antonia Fraser: The Gunpowder Plot. London 1996.
Alexander Gauland: Die »Pulververschwörung« gegen Parlament und König. In: Uwe Schulz (Hrsg.): Große Verschwörungen. München 1998, S. 130f.
Gunpowder Plot Society (Portal) (6.11.2005). URL: http://www.gunpowder-plot.org
House of Commons Information Office: The Gunpowder Plot, Factsheet G8. 24.11.2004 (21.10.2005). URL: http://www.parliament.uk/factsheets
Ronald Hutton: What if the Gunpowder Plot Had Succeeded?

4.1.2001 (21.10.2005). URL: http://www.bbc.co.uk/history/state/monarchs_leaders/gunpowder_hutton_01.shtml

Pulververschwörung, Hintergründe:
Raingard Eßer: Die Tudors und die Stuarts. 1485–1714. Stuttgart 2004.
Kaspar v. Greyerz: England im Jahrhundert der Revolutionen 1603–1714. Stuttgart 1994.

Adrian Hilton
Der Krieg der Howards. FAZ, 31.3.2005, S. 5.

Illuminaten
Michael Barkun: A Culture of Conspiracy. Berkeley 2003, 39f.
Johannes Rogalla von Bieberstein: Die These von der Verschwörung 1776–1945. Philosophen, Freimaurer, Juden, Liberale und Sozialisten als Verschwörer gegen die Sozialordnung. S. 48f, Flensburg 1992.
Jedidiah Morse: The Present Dangers and Consequent Duties of the Citizens, 1799. In: David Brion Davis (Hrsg.): The Fear of Conspiracy. Images of Un-American Subversion from the Revolution to the Present. Ithaca und London 1971.
Daniel Pipes: Verschwörung, München 1998, S. 104f.
Helmut Reinalter (Hrsg.): Der Illuminatenorden (1776–1785/87). Ein politischer Geheimbund der Aufklärungszeit. Peter Lang, Frankfurt a. M. 1997.
Georg Schuster: Geheime Gesellschaften, Verbindungen und Orden. 2. Band, 1906, S. 144ff.
Eberhard Weis: Der Illuminatenorden (1776–1786) unter besonderer Berücksichtigung der Fragen seiner sozialen Zusammensetzung, der politischen Ziele und seiner Fortexistenz nach 1786. Sitzungsberichte, Philosophisch-Historische Klasse. München 1987.
American Atheists: The Enlightenment, Freemasonry, and The Illuminati. 2005 (21.10.2005). URL: http://www.atheists.org/

Atheism/roots/enlightenment/#B14
Freimaurer – Grand Lodge of British Columbia and Yukon:
A Bavarian illuminati Primer. 15.2.2005 (21.10.2005). URL:
http://freemasonry.bcy.ca/texts/Illuminati.html
Marian Füssel: Weishaupts Gespenster, 2000 (21.10.2005).
URL: http://www.uni-muenster.de/PeaCon/conspiracy/
Weishaupt.htm
The Skeptic's Dictionary: Illuminati, The New World Order &
Paranoid Conspiracy Theorists (PCTs). 15.7.2005 (21.10.2005).
URL: http://www.skepdic.com/illuminati.html

Kapitel 2

Ritualmordlegende:
Abba Eban: Dies ist mein Volk. Zürich, 1970.
Friedrich Lotter: Innocens Virgo et Martyr. Thomas von Monmouth und die Verbreitung der Ritualmordlegende im Hochmittelalter. In: Rainer Erb: Die Legende von Ritualmord, Berlin 1993.
Jewish Encyclopedia.com: Blood Accusation. Gedruckt: 1901–1906, online: 2002 (21.10.2005). URL: http://www.jewish encyclopedia.com/view.jsp?artid=1173&letter=B#3493
Biographisch-Bibliographisches Kirchenlexikon Band XIII: Wilhelm von Norwich. Herzberg 1998, online: 27.11.1999
(16.10.2005). URL: http://www.bautz.de/bbkl/w/wil
helm_v_nor.shtml
Catholic Encyclopedia: St. William of Norwich. gedruckt 1912,
online: 2003 (21.10.2005). URL: http://www.newadvent.org/
cathen/15635a.htm
Informationsdienst gegen Rechtsextremismus: Ritualmordlegende. 20.10.2001 (15.11.2005). URL: http://lexikon.
idgr.de/r/r_i/ritualmordlegende/ritualmord.php
Religious Tolerance.org: Two Christian Myths against Jews, Blood

Libel and Host desecration. 20.5.2005 (15.11.2005). URL:
http://www.religioustolerance.org/jud_blib2.htm
Umayma Ahmad Al-Jalahma in Al-Riyadh vom 10.3.2002. The
Middle East Media Research Institute, 13.3.2002 (15.11.2005).
URL: http://www.memri.de/uebersetzungen_analysen/
laender/persischer_golf/saudi_purim_15_03_02.html
Distanzierung Turki Al-Sudairi von Al-Riaydh: The Middle East
Media Research Institute, 21.3.2002 (15.11.2005).
URL: http://memri.org/bin/articles.cgi?Page=archives&Area=
sd&ID=SP35702

Verschwörungstheorien zum Tod von Lady Diana:
Kate Tuckett: Verschwörungstheorien von A-Z. Königswinter
2001.

Urbane Mythen:
Rolf W. Brednich: Die Spinne in der Yuccapalme. München
1999.
Jan Harold Brundvand: The Vanishing Hitchhiker. American Urban Legends and Their Meanings. New York 1983, 2001.

Roswell-Zwischenfall:
Robert Alan Goldberg: Enemies Within, The Culture of Conspiracy in Modern America. New Haven, London 2001, 189f.
Untersuchungsbericht der US Air Force über den »Roswell-Zwischenfall« 1994. In: Gero von Randow: Der Fremdling im Glas und weitere Anlässe zur Skepsis, entdeckt im »Skeptical Inquirer«. Hamburg 1996.
Uli Thieme: Roswell; wissen Sie wirklich, was 1947 abstuerzte?
(15.11.2005). URL: http://www.science-explorer.de/ufos_aliens/
roswell.htm

Verschwörungsglauben, -legende und -theorie:
Thomas Grüter: Der böse Schein. Gehirn und Geist (4) 2004, S. 12-16.

Kapitel 3

Tuskegee-Studie:
James H. Jones: Bad Blood: The Tuskegee Syphilis Experiment. New York 1993.
Elisabeth A. Klonoff, Hope Landrine: Do Blacks Believe that HIV/AIDS is a Government Conspiracy against them? Preventive Medicine (28) 1999, S. 451-457.
S. Thomas, S. Quinn: The Tuskegee Syphilis Study 1932–1972: implications for HIV education and AIDS risk reduction programs in the black community. American Journal of Public Health (81) 1991, S. 1498-1505.
Sheryl Thorburn Bird, Laura M. Bogart, Douglas L. Delahanty: Health-Related Correlates of Perceived Discrimination in HIV Care. AIDS Patient Care and STDs (18) 2004, S. 19-26.
Sheryl Thorburn Bird, Laura M. Bogart: Conspiracy Beliefs About HIV/AIDS and Birth Control Among African Americans: Implications for the Prevention of HIV, Other STIs, and Unintended Pregnancy. Journal of Social Issues (61) No. 1, 2005, S. 109-126.
The National Center For HIV, STD and TB Prevention: The Tuskegee Timeline. 23.5.2005 (21.10.2005).
URL: http://www.cdc.gov/nchstp/od/tuskegee/time.htm

Europa vor dem Ersten Weltkrieg:
Theodor Schieder: Propyläen Geschichte Europas. Staatensystem als Vormacht der Welt 1848–1918. Frankfurt 1975, S. 327.

Schwarze Helikopter:
Michael Barkun: A Culture of Conspiracy. Berkeley 2003, S. 65f., 100f.

Jim Keith: Black Helicopters Over America: Strikeforce for the New World Order. London 1995.

Arabischer Propagandasender:
Landesamt für Verfassungsschutz Baden-Württemberg: Islamismus, Nutzung neuer Medien, arabische Medien, arabische Fernsehsender. 2001–2005 (21.10.2005). URL: http://www.verfassungsschutz-bw.de/kgi/islam_medien_start.htm

Verbreitung von Gerüchten:
Gordon Willard Allport, Leo Postman: The Psychology of Rumor. New York 1947.
Susan Blackmore: Die Macht der Meme. Oder die Evolution von Kultur und Geist. Heidelberg 2000.
Richard Dawkins: Das egoistische Gen. Reinbek 1998.
Prashant Bordia, Nicholas DiFonzo: When social psychology became less social: Prasad and the history of rumor research. Asian Journal of Social Psychology (5) 2002, S. 49-61.
Chip Heath, Chris Bell, Emily Sternberg: Emotional Selection in Memes: The Case of Urban Legends. Journal of Personality & Social Psychology (81) 2001, S. 1028-1041.
Yamir Moreno, Maziar Nekovee, Amalio E. Pacheco: Dynamics of rumor spreading in complex networks. Physical Review E (69) 2004, 066130.
Anton Vedder, Robert Wachbroit: Reliability of Information on the internet: Some Distinctions. Ethics and Information Technology (5) 2003, S. 211-215.

Glaubwürdigkeit von Verschwörungstheorien:
Stefan Aust, Cordt Schnibben: 11. September 2001. Geschichte eines Terrorangriffs. München, 2003.
Charles Berlitz: Das Bermudadreieck. Wien 1974.
Dan Burstein: Secrets of the Code – The Unauthorised Guide to the Mysteries Behind The Da Vinci Code. London 2004.

Dan Brown: Illuminati. Bergisch-Gladbach 2003.
Dan Brown: Sakrileg. Bergisch-Gladbach 2004.
Richard Clarke: Against all Enemies. Hamburg 2004.
Erich von Däniken: Erinnerungen an die Zukunft. Düsseldorf und Wien 1968.
Gerhard Gadow: Erinnerungen an die Wirklichkeit. Frankfurt 1971.
Lawrence Kusche: The Bermuda Triangle Mystery solved. London 1981.
Mathias Bröckers: Die Wargames des 11. September. 12.6.2004 (21.10.2005). URL: http://www.heise.de/tp/r4/artikel/17/17622/1.html
Steven Dutch: The Piri Reis Map. Green Bay, Wisconsin 1998–2004 (21.10.2005). URL: http://www.uwgb.edu/dutchs/PSEUDOSC/PiriReis.htm
Michael Ruppert: Tripod II und FEMA. 5.6.2004 (18.2.2006). URL: http://www.fromthewilderness.com/free/ww3/060704_tripod_fema.html

Kapitel 4

Heinrich Kramer:
Wolfgang Behringer (Hrsg.): Hexen und Hexenprozesse in Deutschland. München 2001.
Rainer Decker: Die Päpste und die Hexen. Aus den geheimen Akten der Inquisition. Darmstadt 2003.
Heinrich Kramer: Der Hexenhammer. Kommentierte Neuübersetzung. (Hrsg.): Wolfgang Behringer, Günter Jerouschek. München 2004.
Nicole Jacques-Chaquin: Demonic Conspiracy. In: Carl-Friedrich Graumann, Serge Moscovici: Changing Concepts of Conspiracy. New York 1987.
André Schnyder (Hrsg.): Malleus Maleficarum von Heinrich Kra-

mer unter Mithilfe Jakob Sprengers aufgrund der Dämonologischen Tradition zusammengestellt. Wiedergabe des Erstdrucks 1487. Göppingen 1991.
André Schnyder (Hrsg.): Malleus Maleficarum von Heinrich Kramer unter Mithilfe Jakob Sprengers aufgrund der Dämonologischen Tradition zusammengestellt. Kommentar zur Wiedergabe des Erstdrucks von 1487. Göppingen 1993.
Werner Tschacher: Vom Feindbild zur Verschwörungstheorie: Das Hexenstereotyp. In: Ute Caumanns und Mathias Niendorf (Hrsg.): Verschwörungstheorien. Anthropologische Konstanten – historische Varianten. Osnabrück 2001, S. 49-74.
Walter Senner: Wie Heinrich Institoris Hexeninquisitor für Deutschland wurde. Wort und Antwort (44) 2003, S. 13-18.

McCarthy:

Joseph McCarthy: Speech June 14, 1951. Congressional Record, Proceedings and Debates of the Eighty-Second Congress, First Session, Vol. 97, Part 5, Washington 1951, 6601-6603. In: David Brion Davis (Editor): The Fear of Conspiracy. Images of Un-American Subversion from the Revolution to the Present. Ithaca und London, 1971.
Richard H. Rovere: McCarthy oder die Technik des Rufmords. Gütersloh 1961.
Joanne Cavanaugh Simpson: Seing Red. John-Hopkins Magazine, Baltimore, September 2000. URL: http://www.jhu.edu/~jhumag/0900web/red.html
»Have You No Sense of Decency«: The Army-McCarthy Hearings. American Social History Project. 1998–2005 (15.11.2005). URL: http://historymatters.gmu.edu/d/6444/

Kapitel 5

Umfragen Chrismon:
Umfrage: Wer hat Ihrer Meinung nach den größten Einfluss auf das Schicksal der Welt? Chrismon (9) 2003 (21.10.2005). URL: http://www.chrismon.de/ctexte/2003/9/schicksal.pdf
Umfrage: An welche unbewiesenen Phänomene glauben Sie? Chrismon (6) 2001 (21.10.2005). URL: http://www.chrismon.de/ctexte/2001/6/phenom.pdf

Umfrage UFOs:
Michael Barkun: A Culture of Conspiracy, a.a.O.

Sozialpsychologie allgemein:
Elliot Aronson, Timothy D. Wilson, Robin M. Akert: Sozialpsychologie. München 1994, S. 182.
Elias Canetti: Masse und Macht. Frankfurt (30) 2003, S. 22f.
Arie W. Kruglanski: Blame-Placing Schemata and Attributional Research. In: Carl-Friedrich Graumann und Serge Moscovici: Changing Concepts of Conspiracy. New York, 1987.
Robert Wright: The moral animal. Why we are the way we are. The new Science of Evolutionary Psychology, New York 1994.

UFOs und Men in Black:
Michael Barkun: A Culture of Conspiracy. 80f., a.a.O.
John A. Keel: Our Haunted Planet. Lakeville, Minnesota 1999, 91f.
Peter. M. Rojcewitz: The »Men in Black« Experience and Tradition – Analogues with the Traditional Devil Hypothesis. Journal of American Folklore (100)1987.

Beherrschung komplexer Situationen:
Dietrich Dörner: Die Logik des Mißlingens. Strategisches Denken in komplexen Situationen, Reinbek 2002.

Verschwörungen und Verschwörungstheorien in anderen Kulturen (Auswahl):
Stefan Brüne: Wachs und Gold. Äthiopiens erprobte Kultur des Versteckens. In: Ute Caumanns und Mathias Niendorf (Hrsg.): Verschwörungstheorien. Osnabrück 2001.
Harry G. West, Todd Sanders (Hrsg.): Transparency and Conspiracy. Ethnographies of Suspicion in the New World Order. Durham und London 2003.
Bassam Tibi: Die Verschwörung. Das Trauma der arabischen Politik. Hamburg 1993.
Thomas Scheen: Die afrikanische Wahrheit. In: FAZ 17.10.2004.

Kapitel 6

Iwan der Schreckliche:
Reinhold Neumann-Hoditz: Iwan der Schreckliche. Hamburg 1990.
Nikita Romanow, Robert Payne: Iwan der Schreckliche. Bern und München 1984.
Ruslan G. Skrynniokow: Iwan der Schreckliche und seine Zeit. München 1992.

Wahn:
Hans-Jürgen Möller, Gerd Laux, Arno Deister: Psychiatrie und Psychotherapie. Stuttgart 2001.
Vaughan Bell, Peter Halligan, Hadyn Ellis.: Beliefs about delusions. The Psychologist, (16) No 8, 2003, S. 418-423 (21.10.2005). URL: http://www.cf.ac.uk/psych/home/bellv1/pubs/BellHalliganEllis2003.txt

Anthony S. David: On the impossibility of defining delusions. Philosophy, Psychiatry, Psychology (6) 1999, S. 17-20.
Martin Davies, Max Coltheart: Pathologies of Belief. Mind & Language (15) No 1, 2000, S. 1-46.
Sigmund: Wahn und Intuition. Nervenarzt (69) 1998, S. 390-400.

Zitat Heinz von Foerster:
Heinz von Foerster: Wissen und Gewissen. Frankfurt 1993, S. 47.

Capgras-Syndrom:
Hadyn Ellis, M.B. Lewis: Capgras Delusion: A Window on Face Recognition. Trends in Cognitive Sciences (5) No 4, 2001, S. 149-156.
Thomas Grüter, Ulrich Kraft: Fremde Freunde. Gehirn und Geist. (1) 2004, S. 12-16.

Martha Mitchell:
Helen Thomas: Front Row at the White House. New York 2000, S. 203ff.
Martha Mitchell's View From The Top. In: TIME, 30. November 1970.
The Misfortunes of Martha. In: TIME, 21. Mai 1973.
Will the Real Martha Mitchell Please Hang Up? In: TIME, 2. Juli 1973.
»Martha Was Right«. In: TIME, 14. Juni 1976.

Kapitel 7

Stalinismus:
Joel Carmichael: Säuberung. Die Konsolidierung des Sowjetregimes unter Stalin 1934–38. Frankfurt 1972.

Klaus Kellmann: Stalin, eine Biographie. Darmstadt 2005.
Donald Rayfield: Stalin und seine Henker. Berlin 2004.

Stalins Verhaftungsmaschinerie und Lagersystem:
Alexander Solschenizyn: Der Archipel Gulag. Bern und München 1974.
Alexander Solschenizyn: Der Archipel Gulag, Folgeband. Bern und München 1974.

Erster Weltkrieg:
Stephan Burgdorff, Klaus Wiegrefe (Hrsg.): Der Erste Weltkrieg. Die Urkatastrophe des 20. Jahrhunderts. München 2004.
Sebastian Haffner: Die sieben Todsünden des Deutschen Reiches im Ersten Weltkrieg. Bergisch Gladbach 2001.

Dolchstoßlegende:
Lars-Broder Keil, Sven Felix Kellerhoff: Deutsche Legenden – vom Dolchstoß und anderen Mythen der Geschichte. Berlin 2002.
Rainer Sammet: Dolchstoß. Berlin 2003, 67, S. 167.

Kapitel 8

Aufbau von Spannungsromanen:
James N. Frey: Wie man einen verdammt guten Roman schreibt. Köln 1993.

Neandertaler:
Bärbel Auffermann, Jörg Orschiedt: Die Neandertaler, eine Spurensuche. Stuttgart 2002.

Verkennung der Neandertaler:
Ian Tattersall: Neandertaler: Der Streit um unsere Ahnen. Boston, Berlin 1999, S. 77f., S. 88f., S. 93f.

Zwerge:
Gerhard J. Bellinger: Knaurs Lexikon der Mythologie. München 1999.
Wolfgang Golther: Germanische Mythologie. Handbuch. Essen 1999 (Faksimiledruck der Ausgabe von 1896), 134f.
Bernhard Maier: Die Religion der Germanen. Götter – Mythen – Weltbild, München 2003, S. 54.

Prähistorischer Bergbau:
Gerd Weisgerber: Quarzit, Feuerstein, Hornstein, Jaspis, Ocker – mineralische Rohstoffe der Steinzeit. In: Heiko Steuer und Ulrich Zimmermann (Hrsg.): Alter Bergbau in Deutschland. Hamburg 1993.

Katakomben:
Paris Souterrain – Die Steinbrüche und Katakomben, (30. 11. 2005). URL: http://www.viennaslide.com/paris/s-0533-21.htm
UrbanAdventure.org – World Trip 2002 – Paris, (30.11.2005). URL: http://www.urbanadventure.org/main/2002trip/france/paris1.htm
The Christian Catacombs of Rome (Internetportal), 11.11.2004 (30.11.2005). URL: http://www.catacombe.roma.it
Sven Lutz: Die Katakomben von Bayreuth, Mai 2005 (30.11. 2005). URL: http://www.swutz.de/startseite/startseite.html
Portal: U-Bahn – Wikipedia.de, 30.11.2005 (30.11.2005). URL: http://de.wikipedia.org/wiki/Portal:U-Bahn

Voynich-Manuskript:
Voynich Manuscript (Webportal). 4.10.2004 (30.11.2005). URL: http://www.voynich.nu/
Voynich-Manuskript Diashow: Beinecke Rare Book & Manuscript Library. (30.11.2005). URL: http://beinecke.library.yale.edu/dl_crosscollex/SlideShowXC.asp?srchtype=CNO

Voynich manuscript – Wikipedia, 24.11.2005 (30.11.2005).
URL: http://en.wikipedia.org/wiki/Voynich_manuscript

Kapitel 9

Juden in Russland um 1900:
Werner Bergmann: Geschichte des Antisemitismus. München 2004.
Abba Eban: Dies ist mein Volk. Die Geschichte der Juden. Zürich 1972, S. 250f.
Leon Poliakov: The Topic of the Jewish Conspiracy in Russia (1905-1920), and the International Consequences. In: Carl-Friedrich Graumann, Serge Moscovici: Changing Concepts of Conspiracy. New York 1987.

Protokolle der Weisen von Zion:
Stephen Eric Bronner: A Rumor about the Jews. Antisemitism, Conspiracy, and the Protocols of Zion. New York 2003.
Norman Cohn: Warrant for Genocide: The Myth of the Jewish World Conspiracy and the Protocols of the Elders of Zion. London 1967.
Cesare G. De Michelis: The Non-Existent Manuscript. Lincoln 2004.
Michael Hagemeister: Sergej Nilus und die »Protokolle der Weisen von Zion«. Überlegungen zur Forschungslage. In: Wolfgang Benz (Hrsg.): Jahrbuch für Antisemitismusforschung 5. Frankfurt und New York 1996.
Michael Hagemeister: Die Protokolle der Weisen von Zion – eine Anti-Utopie oder Der Große Plan in der Geschichte? In: Helmut Reinalter (Hrsg.): Verschwörungstheorien, Theorie – Geschichte – Wirkung. Innsbruck 2002.
Michael Hagemeister: Die »Protokolle der Weisen von Zion« und der Basler Zionistenkongreß von 1897. In: Heiko Hausmann

(Hrsg.): Der Traum von Israel. Die Ursprünge des modernen Zionismus. Weinheim 1998.
Michael Hagemeister: Der Mythos der »Protokolle der Weisen von Zion«. In: Ute Caumanns, Mathias Niendorf (Hrsg.): Verschwörungstheorien. Osnabrück 2001.
Jeffrey L. Sammons: Die Protokolle der Weisen von Zion. Die Grundlage des modernen Antisemitismus – eine Fälschung. Text und Kommentar. Göttingen 1998.

Antisemitismus im heutigen Russland:
Michael Hagemeister: Antisemitismus und Verschwörungsdenken in Russland. In: Christina Tuor-Kurth (Hrsg.): Neuer Antisemitismus – alte Vorurteile? Stuttgart, Berlin, Köln 2001.
Manfred Quiring: »Die Leute kaufen so etwas«. Antisemitismus auf der Moskauer Buchmesse. In: DIE WELT, 16.9.2005.
Neues Russland, alter Antisemitismus. In: Netzeitung, 29.6.2005 (21.10.2005). URL: http://www.netzeitung.de/voiceof germany/346227.html

Antisemitismus und Protokolle der Weisen von Zion in Arabischen Ländern:
Anti-Defamation League: Anti-Semitic Literature in the Islamic World. The Protocols of the Elders of Zion: The Renaissance of anti-Semitic Hate Literature in the Arab and Islamic World. 2003 (15.11.2005). URL: http://www.adl.org/css/proto_intro.asp
Anti-Defamation League: ADL Calls for »Protocols« to be Stricken from Official Palestinian Authority Website. 2005 (15.11.2005). URL: http://www.adl.org/PresRele/IslME_62/4716_62.htm

Cooper und Icke:
Michael Barkun, a.a.O., S. 146.

Jan Udo Holey:
Verfassungsschutzbericht 2004. Vorabfassung, S. 102f. URL:
http://www.verfassungsschutz.de/de/publikationen/verfassungs
schutzbericht/vsbericht_2004/vsbericht_2004.pdf
Die Sprache des Hasses: Jan van Helsings Bücher. in: Informationsdienst gegen Rechtsextremismus, 11.11.2001 (21.10.2005).
URL: http://www.idgr.de/texte/rezensionen/helsing/
helsing-heller.php.

Mathias Bröckers:
Hannah Arendt: Elemente und Ursprünge totaler Herrschaft.
Antisemitismus, Imperialismus, totale Herrschaft. München und
Zürich (10) 2005, S. 756 und 759.
Mathias Bröckers: Verschwörungen, Verschwörungstheorien und
Geheimnisse des 11.9. Zweitausendeins, 7. Auflage, 2002,
S. 233ff.
Tobias Jaecker: Antisemitische Verschwörungstheorien nach dem
11. September. Neue Varianten eines alten Deutungsmusters.
Münster 2005, S. 87ff.
CAMERA: Syndicated Columnist Georgie Anne Geyer Uses
Fabricated Sharon Quote. 20.5.2002 (21.10.2005). URL:
http://www.camera.org/index.asp?x_article=34&x_context=2

Kapitel 10

Tucholsky-Gedicht:
Dieter A. Binder: Die diskrete Gesellschaft. Geschichte und Symbolik der Freimaurer. Graz, Wien, Köln 1988, S. 14.

Erich Ludendorff:
D.J. Goodspeed: Ludendorff. Soldat, Diktator, Revolutionär. Gütersloh 1968.

Hans Mommsen: Aufstieg und Untergang der Republik von Weimar. München, 2004.

Verschwörungstheorien gegen Juden, Freimaurer und Jesuiten:

Johannes Rogalla von Bieberstein: Der Mythos von der Weltverschwörung. Juden, Freimaurer und Jesuiten als »Menschheitsfeinde«. In: Gerd-Klaus Kaltenbrunner: Geheimgesellschaften und der Mythos der Weltverschwörung, München 1987.

Juden, Antisemitismus:

Hannah Arendt: Elemente und Ursprünge totaler Herrschaft, a.a.O.

Wolfgang Benz: Antisemitismus: Ein Deutungsversuch. Brockhaus in Text und Bild 2005, Office-Bibliothek 4.0 Linux.

Werner Bergmann: Geschichte des Antisemitismus. München 2004.

Thomas Brechenmacher: Der Vatikan und die Juden. Geschichte einer unheiligen Beziehung. München 2005.

Leonard Dinnerstein: Antisemitism in America. New York 1994.

David I. Kertzer: Die Päpste gegen die Juden. Der Vatikan und die Entstehung des modernen Antisemitismus, München 2004.

Friedrich Lotter: Innocens Virgo et Martyr. Thomas von Monmouth und die Verbreitung der Ritualmordlegende im Hochmittelalter. In: Rainer Erb: Die Legende vom Ritualmord, Berlin 1993.

Henri Zucker: The Conspirational Imperative: Medieval Jewery in Western Europe. In: Carl-Friedrich Graumann, Serge Moscovici: Changing Concepts of Conspiracy, New York 1987.

Marie-Theres Wacker: Gottes erste Liebe. Christliche Wahrnehmungen des Judentums in Münster. Vortrag im Rahmen der Ringvorlesung der Kath.-Theologischen Fakultät Münster. 4.5.2005, (26.10.2005). URL: www.bistumsjubilaeum2005.de/downloads/Vortrag_Wacker.pdf.

Freimaurer:
Dieter A. Binder: Die diskrete Gesellschaft, a.a.O.
Michel Dierickx S. J.: Freimauererei. Die große Unbekannte. Frankfurt und Hamburg 1968.
Horst Kischke: Die Freimaurer. Fiktion, Realität und Perspektiven. Wien 1996.
Ekkart Sauser: Leo XIII. Biographisch-Bibliographisches Kirchenlexikon Band IV, Herzberg 1992, online: 7.5.2003 (27.10.2005). URL: http://www.bautz.de/bbkl/l/Leo_XIII.shtml

Jesuiten:
William V. Bangert: A History of the Society of Jesus. Institute of Jesuit Sources, St. Louis 1986.
Geoffrey Cubitt: The Jesuit Myth. Conspiracy Theory and Politics in Nineteenth Century France. Oxford 1993.
Bernhard Duhr: Hundert Jesuitenfabeln. Gekürzte Volksausgabe der »Jesuitenfabeln«. Freiburg 1902.
René Fülöp-Miller: Macht und Geheimnis der Jesuiten. Eine Kultur- und Geistesgeschichte. Berlin 1932.
Peter C. Hartmann: Die Jesuiten, München 2001.
Rita Haub: Ich habe euch nie gekannt, weichet alle von mir ... Die päpstliche Aufhebung des Jesuitenordens 1773. In: Hans Ulrich Rudolf: Alte Klöster – Neue Herren. Die Säkularisation im Deutschen Südwesten 1803, Ostfildern 2003.
Stefan Kiechle, Clemens Maaß: Der Jesuitenorden heute. Mainz 2000.

Juden, Freimaurer und Jesuiten: Vergleich:
David Brion Davis: Some Themes of Countersubversion: An Analysis of Anti-Masonic, Anti-Catholic, and Anti-Mormon Literature. In: David Brion Davis (Hrsg.): The Fear of Conspiracy. Images of Un-American Subversion from the Revolution to the Present. Ithaca, London 1971.

Kapitel 11

Mark Fenster: Conspiracy Theories. Secrecy and Power in American Culture. Minneapolis, London 1999, 3–21.
Robert Alan Goldberg: Enemies Within, The Culture of Conspiracy in Modern America, a.a.O.
Daniel Pipes: Verschwörung, a.a.O.
Richard Hofstadter: The Paranoid Style in American Politics, Harper's Magazine, November 1964, S. 77-86. Online: (25.11.2005). URL: http://karws.gso.uri.edu/JFK/conspiracy_theory/the_para noid_mentality/The_paranoid_style.html

Ruanda:

Alison Des Forges: Kein Zeuge darf überleben. Der Genozid in Ruanda. Hamburg 2002.
Peter Dausend: Sterben in Ruanda – Chronik eines angekündigten Völkermords. In: Die Welt 1.4.1999 (25.11.2005). URL: http://www.welt.de/data/1999/04/01/627668.html
Bartholomäus Grill: Tötet! Tötet! Tötet! In: DIE ZEIT (51) 2002 (25.11.2005). ULR: http://www.zeit.de/2002/51/LB-P-Ruanda
Bartholomäus Grill: Ach, Afrika. Berichte aus dem Inneren eines Kontinents. München 2005.
Bartholomäus Grill: Die Gier der weißen Brüder. In: DIE ZEIT (14) 26.3.1998.
Völkermord in Ruanda. Denn sie wussten, was sie taten. In: STERN 31.3.2004 (25.11.2005). URL: http://www.stern.de/politik/ausland/index.html?id=522189&p=2&nv=ct_cb
Roméo Dallaire: Shake Hands with the Devil: The Failure of Humanity in Rwanda. 2003.

Lady Diana (Auswahl):

Kate Tuckett: Verschwörungstheorien von A-Z, Königswinter 2001.
ZDF: Diana und Charles. Zwei Geschichten einer Ehe.

URL: http://www.zdf.de/ZDFde/inhalt/13/0,1872,2004589,
00.html
BBC News|UK|Report ›dispels Diana theories‹. 24.1.2004
(25.11.2005). URL: http://news.bbc.co.uk/1/hi/uk/3426309.stm

Yukos:
Neun Jahre Lagerhaft für Chodorkowski und Lebedjew. In: DIE
WELT 31.5.2005 (25.11.2005). URL: http://www.welt.de/data/
2005/05/31/725753.html
Johannes Voswinkel: Putins Durst auf Öl. In: DIE ZEIT (29)
8.7.2004, online: 8.7.2004 (25.11.2005). URL: http://hermes.
zeit.de/pdf/archiv/2004/29/Oel_Russland.pdf
Johannes Voswinkel: Das neue Waffenarsenal. In: DIE ZEIT (20)
11.5.2005, online: 11.5.2005 (25.11.2005). URL: http://
hermes.zeit.de/pdf/archiv/2004/29/Oel_Russland.pdf
Report: The circumstances surrounding the arrest and prosecution
of leading Yukos executives. Committee on legal Affairs and Human Rights, Berichterstatter: Sabine Leutheusser-Schnarrenberger. Doc. 10368 der Parlamentarischen Versammlung des Europarats, 29.11.2004.
Report: The circumstances surrounding the arrest and prosecution
of leading Yukos executives. Committee on legal Affairs and Human Rights, Berichterstatter: Sabine Leutheusser-Schnarrenberger. Doc. 10368 (Addendum) der Parlamentarischen Versammlung des Europarats, 24.1.2005.
Chodorowskij-Urteil: Politischer Schauprozeß. In: FAZ. NET.
URL: http://www.faz.net/s/RubEC1ACFE1EE274C81BCD
3621EF555C83C/Doc~E3DCE983EAEE1498EA4F0781F3B9
80DB5~ATpl~Ecommon~Sspezial.html

Attentate am 11. 9. 2001:
Jochen Bittner: Blackbox Weißes Haus. In: DIE ZEIT (31) 2003
(24.27.2003).
Christopher Sultan: Panoply of the Absurd. In: Der Spiegel (37)

2003 (25.11.2005). URL:http://www.spiegel.de/internatio nal/spiegel/0,1518,265160.html
BBC NEWS | World |Middle East| Hijack ‚suspects' alive and well. 23.9.2001 (30.11.2005). URL: http://news.bbc.co.uk/1/hi/world/middle_east/1559151.stm
Auf der Suche nach den lebenden Attentätern. Filmautor John Goetz berichtet von seiner Spurensuche. In: wdr.de, 25.9.2003 (30.11.2005). URL: http://www.wdr.de/themen/politik/international/elfter_september_2003/verschwoerungstheorien/goetz.jhtml?rubrikenstyle=elfter_september_2003
Project for a New American Century: Rebuilding Americas Defenses. September 2000 (30. 11. 2005). URL: http://www.newamericancentury.org/RebuildingAmericasDefenses.pdf

Moderner Antisemitismus:

Andreas von Bülow: Die CIA und der 11. September. Internationaler Terror und die Rolle der Geheimdienste. München 2003.
Andrei S. Markowits: Amerika, dich haßt sich's besser. Hamburg 2004.
Andrei S. Markovits: Antiamerikanismus und Antisemitismus in Europa. In: Doron Rabinovici, Ulrich Speck, Natan Sznaider: Neuer Anitsemitismus? Eine globale Debatte. Frankfurt 2004.
Doron Rabinovici, Ulrich Speck, Natan Sznaider: Neuer Anitsemitismus? Eine globale Debatte. Frankfurt 2004.
Donna Abu-Nasr: Libya accused of framing medics over Aids deaths. In: The Guardian, 22.9.2001 (30.11.2005). URL: http://www.guardian.co.uk/aids/story/0,,556305,00.html
Michael Brogstede: Gaddafis böser Kuhhandel. Fünf bulgarische Krankenschwestern warten in Tripolis auf ihre Hinrichtung. In: FAS (45) 13.11.2005, S. 13.
Hanno Loewy: Die Figur des Dritten. In: Neue Züricher Zeitung 17.11.2005, S. 35.
Sophie Mühlmann: Mahathir Mohamed: Der Antisemit und Erneuerer Malaysias tritt ab. In: DIE WELT 31.10.2003, online:

31.10.2003 (25.11.2005). URL: http://www.welt.de/data/
2003/10/31/189959.html
Brian Whitaker: Medics face Libyan firing squad for ›giving HIV to children‹. In: The Guardian. 7. 5. 2004 (30. 11. 2005). URL: http://www.guardian.co.uk/international/story/0,,1211217,00.html
Anti-Defamation League: Speech by Prime Minister Mahathir Mohamad of Malaysia to the Tenth Islamic Summit Conference, Putrajaya, Malaysia. 16.10.2003 (25.11.2005). URL: http://www.adl.org/Anti_semitism/malaysian.asp
Matthias Küntzel: Die »Protokolle der Weisen von Zion« auf der Frankfurter Buchmesse. Oktober 2005 (15.11.2005). URL: http://www.matthiaskuentzel.de/contents/die-protokolle-der-weisen-von-zion-auf-der-frankfurter-buchmesse
The Middle East Media Research Institute: Kritik an arabischen Verschwörungstheorien. 28.11.2003 (15.11.2005). URL: http://www.memri.de/uebersetzungen_analysen/themen/liberal_voices/ges_verschwoerung_28_11_03.pdf
The Middle East Media Research Institute: Nach Kommissionsbericht zum 11. September: Araber sollen Verschwörungstheorien aufgeben. 9.8.2004 (16.11.2005). URL: http://www.memri.de/uebersetzungen_analysen/themen/liberal_voices/ges_ansari_09_08_04.pdf
The Middle East Media Research Institute: Saudische Frauenrechtlerin über Zionismus und Terrorismus. 29.4.2005 (15.11.2005). URL: http://www.memri.de/uebersetzungen_analysen/themen/islamistische_ideologie/isl_hammad_29_04_05.pdf

WTO:
Klaus Brinkbäumer: Basar der Welten. In: Der Spiegel (24) 2005, S. 94-100.
WTO Webportal. (30.11.2005). URL: http://www.wto.org
Attac Deutschland, Webportal. (30.11.2005). URL: http://www.attac.de

Grenzen der Verschwörung: Bill Clinton:
Bill Clinton: Mein Leben. Berlin 2004.
Hillary Rodham Clinton: Gelebte Geschichte. Berlin 2004.
George J. Church: The Clinton Hater's Video Library. In: TIME Magazine 1.8.1994.
Walter Kirn: Persecuted or Paranoid? In: TIME Magazine 9.2.1998.
Uwe Schmitt: …und Starrs Stern geht unter. In: DIE WELT Online 8.7.1999 (22.11.2005). URL: http://www.welt.de/data/1999/07/08/634918.html
Uwe Schmitt: Ehepaar Clinton in Whitewater-Affäre entlastet. In: DIE WELT Online, 22.9.2000 (22.11.2005). URL: http://www.welt.de/data/2000/09/22/583079.html
Brooks Jackson: Who Is Richard Mellon Scaife? In: CNN Online, 27.4.1998 (22.11.2005). URL: http://www.cnn.com/ALLPOLITICS/1998/04/27/scaife.profile/index.html

Anhang

Amenemhot
Propyläen Weltgeschichte. Berlin, Zehnbändige Sonderausgabe 1991, erster Band, S. 403.
Dietrich Wildung: Haremsverschwörung unter Ramses III. In: Große Verschwörungen (Hrsg.): Uwe Schulz. München 1998, S. 10-11.

Worte Schwören, Eid:
Duden Herkunftswörterbuch. 2. Auflage 1989.
Friedrich Kluge: Etymologisches Wörterbuch der deutschen Sprache. 23. Auflage 1999.

Germanischer Eid:
Wolfgang Golther: Germanische Mythologie. Essen, S. 548.

Eid der Kikuyu:
Robert Ruark: Die schwarze Haut. Berlin 1966, 72f.

Bibelzitat:
Einheitsübersetzung der Heiligen Schrift. Stuttgart (21.10.2005).
URL: http://alt.bibelwerk.de/bibel/nt/matt005.htm

Gottesurteil:
Der Brockhaus in Text und Bild 2005. Office-Bibliothek 3.0.

Feuerprobe:
Kluge, Etymologisches Wörterbuch. a.a.O.

Fahneneid:
Wikipedia, Stichwort: Fahneneid der NVA. 10.10.2005
(21.10.2005). URL: http://de.wikipedia.org/wiki/
Fahneneid_der_NVA

Eid des Hippokrates:
Axel Bauer: Der Hippokratische Eid – The Hippocratic Oath.
(21.10.2005). URL: http://www.uni-heidelberg.de/
institute/fak5/igm/g47/bauerhip.htm

Genfer Ärztegelöbnis:
Bundesärztekammer: Genfer Gelöbnis (Deklaration von Genf),
Stand 1994. (21.10.2005). URL: http://www.bundesaerzte
kammer.de/30/Auslandsdienst/Genf.pdf

Jeffrey Archer:
Guardian unlimited | Special reports | Special reports: Jeffrey Archer. 2005 (21.10.2005). URL: http://www.guardian.co.uk/
archer/0,2759,180881,00.html

Strafgesetzbuch (StGB):
Strafgesetzbuch. Beck-Texte im dtv (40) 2005 oder im Internet:
URL: http://bundesrecht.juris.de/bundesrecht/stgb/inhalt.html

Strafrecht des Staates Texas:
Title 4: Inchoate Offenses, Chapter 15, 16 (21.10.2005).
URL: http://www.texaspolicecentral.com/title_4.html

Martha Stewart:
The Observer | Focus | When sweet home went on trial. 7.3.2004
(21.10.2005). URL: http://observer.guardian.co.uk/focus/story/
0,,1163823,00.html

Conspiracy, rechtliche Würdigung:
Encyclopedia Britannica. Online Edition 2003, Stichwort: Conspiracy.

Definition Verschwörungstheorie:
Daniel Pipes: Verschwörung. München 1998, S. 15.

Register

11. September 2001 61, 67, 72 ff.,
    115 f., 148, 172, 197, 236, 238,
    240 f., 243, 247 f.
Aids 56, 58 f., 199, 226, 245
al-Fayad, Emad 232, 235
al-Fayad, Mohamed 232
Al-Quaida 237 f.
Alleinherrscher 20 f., 145, 186
Amenemhet 7
Amtseid 237 f.
Anderson, James 212
Antikommunismus 85, 87, 195
Archer, Jeffrey 275
Arendt, Hannah 196 ff.
Aronson, Elliot 101
Attac 248, 251
Attribution 100 f.
Aufklärer 29, 36, 38, 75, 77, 79, 222, 287
Aufklärer, besessene 75, 77, 79
Aufklärung 26, 29, 32 ff., 70, 79, 179, 207, 213, 215, 225, 253, 284
Außerirdische 41, 50, 52, 66, 79, 96, 106, 118, 176
Barkun, Michael 97
Barruel, Abbe 36 ff.
Barschel, Uwe 144
Begräbnisstätten 167
Benedikt XIV., Papst 213
Bergpredigt 271 f.
Bergwerke 164
Berlitz, Charles 51, 66, 70, 74
Berlusconi, Silvio 275
Bermudadreieck 66
Bieberstein, Johannes Rogalla von 210
Bilderberg-Gruppe 199
Bismarck, Otto von 217 f.

Blutritual 45
Boule, Marcellin 160
Bröckers, Mathias 66, 68 ff., 72 ff., 79, 172, 196 ff., 242
Brown, Dan 66 ff., 70, 74, 227
Bruderschaft 103, 211
Brutus, Marcus 17, 20, 38
Bülow, Andreas von 241 f., 248
Bundesnachrichtendienst 108
Bundestag 145, 265
Bush, George W. 46, 107, 146, 149 f., 241, 241
Caesars Ermordung 12
Canetti, Elias 102
Capgras-Syndrom 122
Chodorkowski, Michail Borissowitsch 235 f.
Christen 44, 78, 113, 167, 183, 206, 209, 219 f., 229, 271 f.
Christusmörder 206
CIA 54, 69, 108, 142 ff., 149, 241 f., 245, 248, 287
Cicero 20 f., 166
Clarke, Richard A. 74, 149 f.
Clemens XII., Papst 213
Clemens XIII., Papst 223
Clinton, Bill 58, 146, 248, 251 ff.
Clinton, Hillary 252 ff.
Cohn, Norman 193
Common Law 280 f.
Conspiracism 231
Conspiracy 37, 97, 196 f., 278
Cooper, Milton William 106, 194
Cotard-Syndrom 121
Crassus 13, 165
Dämonen 79, 104 f., 231
Dämonenglauben 105 ff.
Dämonenlegende 104 f.

Dämonenstereotyp 107 f., 112, 199, 227
Dämonisierung 176, 250
Däniken, Erich von 66, 70 ff., 74, 79
David, A. S. 119
Davis, David Brion 108
DDR 143, 147, 254, 273
Demokratie 13, 33, 36, 139, 148, 199, 203, 235, 242 ff.
Denkmuster 100
Denkstörung 121
  formale 120 f.
  inhaltliche 120
  Wahnidee 119 ff., 130, 210
Depression 76, 120 f., 123
Dolchstoßlegende 150, 155 f.
Dörner, Dietrich 112
DSM-IV-Definition 118 f.
Duhr, Bernhard 225 f.
Dunkelmännerbriefe 170 f.
Dürrenmatt, Friedrich 275
Ebert, Friedrich 152
Eid 23, 212, 269 ff.
Eidesformel 212, 269 f.
Elliot, Michael 175
Entscheidungssituation, komplexe 109, 112
Fahneneid 273
Falklandkrieg 148
Falwell, Jerry 252
Fanatische Persönlichkeit 125
Feindbild 103, 108, 248 f.
Fenster, Mark 231
Foerster, Heinz von 122
Ford, Henry 190
Frankreich 22, 38, 98, 141 f., 151 ff., 179, 182, 188 f., 197, 206, 213, 216 ff., 223 f., 232
Französische Revolution 36 ff., 112, 207, 215, 225
Freimaurer 30 f., 34 ff., 78, 95, 106, 108, 179 ff., 183, 187, 189 f., 194, 199, 203 ff., 208, 210 ff., 227 f.
Friedman, William 170
Friedrich II. 180, 213, 224
Fritsch, Theodor 192

Gallikanismus 221
Geheimdienste 140 f., 143 f., 147, 149 f., 184, 241 f., 244 f.
Geheimgesellschaft 11, 28, 30, 35, 38 f., 106, 157, 179, 197 f., 214 f., 218
Geheimhaltung 17, 200, 212
Geisteskrankheiten 115, 118
Generalverdacht 203
Gerüchte 7 f., 27, 44, 54, 61 f., 70, 86, 95, 116, 173, 191 f., 212, 233, 254, 268
Gföllner, Bischof 211
Ghada al-Karmi 246
Ghaddafi 245
Globalisierungsgegner 250
Gnomen 171 f.
Goedsche, Hermann 183 f.
Goetz, John 239
Goldberg, Robert Alan 96, 231
Gottesurteil 42, 272 f.
Graves, Philip 192
Greenpeace 141
Griffin, Des 106
Grill, Bartolomäus 233
Gruppenstereotyp 107
Gunpowder Plot 278
Guy Fawkes 11, 24 f., 28
Hagemeister, Michael 181
Halluzination 121, 126
HAMAS 197
Heiligenkult 44
Helikopter, schwarze 61, 105
Hetzschriften 46, 181
Hexenbulle 89
Hexenglauben 49, 96
Hexenhammer 88, 92 f.
Hexenjäger 75, 80, 88, 91
Hexenprozesse 49, 93
Hexenverfolgung 90, 93
Hexerei 49, 89 f., 273
Hippokrates 273
Hitler, Adolf 150, 155 f., 193, 196 ff., 204, 210
HIV-Aids 59
Hofstadter, Richard 231

Holey, Jan Udo 35, 106 f., 126, 194, 200, 247 f.
Hostienfrevel 78, 179, 207
Hussein, Saddam 149
HVA 143
Icke, David 35, 107, 126, 194, 200
Illuminaten 11, 28, 30 f., 33 ff., 48, 95, 105 f., 157, 188, 194, 199, 214, 218, 247
Illuminatenorden 28, 31, 33 f., 39, 67, 105, 214, 218
Illuminati 38, 67
Inquisition 93
Irak 11, 147, 149 f.
Islam 103, 246
Iwan IV. 71, 115 ff.
Jabalot, Ferdinand 209
Jaecker, Tobias 197, 248
Jansen, Cornelius 222
Jebel Qafzeh 160
Jesuiten 26, 28, 32, 183, 203, 205, 220 ff.
   Antisemitismus 229
   in England 27, 50
   Stereotyp 227
   Verschwörungstheorien 188, 204, 220, 228
Jesuitenorden 28 f., 213
   Verbot 217, 224, 228
   Wiederbegründung 221, 223 ff.
John Kennedy 54, 287
Joly, Maurice 182, 188, 192 f.
Juden
   antijüdische Propaganda 192
   Antisemitismus 180, 192, 194, 219, 244, 247 ff.
   Antisemitismus, europäischer 207, 229, 247 f.
   Antisemitismus, moderner 180, 244
   Emanzipation 179, 207 f.
   Freimaurer 78, 95, 179, 181, 194, 198, 202, 204 f., 208, 210
   Geheimgesellschaften 194, 198, 218
   Ghetto 207, 209, 219 f., 229
   Hostienfrevel 179, 207
   Judenstereotyp 199
   Kommunismus 244
   Massaker von Fulda 45
   Ritualmordvorwürfe 41 ff.
   Russische Revolution 248
   Schutzprinzip 208, 219
Julius Caesar 12, 165
Kabbalisten 105
Kapp-Putsch 204
Katakomben
   Paris 168 f.
   Rom 167, 169
Katholiken 23, 28, 56, 216
   in England 24 f., 27 f., 38, 47, 49 f., 55, 102, 139
   und Freimaurer 78, 108, 213
   und Mormonen 108
Katholikengesetze 27 f., 50
Kennedy, John 54, 287
Kertzer, David I. 210
King, William 160
Kirche
   anglikanische 23, 37
   evangelische 180, 207, 272
   katholische 36, 56, 67, 180, 207 ff., 213 f., 216 ff., 220 ff., 224 f., 227, 272
   protestantische 146
   russisch-orthodoxe 180, 195, 207
Kirchenstaat 208 f., 213, 215 f., 220, 224
Klassenfeind 147
Knigge, Freiherr von 30 f., 33 f., 214
Kommunismus 81 ff., 85 f., 106, 113, 179, 211, 244
König Faisal 194
Kramer, Heinrich 88 ff.
Kreuzritter 238
Kryptologen 171
Lady Diana 49, 143, 233 f.
Lattimore, Owen 84
Legenden 41, 47, 49 ff., 58, 60, 62, 65, 70, 96 f., 105, 108, 138, 144 f., 157, 162, 170, 173, 175, 181, 210, 226, 238 ff., 247

317

Lenin 133, 153
Leo XIII., Papst 78, 216
Libyen 245 f.
Lilith 104 f.
Loyola, Ignatius von 221 f.
Ludendorff, Erich 150 f., 153 ff., 203 ff.
Machiavelli, Niccolò 9 f., 21 f., 25, 27, 39, 41, 182
Macht 8, 10, 12 f., 19, 21 f., 85, 88, 90, 96, 102, 105 f., 117, 131 ff., 135, 138 ff., 144, 146 f., 172, 175 f., 182, 186, 200, 207, 216, 220, 232, 243, 249 f.
Machtkonzentration 144
Machtwechsel 140, 145, 242
Magie 91, 96, 270, 274
Mahathir Mohamad 244 f.
Malleus Maleficarum 88, 90 f.
Markowits, Andrei 248
Martha-Mitchell-Effekt 126, 130
Massaker 45, 47, 50, 139, 145, 232 f.
Mayer, August 160
McCarthy, Joseph 80 ff.
McCarthyismus 88
Medienkrieg 233
Meineid 84, 269, 271, 274 ff., 280
Mellon Scaife, Richard 253 f.
Men in Black 175
Middle East Media Research Institute MEMRI 247
Misstrauen 47 f., 54 ff., 60, 82, 102, 115, 121, 124 f., 136, 144, 146 f., 179 f., 183, 212, 218, 222, 227
Mitchell, John 126 ff.
Mitterrand, François 233
Monmouth, Thomas von 41, 43 ff., 48, 52, 206
Morse, Samuel Finley Breeze 220 f.
Mossad 108, 141, 144, 245, 148
Müller, Ludwig 192
Müntefering, Franz 145
Muslime 103, 196, 244, 247
Mylroie, Laurie 149 f.
Mythologie 104, 161
Mythos 104, 199

Nachrichtendienste 108, 141, 241
Nahostkonflikt 247
Nasser, Gamal Abdel 194
Nationalsozialisten 132, 156, 192 ff., 204, 211, 255
Neandertaler 157 ff.
Nekropolen 167, 169
Nilus, Sergej 181 f., 185, 190, 194
Nixon, Richard 127 ff., 140
Oates, Titus 49 f.
Osama bin Laden 149, 237 f., 247
Palästinenser 241, 245, 247 f.
Paranoia 125
Penal Codes 281
Pentagon 61, 69, 72, 149, 236 ff., 247
Persönlichkeitsstörung 124 f.
Pipes, Daniel 97, 231, 286
Pius IX., Papst 215, 217
Pogrome 45, 181, 205 f.
Powell, Colin 149
Präsidentschaftswahlen 128, 146
Presley, Elvis 286
Prinz Charles 233 f.
Protestanten 37, 220, 222, 228
Protokolle der Weisen von Zion 35, 179, 181, 194, 196, 198, 244, 248
Pulververschwörung 22, 139, 278
Putin, Wladimir 235
Reduktive Hypothese 108, 112, 114, 250
Religionswissenschaft 104
Religionszugehörigkeit 179
Restauration 208, 215, 224
Ritualmord 41 f., 44 ff., 48, 95, 179, 206 ff., 228
Robertson, Pat 35, 106
Robison, John 37 f.
Rohling, August 208, 210
Roosevelt, Franklin 242
Rosenkreuzer 105, 214
Ruanda 232 f.
Russische Revolution 105 f., 154, 190, 248
Sage 161, 175
Säuberung 83, 131 ff.

Scaife, Richard Mellon 253 f.
Schauermärchen 48
Schauprozesse 136 f., 236
Scheidemann, Philipp 151
Scheuer, Michael 142
Schizophrenie 76, 120, 122 f.
Schliemann 163
Schwören 212, 269, 270 f., 273 f., 176
Secret Service 234
Sharon, Ariel 196 ff.
Sozialdarwinismus 210
Sozialpsychologie 98 ff., 200, 206, 231, 241
Spekulation 74, 161, 172
Stalin 83, 113, 132 ff., 144, 147
Stasi-Archive 254
Stereotype 227, 248
Stewart, Martha 281 f.
Stoecker, Adolf 180
Strafprozessordnung 270, 272
Strafrecht, deutsches 274, 279
Sündenbockprinzip 100
Tacitus 54
Taliban 238
Taxil, Leo 77 f.
Terror 113, 115 f., 132, 137, 147, 188, 243
Terroranschläge 23, 61 f., 68 f., 95, 149, 238, 240
Terroristen 72 ff., 137, 148, 181, 236 ff., 240
Terroristische Vereinigung 280
Teufelspakt 91
Tibi, Bassam 103
Trotzki, Leo 134 f., 137 f.
Trotzkisten 113, 136
Tunnel 169, 259
  Bayreuth 168 f.
  Berlin 168
  Montreal 168 f.
Tuskegee-Syphilis-Studie 57
UFO 51, 96, 105, 174 f.
UNO 61, 146, 199, 232, 266, 286
Urban Legends 47, 62, 74
Vatikan 56, 67, 102, 106, 209, 216 f.

Verfolgte 75, 77
Verfolgungswahn 96, 117, 122, 124, 196, 253
Verräterschriften 212
Verschwörung
  Caesars Ermordung 12, 54
  Clinton, Bill 251 f.
  Feindbild 103, 108, 248
  Gunpowder Plot 278
  Illuminaten 11
  planlose 12
  Protokolle der Weisen von Zion 179
  Sprachgebrauch 278 f.
  Stalin 132
  Theorie 8 f., 21, 36 ff., 44, 46 ff., 64 f., 69, 74, 79, 95 ff., 108, 113, 115, 123, 126, 131, 138, 144 ff., 157 ff., 196 f., 200, 203 ff., 210, 218, 220, 222, 226, 228 f., 231, 234, 241 f., 243 f., 247 ff., 284 ff.
Verschwörungsdenken 8, 97, 285
Verschwörungsglauben 41, 47
Verschwörungsideen 97, 285
Verschwörungslegenden 41, 47, 49
Verschwörungsmythen 285
Verschwörungsplanspiel 145, 147
Verschwörungstheoreme 285
Verschwörungstheoretiker 35, 38, 61, 75 f., 79, 97, 105, 172, 174, 192, 194, 196, 200, 205, 241 f., 244, 254 f., 286
Verschwörungstheorien
Virchow, Rudolf 160
Volksfeind 113
Voltaire 98
Vorherrschaft 15, 103, 140, 227, 243
Voynich-Handschrift 170 f.
Waffenhändler 234
Wahn 115 f., 118 ff.
Wahnidee 119 ff., 130, 210
Wahnsystem 76, 119, 123 ff.
Wahrheit 27, 51, 53 f., 60, 66, 74, 94, 104, 128, 137, 147, 152, 157, 159, 166, 169, 191 ff., 208, 254 f., 267 f., 270 ff., 276

Wargames 72 f.
Watergate Skandal 128, 165
Webster, Nesta 105, 192
Weimarer Republik 155 f., 203
Weltbild 36, 47, 49, 62 ff., 70, 95, 101, 147, 160, 241
Welthandelsorganisation WTO 249
Weltherrschaft 35, 107, 126, 176, 181, 183, 186, 198, 243
Weltregierung 35, 106, 199 f., 262
Weltverschwörung 93, 105, 181, 193, 196 f., 199, 206, 210, 246, 248
Whitewater-Affäre 251, 253
Wiener Kongress 208 f., 215, 225
Willelm von Norwich 43
Wilson, Harold 171 f.
Wirklichkeit 11 f., 21, 48, 66, 70, 102, 107 f., 115, 120, 122, 126, 148, 181, 247, 254
Wolf, Markus 143
World Trade Center 69, 72 ff., 80, 95, 112, 149, 173, 236 ff., 240 ff., 247
WTO 249 ff.
Yukos-Ölkonzern 235 f.
Zeichendeuter 75, 79 f.
Zielkonflikte 112
Zionismus 189, 194 f., 244 f., 247
Zitate 67, 172 ff., 198
Zweiter Weltkrieg 102
Zwerge 158, 161 ff., 171, 175